方力钧 Fang LiJun

上

—— 100个人口述实录
方力钧的艺术历程

100 interviews about
Fang Lijun's art history

你口述
我实录
you narrate it
I record it

中国青年出版社

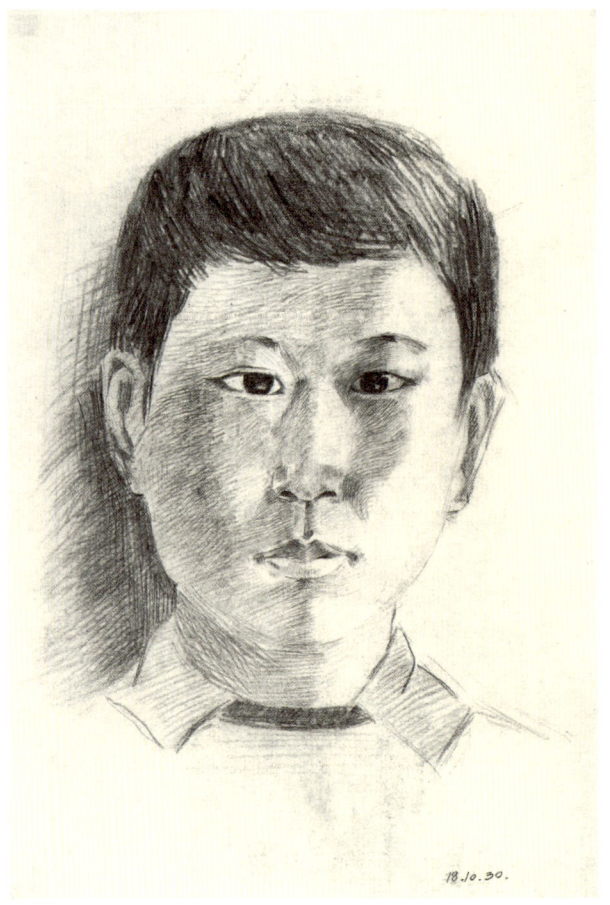

**1978.10.30
方力钧自画像**

39.5×27.2cm

素描

1978 年

1980.9.16
方力钧上中专之前的自画像

———

39.4 × 27.2cm

素描

1980 年

目录

| 序言：方力钧的另一个世界（黄立平）／001
| 自序：他就是方力钧——采访手记（严虹）／005

001 — 朱文会口述：我的儿子叫方力钧 ／009
002 — 栗宪庭口述：天高任鸟飞，海阔凭鱼跃 ／013
003 — 廖雯口述：任何时候都是家里人 ／029
004 — 郑今东口述：绝顶聪明的家伙 ／037
005 — 刘景森口述：小小少年大大的志向 ／044
006 — 李津口述：不忘初心，方得始终 ／055
007 — 王广义口述：他是可以相信的朋友 ／068
008 — 黄立平口述：一个为艺术而生活的人 ／073
009 — 杜坚口述：我是他的玩伴 ／080
010 — 刘家琨口述：两个男人要成为朋友就得顺眼 ／092
011 — 叶永青口述：一个时代的幸运儿 ／096
012 — 张晓刚口述：像橡皮泥一样富于弹性 ／118

013 - 郭伟口述：一个能量非凡的"超人" / 125

014 - 李路明口述：他是一个很认真的人 / 130

015 - 傅中望口述：相见恨晚，一见如故 / 136

016 - 顾长卫口述：画如其人 / 143

017 - 皮埃尔（Pierre Huber）口述：一个享乐主义者 / 147

018 - 苏新平口述：他是一位情商很高的当代艺术家 / 153

019 - 宋永红口述：为人处事是与生俱来的天分 / 158

020 - 周旭君口述：求真打开了更广阔的天地 / 170

021 - 杨茂源口述：朋友就是气味相投 / 174

022 - 舒可文口述：他是有诚意的人 / 192

023 - 鲁虹口述：他是一个格局很大的人 / 202

024 - 尹在甲口述：没有抑郁症就不会当艺术家 / 208

025 - 伊灵口述：圆明园画家村的一面旗帜 / 213

026 - 杨卫口述：嘲笑崇高，崇尚尊严 / 223

027 - 刘淳口述："度"是一种分寸 / 235

028 - 谭国斌口述：他是我的带路人 ／248

029 - 李超口述：情商不高不能做艺术家 ／253

030 - 何净口述：从老师到朋友 ／259

031 - 王一涵口述：他的人生只有加法没有减法 ／265

032 - 冀少峰口述：一颗孤独的灵魂 ／270

033 - 岳敏君口述：圆明园是最快乐的时期 ／282

034 - 陈喆口述：方圆，没有规矩
　　　　　　——柔软是一种实力，也是一种软实力 ／288

035 - 于天宏口述：我们一起干过的那些无厘头的事儿 ／294

序言：方力钧的另一个世界

黄立平

在我认识的视觉艺术家中，方力钧的朋友最多。其中，有难以计数的艺术界同行（包括艺术家、艺术评论家、策展人、美术馆馆长、收藏家、画廊老板、艺术媒体人等等）；有众多教育界、文学、电影、音乐、时尚界人士；还有不少企业家和社会公职人员。与许多整日宅于工作室苦思冥想忙创作的艺术家不同，在方力钧的生命中，他相当多的时间都是慷慨地伴着朋友们一起"虚度"的——无论是在各种艺术活动的现场，觥筹交错的酒桌上，还是在风尘仆仆的旅途中……这些都成为作为艺术家的方力钧真实生存状态和生活方式的重要组成部分。

从学习艺术开始，到走向职业艺术家道路将近30年的时间里，方力钧通过艺术作品所展现的世界本质上是一个以人为核心的世界。他对现实生存环境的感受、认知和艺术表达都是以人的内心世界为出发点和落脚点的。无论选择什么样的形式语言，无论表达人的何种精神侧面，方力钧作品中具有象征性的人物形象和表情结构大都源自现实生活中的人的生活状态与人际关系状态，而那些酬酢往来密切的朋友便在作品中出现得更为频繁，甚至成为标志性形象符号。如果说艺术作品整体表现了方力钧的精神世界，那么，在这个世界的背后存在一个更为庞大的世界——人际交往的世界。走进这个世界，系统了解那些方力钧私交甚密的朋友与方力钧交往的场景与历史，以及他们记忆中鲜活的方力钧，对于理解、研究这位标志性艺术家的艺术观念、处世哲学、人格心理和行为方式都是一个极为重要的角度。

显然，思想敏锐的严虹看到了这一层意义。2016年4月，合美术馆在武汉举办了题为"另类生存"的方力钧手稿研究展。其中，一号厅展出的是艺术家 2010-2015 年创作的一批水墨形式的人物肖像，所选作品的形象来源全部是艺术家的朋友。有趣的是，这些人物不仅均能体现一定的历史和社会影响力，而且都有出奇的面部神态特征，都是难得的视觉素材。时任某艺术杂志执行主编的严虹早早就知道了展览的讯息，并为此展览对方力钧作了大篇幅专题报道。严虹来武汉仔细看过展览作品并参加了开幕式和学术研讨会后，便产生了一个新的创意——采访一些方力钧的朋友——从不同的个人视角讲述他们所了解的方力钧的艺术与人生。严虹考虑将这些访谈实录分几期在杂志上连载。她兴致勃勃地找我谈到这个选题并向我发出采访邀约。严虹的想法很有趣，我当即愉快地接受了邀约并向她提出两点建议：其一，以图书形式出版内容更加完整，也更有文献价值；其二，突出文学性，淡化学术性，使艺术研究者以外的人群也有兴趣阅读，以扩大传播影响力。她欣然接受了我的建议。

雷厉风行的严虹旋即展开了相关工作。大约半年的时间，她就完成了对拟定名单上35个人的专访，并编辑整理成文。当我收到严虹根据对我的采访形成的文章初稿时，便立刻意识到这项工作的艰难。首先，受访对象的语言文字表达风格不一，有的擅长宏观铺陈叙述，有的习惯

序言：方力钧的另一个世界

具体场景下的人物关系描述。一本书的出版不同于杂志连载的关键是要统一体例和文字风格，编者难免要对采访实录进行必要的删改。不动不行，动大了又会让受访者感到尴尬和不快。这项工作确实难为严虹了。其次，相似的问题采访100人，不仅从每个人那里挖掘的故事得有所区别，还要篇篇有料出彩，即使是经验丰富的编辑也会感到先易后难，愈编愈难。严虹一定为此书倾注了不少心血。第三，同一个时期的往事，不同人回忆不同的片段，受主客观因素影响，一定会有出入。编者却又无法像修撰史籍那般一一核实勘误，总会留下一些故事细节的悬念，这或许正是本书的好玩之处。

今年春节前夕，严虹将第一批35个人的采访实录编辑成第一卷，取名为《方力钧——100个人口述实录方力钧的艺术历程》（上），用微信发给我先睹并嘱咐我为该书写一篇序言。我深感荣幸的同时，也不敢怠慢，春节期间就远赴云南大理与方力钧、杨超、于天宏、杜坚等会面聊天，希望能找到动笔的思路和灵感。我在大理方力钧的风月山水客栈住了四晚，喝了四顿大酒，听方力钧、于天宏、杜坚讲了许多往事，平添了几分历史纵深感。

从上世纪70年代末，中共十一届三中全会以来，中国经历了伟大的历史转折，进入改革开发和现代化建设的新时代。工业化、城市化、信息化、全球化是这个时代经济社会发展的基本特征；解放以人为核心的生产力是这个时代的发展动力和方向。中国当代艺术正是在这样的时代背景下产生和发展起来的，它所体现的基本精神内涵也正是从追求人的自由解放的愿望和意志开始的。

方力钧的艺术发展历程是中国社会转型发展的缩影，也是时代精神的化身。大学毕业，在经历了深刻的思想迷茫和痛苦之后，他选择了成为摆脱体制约束的自由人。失去了对体制的依赖，这既是某种命运的无奈，也是一种文化的自觉。正是因为这样的人生选择，他得以胸怀理想地面对不理想的生存环境，达观看待无处不在的社会矛盾与冲突，顽强地追求自己内心的艺术目标。也正是这样的人生选择，使他真正懂得如何把朋友作为自己精神世界里最宝贵的支柱，从而使生活与艺术达到了水乳交融的境界。

自上世纪90年代以来，方力钧是在国内外举办展览最多的中国艺术家，也是国内外美术馆、博物馆收藏作品最多的中国艺术家，还是艺术理论家和评论家最津津乐道的话题和案例。的确，他涉猎之广博，收纳之执着，视野之开阔，用心之独到，精力之充沛，都令人叹为观止。

也许批评家们会说，当代艺术的灵魂在当代性，缺失了批判性，也就不存在当代性。有意思的是，方力钧早期成名作品中恰恰是叛逆情绪盛于批判精神；彼时，他的艺术思想距离主流价值体系较远。近些年，他作品中的情绪色彩越来越淡化，而理性色彩越来越浓烈且批判精神的力量越来越强大；无须格格不入的排斥感也能激发情感的共鸣。此时，他的艺术思想更多了些悲天悯人的忧患情怀。如果说20年前，在方力钧身上就已然能够发现某种伟大艺术精神的端倪，那么今天的方力钧可以说正在无限接近这种伟大。中国的文艺复兴需要具有当代意义的伟大启蒙艺术家。幸运的是，方力钧正好赶上了这个极不平凡的时代。

自序：他就是方力钧——采访手记

严 虹

他是最具代表性和国际影响力的中国当代艺术家，有着标志性的光头，自上世纪90年代初因"光头"系列成名以后，成为中国当代艺术的一个特立独行的符号。他是中国当代艺术领军人物，在艺术之路上耕耘了30年，创造了一个属于他的时代，建构了一部属于他的艺术史。他的艺术成就代表了一个时代，他是注定会进入中国美术史的艺术家。如果要了解中国的当代艺术，你无法绕过他，他就是方力钧。

方力钧有着这一代艺术家的典型经历。为了梳理方力钧的艺术历程，找到史实依据，唯一的途径就是追随他的踪迹，遍访他在不同时期的老师、同学、朋友、合作伙伴，以及家人，通过他们的回忆与讲述，了解方力钧的艺术人生和他所处的那个时代，若干记忆片断还原了方力钧的艺术历程。

这本《方力钧——100个人口述实录方力钧的艺术历程》的书采访了上百位嘉宾，我希望通过这100个人物口述实录的讲述，用100条纵横交错的人物线索,刻画出一个优秀艺术家有血有肉的成长历史,让读者全方位地了解方力钧多维度的艺术人生和他所处的那个时代,以及由他引发的艺术现象、艺术事件是如何发生和发展,并构成一部中国当代艺术史。

这是一段值得纪念而又有意义的采访经历,耳朵是杆秤,倾听见分晓。在采访中,你讲述,我记录。每个人在谈自己和方力钧交集的时候其实是展开另外一个艺术事件,而我只是故事的转述者,忠实于人物原型,不夸大事实,不浓缩细节,不作夸张处理,客观真实地陈述方力钧的艺术人生。正如马尔克斯说:"生活不是我们活过的日子,而是我们记住的日子,我们为了讲述而在记忆中重现的日子。"

在整理35个人的采访录音过程中,一些采访渐渐听出欲言又止,大量留白的味道。在写作《方力钧——100个人口述实录方力钧的艺术历程》这本书的过程中,如实记录每一个珍贵的细节,忠实故事性与文献性,弱化文学性,尽量克制自己的感想,形容词用到最少,如实比修辞更动人。当我在写一篇篇人物采访,每每被讲述者的细节感动了,意识到马上停下来,重新调回理性频道。身为记录者,在文字里面收敛自己几乎所有的主观感受,把听到的故事生动清晰地说出来,写得深浅合宜,让人心了知,不过于满,恰到好处,是适宜。做这100个人物的采访,一开始设定的写作基调,就是真实客观地讲述方力钧的故事,侧重把一些感动的细节和珍贵的史料提供给更多的读者。

用了一年的时间写作《方力钧——100个人口述实录方力钧的艺术历程》这本书,在采写过程中,我发现这种"采访体"的写作吸引了我,提问是引子,倾听是技巧,吸收是转换,提炼是总结,书写是记录。叙述故事的秘密就是把原本稀疏平常的东西变得妙趣横生,把原来不起眼的故事变得意味深长。我相信好的采访是彼此生命间的往来,认识自己越深,认识他人越深,反之亦然。我珍视每一位采访对象,这是一种特殊的缘分。

英国作家毛姆说:"没有记下来的生活,都不算活过。"身为写作者,我偏执地认为,记下来了,就似乎真的留住了,留下来了,就似乎真的永恒了。

写一个人的书,不带有任何褒贬,记录一个人和一个时代。希望能够通过100个人的口述实录,告诉一个你所不知道的方力钧。他是一个多维度的人,这本书,记录历史,写给当下,留给未来。

001

我的儿子叫方力钧

★ 人物采访：朱文会，妈妈
★ 采访时间：2016年5月7日下午3点
★ 采访地点：宋庄小堡村方力钧工作室

> "方力钧很小的时候，有一年，我跟他爸爸带他们哥俩上北京玩了一趟。想让他们多开眼界，那个时候我就想着如果孩子长大了，要能来北京上大学多好。后来方力钧考上了中央美院，我这叫心想事成。方力钧从小到大不惹事，从来没有让我操过心。我最开心的是有一年在上海参加他的展览，有一个在我客栈住店的老顾客也参加了上海的开幕式，他对我说：'哎呀，你这个老太太，你家儿子真牛啊！'"
>
> —— 朱文会

我今年81岁了，我有两个儿子，大儿子叫方力柯，小儿子叫方力钧。大儿子从小就喜欢垒砖头，他搞建筑，盖大楼，现在是一个建筑公司的老总，我不管他叫老总，我管他叫儿子。你看北京这些个煤气管道，那是我大儿子公司施工去弄的。

我家没闺女，方力钧小时候一直到他三岁，我还给他留小辫，把他当成女儿养。后来上男茅房，人家经常揪他长头发，他爸爸就偷偷地把他带到外面把小辫给剪了。

方力钧从小爱画画，那时候，五六岁的孩子都兴玩"皮牛"，就是拿鞭子抽的那个陀螺。他不玩那个，他在地下捡个石头，捏着在地上画个鸡蛋。后来，小孩们就不找他玩了。他也不跟人家瞎玩，他就喜欢画画。后来，他爸爸给他找了一个老师教他画画。小学二三年级的时候，他骑自行车还够不着，只能从大梁里面掏过去骑。他骑着自行车去邯郸群艺馆跟郑今冬老师学画画。那个年代学画也不用交学费，铁路大院很多孩子都去学，只要报名就行。方力钧只要一放学就自己骑自行车去群艺馆学画，三个一群，两个一伙的。等他大一点了，大约十一二岁了，有时候我们偷偷地跟踪他，怕他骑自行车去玩。因为当时家里挺困难，就一辆自行车，我上班骑走了，他就没车子骑了，就得走着去学画。

我是纺织厂工人，他爸爸是铁路工人，在铁路上搞机车调度，是调度员，现在是"地下工作者"啦。几年前，他爸爸去世了。他爸爸挺支持方力钧，总给他买小人书看。方力钧特喜欢看书，这个孩子一看书就入迷。有一回，我记得是他十来岁的时候，那会儿住平房，窗台上搁了一个肥皂盒，装了一块香皂。他一边看书一边拿那个肥皂当馒头咬，看书看入迷了，可有意思了。

方力钧初中毕业后考上了河北轻工业学校陶瓷美术专业，毕业后到邯郸广告公司上班，做美术设计。但是，他在那里没干多长时间，那会儿兴买公债，有任务，大伙儿讨论谁买多少钱，他看着着急，就把自己的钱都买了公债，回家光剩下几个钢蹦。至于他买了多少钱我也不知道，我也不找他要钱。我们家里是双职工，经济上差不多过得去，他花零用钱再找我们要。他一直在经济上花钱很大方，请人吃饭总买单。后来考上中央美院，家里给他一个月生活费，差不多一个多礼拜他就花完了，谁从邯郸去北京找他，他都要管一顿饭嘛。他没钱花也不说，回邯郸自己给电影院、戏院画点广告，挣点吃饭的钱。这是他在北京上大学的时候。

方力钧很小的时候，有一年，我跟他爸爸带他们哥俩上北京玩了

001- 我的儿子叫方力钧

母亲朱文会，女儿如意，父亲方秀岩

40×50cm
布面油画
2011年

一趟。想让他们多开眼界，那个时候我就想着，如果孩子长大了，要能来北京上大学多好。后来方力钧考上了中央美院，我这叫心想事成。

　　方力钧从小到大的画都搁起来了，他自己收藏，反正他的画我不动，都给他留着，哪怕一个小纸条，我也给他留着。留的那些画，有的他知道，有的他不知道。你问为什么要给他留着呢？我以前就想要是万一以后他找小时候的画，需要用了呢？那是孩子的心血，即使不成名，他高兴翻翻看看，也是成长的历史嘛，总比留件衣裳好。

　　我性格开朗，从不发脾气。他爸爸也开朗，不过不像我这样整天嘻嘻哈哈的，不像过日子的人。我们家人不分大小，我和方力钧之间没事就闹着玩，特别随便。谁有什么事错了就是错了，老的错了当面也可以提，小的错了也可以批评，但是我们绝不骂人，也不打人。我的两个儿子脾气倒是倔，但是我们从不骂骂咧咧的，我的两个儿子，都不打架，不斗殴。

这些年，方力钧带我去的地方可多了。新加坡、印尼的巴厘岛、出产茅台酒的茅台镇，还有成都、景德镇、大理、云南、长沙、上海……总之他去哪，只要我愿意去，就跟着一起上路。我不爱坐飞机，嫌它太快。我的节奏，时间有的是，又不用请假。只要他带我去，我提起书包就走了，我那个行李包天天装好了，说走就走。

去了这么多地方，要说论吃饭，我还是喜欢天津，我是在天津长大的。其实，我的老家是山东，我姓朱，我们是朱元璋的后裔。天津小吃多，我喜欢吃天津的各种小吃。

方力钧从小到大不惹事，从来没有让我操过心。我最开心的是有一年在上海参加他的展览，有一个在我客栈住店的老顾客也参加了上海的开幕式，他对我说："哎呀，你这个老太太，你家儿子真牛啊！"

如今，我的两个儿子娶了两个儿媳妇，我赚了。我还有两个孙女，一个孙子。大儿子只有一个闺女，已经结婚了，都有孩子了。方力钧有两个孩子，一儿一女。

002

天高任鸟飞 / 海阔凭鱼跃

★ 人物采访：栗宪庭，艺术评论家、策展人
★ 采访时间：2016年5月26日下午4点
★ 采访地点：宋庄小堡村

"方力钧的版画追求完整的独幅创作，以及巨大和气派。巨大还能保持刀法的流畅，是方力钧在版画制作上的贡献。他使用工业电锯等工具，因此刀法流畅、气派和具有一种语言的力度，使他的版画'游泳'系列作品出现和油画、丙烯的'游泳'系列迥然不同的风格。尤其是刀法力度的表现力，迥异于油画、丙烯的无笔触感，而显示出一种力量。因此，与油画、丙烯的'游泳'系列的宁静比较，版画的'游泳'系列给人的是一种搏击和动感。我对方力钧曾有过这样的文字描述：'他常年留着光头，而且是一个尖尖的光头，两侧还有一对竖起来的扇风耳和一双狼一般的眼睛。'在过去的30年间，方力钧凭着那颗光头和一对扇风耳，还有那双狼一般的眼睛独闯世界，踏进许多陌生领域；那些横空出世的'光头'如一盏明灯，在中外艺坛独树一帜。"

—— 栗宪庭

我从2000年以后，基本上就告别艺术圈了。方力钧我谈得太多了，媒体总是不断地让我谈方力钧。人成功了社会上的关注就多，似乎他的成功是我一手造成的一样，这是一种误解。事实上，一个人的成功，有多种复杂的社会原因。现在还有很多人来找我，让我看看他们画的画，

我一般都会说说我的意见，他们以为只要经过我的指点或者推荐，就能成为下一个方力钧，我感觉很荒唐。

我现在年龄大了，耳朵背，记忆力也不好。我记得第一次见到方力钧大约是1982年，他正在河北轻工业学校学陶瓷美术专业。我和方力钧是老乡，方力钧在邯郸学画的老师郑今东是我的老友，每次回邯郸我都住在郑今东画室，那时候哪有钱住旅馆，都是借住在画室。郑今东老师让方力钧拿一些木刻给我看。那是些小的木刻，其中有一些是刻河套的，河套是由鹅卵石组成的，而且鹅卵石在画面上占了很突出的位置。这些小木刻，引起我的好奇与注意，我猜想这种圆吞吞的造型，是隐含在方力钧内心里的一种"原始造型冲动"。方力钧的那些木刻，很单纯，很简练，画面造型的形式感很明显，给我印象很深。当时我对方力钧说："你已经很懂艺术了，就慢慢往下搞吧。"[1]

那时候"文革"刚结束，但是人的头脑并没有从"文革"模式里摆脱出来，有相当多的人不是搞所谓的习作，画点头像，画点写生的风景；就是搞点"文革"式的主题性创作。方力钧的作品一上手，就没有"文革"艺术的多大影响。

还有两件事情让我对方力钧一直记忆犹深。一件事是，方力钧说他在中央美院上素描课时，徐冰让同学画一团纸，谭平让同学画一个圆吞吞的罐子，方力钧说画那个圆吞吞的罐子对他受益很大。其实一团纸

---

[1] 《像野狗一样生活：1963—2008方力钧文献档案展》（卢迎华主编，视界艺术出版社，2009年4月第1版，p79）

方力钧：当时也是郑今东老师介绍我认识栗宪庭的。老栗是邯郸人，当时在北京《美术》杂志当编辑，跟郑老师是非常好的朋友。记得那一次是在郑老师群艺馆的小屋里面，只有我们三个人，我把自己一小部分的木刻作品给他看。老栗当时跟我说的话把我吓坏了，他对我说，"其实你已经懂艺术了。"并要我把那些木刻作品寄给他，说是要发在《美术》杂志上面。我跟他说，现在这些刻得不好，等再刻一些的时候再寄过去。老栗那个时候的主要工作就是发现年轻人，鼓励年轻人。还没等我再刻一批新的木刻，老栗就被迫离开了《美术》杂志。但是跟老栗的见面对我的信心是非常大的鼓舞。

更容易表现，学生很容易陷入对光线、明暗的关心，也容易出效果，而造型准不准确，不大容易发现。但是一个浑圆的罐子体积变化少，没有那么多明暗吸引你，稍不留神，造型的准确度就容易暴露出来。方力钧在谈这两个作业时，充满了对后者的敬佩。其实，这也是他对简洁、单纯的偏好在起作用，而且，这一直体现在他的作品中，无论是追求高纯度色彩感觉，还是人物造型的单纯，笔触的不露痕迹，以及不管他的光头人物多么泼皮，都给人感觉到他骨子里的那种冷静和理智最终在起作用——一种良好的控制力，以及对一种"不动声色的完美"的追求。

另一件事是，1996年日本国际交流基金会，要为他在东京做大型的个人展览，方力钧选了1984年参加全国美展的那组"乡恋"，特地放在展览的前面。作为一组作品，那组画并没有多大意思，但是，那组画中的背景是一个干枯的河套，河套是由鹅卵石组成的，而且鹅卵石在

乡恋（之二）

60.2×60.2cm
纸上水粉
1984年

画面上占了很突出的位置。

关于方力钧的故事太多了。在他还没有从美院毕业时，就利用学习之余的时间在邯郸绘画班教学生画画。有一次我回邯郸，看到他教学生画的素描，那个素描就具体手法而言，与美院教的那一套不同。中国艺术教育基本都是受契斯恰科夫分面造型的影响，强调面分得要非常清楚，一个面一个面如何转过去，交界线很重要，所谓宁方勿圆。但是方力钧的素描里没有强调这个，分面的感觉不强。这也是方力钧给我留下难忘印象的一件事儿。

你写方力钧的书，是不是已经听了很多关于方力钧的故事？方力钧有着这一代艺术家的典型经历，而且可以从中看到社会背景对他艺术形成的重要性。他出生于1963年，童年与少年时代，正是"文革"高潮到末期的阶段，在他的记忆里，孩子们之间的打群架成为他们童年游戏的最重要的内容。一方面，当时适合儿童特点的游戏，都被政治活动所代替。另一方面，当时的社会背景——阶级斗争作为主要意识形态以及文化革命群众派系之间的武斗，无疑对儿童产生了很大的影响。而方力钧当时还是一个小孩子，因为家庭背景的原因常常受到欺辱，这给他的童年带来很大的刺激。

1949年以前富裕的家庭就是不好的出身，而方力钧的爷爷作为曾经富裕的人，就是广大革命群众的阶级敌人，就是被斗争的对象。这是当时所有像方力钧一样的孩子，甚至所有大人都被告知的基本的善恶标准。尽管阶级斗争和派系武斗对当时的孩子们带来了打群架的影响，但这没有改变孩子们最基本的"游戏"方式。但是，当方力钧第一次真的看到自己的爷爷在批判大会上，成了阶级斗争的对象时，这种意识形态化的善恶标准给他幼小的心灵刻下了深深的伤痕。这种伤害，无论阶级斗争影响下孩子们的打群架，还是方力钧被欺辱，爷爷被批斗，实质上是他最初体验到的人性中的恶。这些人性的恶，在当时被美化，这是一个孩子无法辨识的。

所以，伤害即是他们幼小心灵忍受着这种矛盾和疑问的折磨。方力钧曾经跟我说起过这段经历，说自己在那样一种情况下，内心不愿意去附和，更不能公开表示不满，怎么办呢，只能嬉皮笑脸地装傻和糊弄，我想这也许是他最初产生"泼皮"的最初心理吧。

1980年，方力钧进入河北轻工业学校学陶瓷美术专业学习时，正值中国开始对外开放。无论社会还是艺术，都出现了对"文革"及其艺术的反省和批判的思潮，这使他看到与他幼年接触的"文革"艺术不同的东西。他喜欢知青代艺术家的那种以自己方式表达的艺术，从这种艺术家身上，他看到了艺术可以不按上面教导的那样去做。这是一个中等专业在校的学生，在那个年代所能接触和受影响的有限艺术信息，这使他在那个时间段里更迷恋对写实技巧的学习。

1985年，方力钧进入中央美术学院，正值文化批判热兴起，西方现代思潮涌进。美术界开始了借鉴西方现代艺术为标志的"'85美术新潮运动"。方力钧像"'85新潮"的许多艺术家一样，读了很多难懂的哲学书，但这对方力钧没有带来影响，只是西方哲学中对人道主义的强调，给中国社会带来一种肯定个人生存价值的思潮，而且伴随着追求世俗生活享受的风气，用当时最流行的话说就是"玩人生、玩前途、玩艺术……"

当时方力钧才21岁，整个大学期间，他除了进一步追求写实技艺外，更迷恋享受自由的生活。方力钧在创造第一批油画时曾说过："我们宁愿被称作失落的、无聊的、危机的、泼皮的、迷茫的，却再不能是被欺骗的。别再想用老方法教育我们，任何教条都会被打上一百个问号，然后被否定，被扔到垃圾堆里去。"

对待这种难题，方力钧与他的前两代艺术家不同。他们不相信以对抗的形式建构新的价值观念的努力，他们认为拯救只能是自我的拯救，而以泼皮幽默去表现的无聊感，便成为他们用于自我拯救和自我嘲

素描（之一）

54×79cm
纸上铅笔
1988年
昆士兰洲立美术馆

讽的最好途径。

1988年，方力钧毕业之前，他把他的毕业创作的那套素描拿给我看。这套素描给人特别不同的一种风格，我觉得很好，就选了他的作品去参加"'89现代艺术大展"。

在筹备那次展览的前期，我突然感觉宋永红、王劲松、方力钧，还有刘小东等人画的东西，给我的感觉与"'85新潮"完全不同，让我挺吃惊的。就把他们都选进来了。他们的视角是完全不同的，"'85新潮"的视角是大叙事的、文化的、哲学的、居高临下的；一到他们这一拨人，都是画自己、自己的朋友、自己身边的世界，画一些琐碎的、无聊的、偶然的生活片断，这个视角就和英雄主义、理想主义的视角完全不一样了。

把方力钧选进来参加这个"'89现代艺术大展"，他在展览里非常特别。我发现有一些收藏家，他们不是我们今天看到的这种大老板，他们当时都有过留洋经历或者是有海外背景见过世面的人，包括老外，

1992年，在栗宪庭家过年包饺子

他们发现方力钧的画，跟别人非常不一样。有好几个人在展览上向我打听方力钧，找我要方力钧的联系方式，他们想买方力钧的画。他们觉得方力钧的画在这个展览上显得特别突出，他们特别喜欢。这是方力钧第一次参加我策划的大型联展，不是我专门给他做的个展，是最后关头我把他塞进"'89现代艺术大展"。

1989年，方力钧大学毕业后，没事就经常来我后海的家里找我，且经常住在我家里面。我记得我的邻居好奇地对我说："那么大小伙子每天来你这蹭吃蹭喝，要是我早把他撵走了。"那时候我还没有看到他后来画的那些画，他住在我家里的时候，和我们频繁来往的还有刘炜、宋永红、王劲松。我家客厅的人明显发生了变化，尤其是1989年以后，那时候我内心很苦闷，而这拨人嘻嘻哈哈的那样一种态度让我看到了新气象。后来我为什么用泼皮、玩世这样的词，都是从他们的生活姿态对我的冲击中得来的。在我们精神很苦闷的时候，这种玩世，包括对社会的嘲讽，同时他们也是嘲笑自己，这种自嘲的精神实际上是一种解脱。对我来说，我找到了自我解脱的道路，这种自我解脱是我从他们身上学到的，人为什么要把自己看的那么重要呢，你就是小人物，你有什么了不起，你能改变中国文化吗？你不能改变中国文化，你连自己也不能改变，当你真正面对自己的时候你什么也不是，你只是个小人物。

最早用"泼皮"这个词应该是1990年的一个会议，那个批评家的会议在香山举行，被称为"西山会议"。参加的评论家有水天中、刘晓纯、高名潞、易英等，既有我们老一拨人，也包括年轻一辈的评论家。那时候我的发言就开始用了"泼皮"这个词。实际上比这个还要早是在1990年前，我连续写过几篇文章，写了一篇关于水墨画，在梳理新文人画的时候先用了"泼皮牛二式幽默"。因为朱新建1985年在武汉的一次水墨画会议上，和周京新两个人合作了一张水浒中泼皮牛二与杨志打斗的情节，把书中描写大英雄杨志都奈何不了的泼皮牛二，画得很诙谐。接着，在做王劲松和宋永红展览的时候，我开始把这个词作了延伸，专门解释了"泼皮"这个词。

1992年，我在万寿寺给方力钧和刘炜做了双个展。1992年，金观涛在香港中文大学主编《21世纪》，戴士和应该是他们的编委吧，他向我约稿子，我就在"西山会议"发言的基础上，写了《中国当下艺术中的无聊感——玩世现实主义潮流析》，把"泼皮"改成了"玩世"，文章后面有对"玩世"这个词历史沿革的一些注解。

"玩世"是一种态度，语言结构是在现实主义的框架里，以平视的眼光，看世界、看周围，选择了一些无聊、偶然的生活片断。不是经典的现实主义，经典现实主义是完整的、有意义的、所谓典型环境中的典型人物。他们全部是不典型、非常偶然、非常片断的，甚至是完全不合理性。而且都是以一种嬉皮笑脸的"玩世"的心态去画自己，画自己的朋友和自己的亲人。

1989年之后，每个人内心都有一种说不出的苦闷，他们突然明白个人拯救不了这个世界。整个20世纪80年代，弗洛伊德、萨特、尼采都不能作为中国文人拯救自己内心世界的一种途径，都不能成为他们遮风避雨的伞，他们所有的理想破灭了，就只能面对自己的处境，面对自己的处境实际上是很艰难的事。像方力钧这样的年轻人，嘻嘻哈哈面对生活的时候，我突然觉得确实挺好，我一下子豁然开朗，那时候觉得自救了，这种自救就是通过自嘲到达解脱。这就是方力钧、刘炜、宋永红、王劲松这一拨人对生活的态度，在他们艺术里包含的精神。其实近几年流行的"屌丝"的词，事实上也是这样一种自嘲的姿态，这么多年社会没有什么变化。

20世纪90年代初，我第一次走出国门，先去了澳大利亚，看到国外是那样子的，感觉那个城市是有文脉的。我们国内那时候正在拆房子，90年代初北京到处乱拆，城市化的进程把每一个城市的传统和历史文脉给破坏了。

我在澳洲待了一个星期，直接回到香港，然后转飞机直接到了法兰克福，又从法兰克福转到威尼斯，整个行程和时间、季节都乱了。我一个人去的威尼斯，方力钧是直接飞去威尼斯的。这之前，我拿到了德国和法国的签证，在外面待了三个月。

在中国时，"威尼斯双年展"的总策展人奥利瓦对我说：我们钱很少，我们的策展费只能给你3000美金。我当时想3000美金，这还是小数目？这对当时的我来说是很多的钱了。可是我没有想到我还是没有领到那个钱，"威尼斯双年展"期间，奥利瓦很忙，给我签了领钱的单子，可是去了几个地方都没领到这个钱。管财务的人最后说要账号，不能直接领现金，那时候我哪里有账号呀，当时就傻眼了，因为去的时候就根本没有钱，以为到那里就领到钱了，身上连吃饭的钱都没有了。后来有一个台湾人，就是山艺术基金的林明哲，听参展艺术家说我没有领到钱，就到处找我。他在饭店里面找到我，随手就递给了我一个装着 3000 美金的信封，我说我以后还你，他说我赞助你。这笔钱让我和廖雯在法国和德国混了三个月。多年以后，有一次巴塞尔博览会主席皮埃尔来我家拜访，我无意当中提到这个小插曲，他听了特别生气，说太丢我们欧洲艺术界的人，说我帮你打这个官司，帮你要回这个钱。可是，哈哈，我所有手续早就不知道丢哪里去了。

这一届"威尼斯双年展"，方力钧展出的是第二阶段画面比较艳俗的画。最早画的打哈欠的那张画后来上了《纽约时报》封面，这幅画被德国路德维希博物馆收藏，是跟古根海姆博物馆同一级别的大型私人博物馆。他们做回顾建馆 100 周年的纪念册，封面就用了方力钧打哈欠这张画。方力钧最早画的这批作品，也是他最重要的代表作，都是在离我家后海很近的一个叫"辅仁大学"的工作室画的。90 年代方力钧最好的作品大多没有在中国参加过展览，这是一件非常遗憾的事。

我记得 90 年代中期和方力钧还有一段比较密集的交往时期是在荷兰。他有半年长住在荷兰。那时候，我被法国一个艺术新媒体学院邀请去讲一个星期课。那时候，方力钧就在荷兰国家美术馆做一个个展，他正在准备个展的资料。这个期间他一直住在荷兰，他要我去荷兰，然后他就帮我买了机票。我先从法国坐火车去了意大利，又从意大利坐飞机去了荷兰。我在方力钧荷兰工作室住了一段时间，我看到他正在画一组画，发黄的颜色，人在水里面游泳，闭着眼睛，感觉到很安静，但是预示着危险。这批画我觉得非常好，一个是蓝色，一个是发黄调子，这些国内人都没有看到过，很多批评家也都没有见过。去荷兰见到方力钧，看到他状态很好，工作室条件又好，画都很大，这批最好的作品都在国外。我在方力钧荷兰工作室大概住了一周时间，正巧刘野也在荷兰，我们每天都在一起吃吃喝喝。这次在荷兰算是我和方力钧交往比较密切的一段时间。

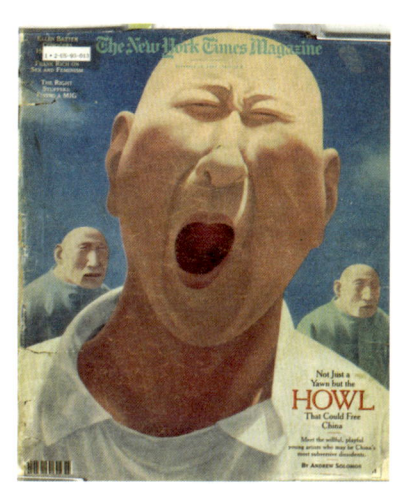

纽约《时代周刊》
1993年12月19日第6期封面

90年代中期，我大量的时间是在国外跑，去国外参加各种会议、展览。1999年我和廖雯得了ACC（洛克菲勒亚洲文化协会）的研究奖助金，在美国住了半年时间，访问了很多美国艺术家，写了不少笔记和采访录，但后来因为电脑出了问题，那些文字都丢失了。幸好廖雯整理出一本书《再没有好女孩》，这本书是她在美国对60年代以来重要女权主义艺术家所做的访谈。2000年回到北京，我想安静思考和反省一下20年打仗一样的艺术经历，就说我告别艺术界，然后就逐渐退出艺术界了，跟外界不再有什么来往了。

这些年，我接触过这么多的艺术家，方力钧是一个非常念旧情、懂得感恩的人。谁曾经对他有过帮助，他就一直记着这份人情。我记得有一段时期，我的生活非常拮据，那是我刚搬到宋庄把房子修完的时候，我就没什么钱了。2000年以后的那段生活挺拮据的。有一天方力钧来看我，出门的时候就从兜里掏出一叠钱塞到我手里。我记得那是3000块钱，那时候3000块钱够过一段时间了。

我的经济状况出现困难，是女儿扣子在2001年1月份出生前后。

1998年，荷兰阿姆斯特丹 Stedeljie 美术馆《方力钧作品展》开幕式上，方力钧与栗宪庭、冷林

有一天方力钧要送我一张画，是一张不大的画，我说我不喜欢这张画。他说我不管你喜欢不喜欢，反正这张画我给你了。有一段时间，廖雯开的那个破车总坏，经常坏在路上要不停用人力推。她说想换一辆新车，但是哪来买车的钱？我们连生活费都很紧张。方力钧知道后说有人要收藏他送给我的那张画。然后，这张画没有经过我的手，他就帮我给卖了。他对买这张画的收藏家说这是老栗的画，你把买画的钱交给老栗。那幅画卖了十多万块钱，于是，买了一辆捷达车。还有一张是他画的我，很大的一张画，放在我家客厅里。后来有一个收藏家叫杨滨，他来我家看到了这张画，他问能不能把这张画卖给他。我告诉方力钧有人要买这张他画我的肖像画，方力钧答应了，他说画送给你就是你的了。那张画最后卖了 80 万人民币。那是 2004 年。杨滨是个收藏家，他有卖车的车行，他说买走这张画可以送给我一辆车，然后就把那张画拿走了。他给我的那个车其实值不了那么多钱，后来他又给了一部分现金。

2006年，我开始转向关注独立电影，在宋庄美术馆开辟了一个播放独立电影的分支机构，但是没有这份运营费用，我就先找方力钧，他说你要多少钱，我说10万，他答应了。配合宋庄美术馆的开馆展纪实摄影的展览，我用方力钧赞助的10万块钱，做了在宋庄美术馆的第一个纪录片周。我完全没有想到开幕的当天人山人海，从上午10点到下午3点一下子涌来了3万多人，而且我居然看见罗中立也坐飞机从重庆来宋庄看展览。来的人还有潘公凯，他们都来现场看展览，在此之前，我都没通知过他们。我沉寂已经有很多年了，突然转向纪实摄影和纪录电影，并用我的名义做了一个基金来赞助独立电影，这在当时非常受关注。这之后每年我都找一个艺术家赞助电影节，比如卢昊、俸正杰、王庆松、毛同强、周春芽等等，他们每个人都给了10万赞助费。后来这个电影节的资金主要是由四川一个企业家赞助。

20世纪90年代后期，方力钧制作了很多幅巨大的版画。方力钧大学是学版画出身，他一直期望在版画上有所突破，尤其是木刻，但是木刻只适合制作小品，诸如书籍插图之类。方力钧的版画追求完整的独幅创作，以及巨大和气派。巨大还能保持刀法的流畅，是方力钧在版画制作上的贡献。他使用工业电锯等工具，因此刀法流畅、气派和具有一种语言的力度，使他的版画'游泳'系列作品出现和油画、丙烯的'游泳'系列迥然不同的风格。尤其是刀法力度的表现力，迥异于油画、丙烯的无笔触感，而显示出一种力量。因此，与油画、丙烯的'游泳'系列的宁静比较，版画的'游泳'系列给人的是一种搏击和动感。

对于我来说，艺术就是艺术，作品就是作品。艺术是一个艺术家在内心产生一种冲动，在表达的过程当中就像一个种子扔在土里面长出小苗来，那个过程是充满生命力的。他的所有感觉，所有情感，都在从内心流到一个物质媒材这个过程中，等他把这个作品完成以后，就在一定程度上和艺术家分离了。作品如果进入博物馆就是展品，进入市场就

方力钧 —— 100个人口述实录
方力钧的艺术历程

Fang LiJun | 100 interviews about Fang Lijun's art history

026

002 - 天高任鸟飞，海阔凭鱼跃

春节画老栗

50×70cm

布面油画

2007 年

方力钧画老栗

70×50cm

布面油画

2003 年

老栗游泳

162×130cm

布面油画

1998-2003 年

是商品，它就不再是严格意义上我认为的鲜活生命状态的艺术。当它们进入市场以后多少都会受到市场的影响，就不是他当初那种非说不可的状态，所以我说成功以后实际上是进入了名利场，很多事情就是身不由己的。

2000年以后，当代艺术已经不再是禁区了。我从美国回到北京，就住在宋庄的院子里，主要是生活了，跟外界不再有什么来往。方力钧成功以后，我就退出艺术圈了。我与方力钧认识到现在已经有30多年，从人品评价他，方力钧在人品上是没有任何垢病的。他是一个机智、聪明、有毅力、讲义气的人。中国人说受人滴水之恩，当以涌泉相报，他是最典型的人。

003

任何时候都是家里人

★ 人物采访：廖雯，当代艺术评论家、独立策展人
★ 采访时间：2016年5月26日下午2点
★ 采访地点：宋庄小堡村

> "方力钧是肯动脑子的人，有想法，有理智，智商高。作为艺术家这很难得，艺术家还是感性的多。现代社会，一个人能成功是有道理的，需要综合的能力，除了画得好，待人接物的态度和方式也很重要，方力钧这方面是出色的。我一直觉得方力钧有外交家的能力，可以跟各种人相处，脑子反应快，自控力极好，够大方，也够大气。"
>
> —— 廖雯

"廖姐"是方力钧最早开始叫的，如今几乎成了我的"江湖代码"。第一次与方力钧见面大约是1989年2月《中国现代艺术大展》的展厅里，之前是不是见过我不记得了。那时候，我是《中国美术报》的记者和编辑，负责报道那个展览，每天都在展厅里与艺术家发生各种聊。

记忆里有一天，有艺术家拿了相机说要和我在他的作品前拍照（当时相机很稀罕，女的艺术记者也很稀罕）。方力钧走过来说："廖姐也和我拍一张呗"，我一看是个平头"小孩儿"，笑容淳朴中露着随性，就乐得和他在他的作品前拍了一张。这张照片已经没有底片了，几年前我把唯一的照片给了方力钧，因为他比我细致，给了他会保存好，放我

1989年，现代艺术展期间与廖雯在参展作品前合影

这儿很可能就丢了。当时方力钧还没有从中央美院毕业，他的那几张大的铅笔作品被老栗（栗宪庭）选进《中国现代艺术大展》。

《中国现代艺术大展》参展艺术家特别多，这一次谈不上对方力钧有什么深刻的印象，倒是他那一组作品以最单纯的"铅笔素描"方式，踏踏实实地描绘了淳朴、木讷、无个性的典型的"中国形象"，在整个展览上很特殊。

1989年夏天，方力钧从中央美院毕业以后，不想回邯郸老家，用老栗当时的话说"户口揣在兜里"，所以经常到老栗后海的家里，有时候就借住在老栗的沙发上。后来大约是去了圆明园，不常来了。

在圆明园附近村子最早租房子的是田彬[1]，当时院子很便宜。田彬租的农民小院，一排房，进门中间一小间，一边一小间，有的有厢房，是北方农村最原始的格局。我记得那次是和老栗一起去的，中间的小间算是"客厅"，旁边的两小间，方力钧和田彬一人住一间，床都没有，大家一起坐在地铺上，记不得是谁还弹着吉他，墙上贴着方力钧的小水墨画，黄黄的毛边纸，在土墙上一排飞飞着。

　　我不确定方力钧在田彬家是不是也是短期借住。好像不久之后，有一次我去老栗家，老栗说，方力钧和刘炜在北师大老辅仁大学租了工

1　《田彬访谈》访谈人：刘璟、陶寒晨，选自《方力钧：批评文集》（吕澎、刘淳主编，文化艺术出版社，2010年10月，p919，912）

问：是不是开始经常往圆明园去跑？
田：恩，对，后来圆明园是因为1988年，工艺美院毕业的张大力，还有搞戏剧的牟森，他们当时毕业了以后被称作"盲流"，他们就在北大附近租了房子，娄斗桥还有挂甲屯一带。1988年我还和张大力做邻居，住了大概一个冬天。
问：那您1988年就搬入圆明园了。
田：那时候没有圆明园这个概念，那时只有几个人在那一块儿住。吴文光拍《流浪北京》，当时有一个叫张慈的女孩，还有牟森他是戏剧导演。因为朋友介绍我都认识他们。康木和他们是同学，我那时住在城里恭王府艺术研究院的中国美术报，后来觉得他们这边挺好玩的，冬天有时候就过来住。
问：您在方力钧之前就搬到那边去过了？
田：我当时在那住过，北大西门外。去圆明园可能是1989年春夏的时候，当时有工艺美院的康木、张念，他们在圆明园里租了个小院，我们就和杨茂源、方力钧一块儿去圆明园玩，偶然就发现一个后来叫福缘门的地方，那里的房子都是空的很大，大家就开玩笑说将来毕业到这儿来租个房子画画挺好的。方力钧当时四年级。
问：也就是说方力钧在毕业前就准备好来圆明园了？
田：对对，大家就是说毕业以后在这里租一个房子，就有这么一个想法。因为看到牟森、张念他们租的一个屋子很舒服，环境也很好，就开玩笑地说要来。等到真毕业的时候，方力钧就到北大这边来，因为他女朋友也在北大。1989年冬天，方力钧很快一亩园租了一个小屋子，筒子楼。我那个时候就回陕西了，杨茂源就毕业回大连了。等到我1990年春天来北京的时候，方力钧已经在一亩园住了一个冬天了。来了之后我们俩又到圆明园，当时他一亩园的房子已经不租了，他就乱混到肖昱还是北大于天宏那里到处蹭住。我来了之后我就说干脆咱在圆明园租一个院子，找了一个很破的院子，里面全是荒草都没人住。农民替我们收拾收拾，100块钱租给我们。
问：房子有多大？
田：房子不大，一个小院三间房，两间偏房中间一个厅。那个时候没有工作室的概念，也就是可以画画可以住。方力钧在那一块就开始画一系列的水墨，就是后来画的人物，那个时候画的水墨就和他后来画的油画一样了。用高丽纸画的光头人物。
当时我们两个人只有一个铺盖卷，大概能睡觉基本上没有任何东西，只有房东给我们找的一个床板。当时就买了一些高丽纸，还有墨水，用一些很简单的工具画了第一批有光头形象的画。那时大家到处找朋友的照片，觉得好玩的就挑出来，也因为没有材料就用水墨。这些都是根据照片画的。

作室画画，画得不错，你去看看。

北师大是我的母校，主校 1954 年以来就一直在北太平庄，辅仁大学 1952 年合并入后基本是北师大不太受重视的艺术系使用，倒像是个小独立王国。辅仁大学的前身是前清的涛贝勒府，老校址就在柳荫街上，离老栗后海北官房 28 号的家很近。

那天，我走到北师大老辅仁大学方力钧和刘炜合租的工作室，只有方力钧一个人在安静地画画，画得很慢，旁边还养着一缸鱼，那时这样悠闲安静画画的景象并不多见。再看架上的画，人的造型几乎是三"无"，头上无发，状态无意义，身份无辨识，色彩粉蓝，手法平涂，类似广告，与学院"经典油画"所谓大题材、酱油调子、大笔触等大相径庭，这引发了我的好奇心。单从技术层面上，这样的画法对于专业出身没有什么难度，于是我问方力钧一张画要画多长时间？他说要想快可以 2 小时画完，我说看你好像不怎么快，故意的吧？他说就是故意放慢一点速度，因为人的状态会每时每刻不一样，慢慢地画，可以让状态比较平稳。我当时心想，这小子聪明啊，是个有脑子的人。我又问你们不是两个人合租的工作室吗，怎么就你一个在画，刘炜呢？他说刘炜喝酒去了。当时的刘炜把画都面朝墙扣着放在地上。方力钧把刘炜的画翻开让我看，刘炜画的爸爸妈妈亲戚朋友，都很丑陋、很弱智的样子，细节处理很拧巴、很感性。完全不同的两个小子，作品在当时都非常个人化，非常出彩。

20 世纪 90 年代初，没有什么机会，老栗和我就把 1989 年之后新艺术现象的这些作品，拍成幻灯片（当时 135 小幻灯片对我们来说都很奢侈），来了人（尤其是海外的艺术专业人士）就放给别人看。大约是 1990 年前后，来了一个台湾人，说要请我们编一本《大陆中青年艺术家百人传》（国画和油画各一本，每本各一百人）。那时几乎没有什么出版机会，我们明知道他就是想要本收藏指南，但还是很重视。不仅把

1991年，方力钧在北京辅仁大学中央美术学院民间美术系助教代班期间。黎安琳摄

何多苓、周春芽、陈文骥、张晓刚、王广义放了进去，还"别有用心"地放了10个名不见经传的年轻艺术家，那个台湾人觉得这几个年轻人根本没有收藏的可能，让我拿掉。我直接和他说，如果拿掉这几个我就都不干了，他只好妥协。这几个人就是方力钧、刘炜、刘晓东、喻红、宋永红、王劲松、曾梵志等。所以人要是目光短浅，好东西戳在眼跟前儿也是看不见的。《百人传》我给每个人都写了篇介绍文字，那算是我最早写方力钧吧。知道这本画册的人本来不多，我自己很少提起。后来，

画册里的大部分艺术家都成了明星，当年我写的那些文字对他们来说也无足轻重了。大约十年前，我去方力钧工作室（他在宋庄的老工作室），无意间看见他桌上有本资料，翻开一看，里面居然有这篇小文的复印件，我心下暗赞他的心细（这是后话）。

与此同时，老栗说服这个台湾人做一本杂志，更确切地说，杂志才是我们真正想做的。那时，我们之前所在的《中国美术报》已经被停刊，我们太需要一个新的窗口。因为机会难得，创刊号我们投注了极大的心血（这个故事很长，以后有机会再讲），每个栏目设计，文章编排等等，都体现了老栗对"后89新艺术"的敏锐和思考，排版设计都是杨志麟手工做的。老栗要用方力钧的《打呵欠》做封面，这件作品表达的无聊和泼皮的感觉，任何时候都是"玩世写实主义"的经典。当时我们的幻灯片都是135的小片，不够做封面，方力钧居然提供了一张超大的幻灯片，当时整个编辑部的"小伙伴儿"都精羡不已。我们自己处理不了，我还特别找了一个在大画报社做摄影师的朋友去制作。这本方方面面堪称完美的创刊号的样本，交给那个台湾人之后就石沉大海了。一年之后，我们辗转看到的已经出版的创刊号，面目全非，用方力钧作品做封面的创刊号，事后我们多次提出收回，至今下落不明。这是一次严重的教训，从某种意义上说，我们因此失去了在最好的历史时机的话语权，我至今想起来依然想吐粗口。

方力钧自己在圆明园一个叫"福缘门"的村子租房子，经济状况已经好转了。他单独租了一个大院子，房子格局也是一排三间、五间正房，一侧一厢房，但房子新也高大一些。尤其是中间的厅大而敞亮，能画得开，很适合艺术家画画，所以后来很多人都去了。

那时候大家都不富裕，可精神上挺自由或者说向往自由。我姥姥常说"人贵不在贫富"，富不富裕不重要，重要的是自尊和心里自由。方力钧没有给过我特别"穷"的感觉，也没有给过我落魄、颓废、自暴

1991年,方力钧在北京辅仁大学中央美术学院民间美术系助教班代课期间。黎安琳摄

自弃的感觉,这家伙聪明、勤奋而理智。

认识方力钧20多年,他一直就那样,没太大变化,现在也就是脸上肉多了点儿,腰粗了点儿,头发不剃也差不多光了。

方力钧是肯动脑子的人,有想法,有理智,智商高。作为艺术家这很难得,艺术家还是感性的多。现代社会,一个人能成功是有道理的,需要综合的能力,除了画得好,待人接物的态度和方式也很重要,方力钧这方面是出色的。

方力钧很念旧情,他"混"好了之后,帮过很多以前的老同学、老朋友。郑今东、老栗,在方力钧心里面亦师亦友,亦父亦兄,多年来一直给过很多帮助。

方力钧懂得顾全大局,他也有这个能力。我一直觉得方力钧有外交家的能力,可以跟各种人相处,脑子反应快,自控力极好,够大方,也够大派。无论处境如何,也不会太怎么样。

最后跟你说点儿本来不太好意思说、心里也总有些歉意的事，就是我们家里几次窘迫的时候，卖的都是方力钧的画。也都是因为他是家里人。我和老栗这些年跟很多艺术家一块摸爬滚打过来，故事都很多，感情都很深，但是方力钧更像家里人。

每次卖画问方力钧的时候，他总是说其实送给你们就不用问我了，而且说卖吧，我也不会只送你们这一张画。我们心里非常清楚，没有哪个艺术家是愿意把他送你的画卖掉的，这也是我心里一直对他有些歉意的地方。

前些时候，方力钧来家里，他说是我"小叔子"，可以和"嫂子"过分一点儿贫嘴，看来彻底是家里人了，我也不用歉意了吧。方力钧对于我们来说，任何时候都是家里人。

李津、张颂仁、
栗宪庭、廖雯、
刘淳、杜坚、
王广义、王劲松、
张骏、方力钧
2014 春 2015 秋

24.5×36.5cm
纸本水墨
2015 年

004
绝顶聪明的家伙

★ 人物采访：郑今东，邯郸群艺馆老师
★ 采访时间：2016年5月22日下午2点
★ 采访地点：河北邯郸胡寨淦乡文化大院

> "我很欣赏方力钧为人处事的外圆内方，正好方力钧也是姓方。他'外圆'，什么人都结交；但是方力钧是方力钧，不同于你，也不同于他，他又忠于自己的品格，忠于自己的那部分就形成他独特的风格和面貌，跟别人不一样，也就形成'内方'。所以我很欣赏他能够结交各色人等的'外圆'，然后他又形成他自己独特风格的'内方'。我眼中的方力钧是一个绝顶聪明的家伙，他的聪明就在于他勤于思考，很早就读很多的书。他有三只眼睛看世界，三只耳朵听声音，然后还有三头六臂。绝对聪明的家伙比天才高级，天才这个词用得太多了。"
>
> —— 郑今东

我认识方力钧的那一年，记得他才16岁，还是一名雨季少年。具体时间我记不太清楚了，大约是1979年或者1980年，我当时在邯郸群艺馆教的是速写，他来跟我学画速写。那时候方力钧不多说话，给人的印象很腼腆。他有一个特点是嘴角往上翘，那时候我看他有点像女孩子，并不像男子汉。他的笑是两个嘴角向上挑,给人一种滑稽的亲切感。[1]

在我的印象里,方力钧性格内向早熟,素描画得十分灵活。方力钧有一个特点,做事都思考在前面,行动是跟着思考的,所以让思维跑在行动之前,也就是说干什么都有目的、有想法的。所以,方力钧给我留下的印象就是他勤于思考,而且读书比较多。

我记得他给我讲过一个叫伯尔的人写的懒惰哲学故事,内容就是有一个旅客到西海岸游玩,他看到一个渔夫在那里戴着帽子晒太阳,他就抓住相机给他拍了一张照片,于是把这个渔夫惊醒了,两个人就开始聊天了。这个旅客说今天天气这么好,你应该下海捕鱼。这个渔夫说我已经把明天、后天的鱼都捕了,不需要再去忙碌了。这个旅客有点惋惜地说,如果你还继续捕可以收很多的鱼,然后你就可以发展船队,捕收更多的鱼,再建一个冷库,这样你就可以发达了。最后,你就可以悠闲地看大海,自由自在了。渔夫回应就说现在的我就是自由自在,可以随意地看大海,不需要像你说的这么努力,发展什么船队,建什么冷库,做多大的事业。这个旅客受到渔夫的启发,他觉得渔夫说得对,他还自作多情地给渔夫出主意,有点多此一举了。

后来,我也看到这篇文章了,我想方力钧读书很多。他有文化做

---

[1] 《像野狗一样生活 1963—2008 方力钧文献档案展》(卢迎华主编,视界艺术出版社,2009 年 4 月第 1 版,p64)

方力钧:1979 年,郑今东和张义春分别调到邯郸市群艺馆工作,并在群艺馆也开办了业余美术学习班,我又去参加美术班,跟着他们学画画。他们是完全不同风格的两个人。郑今东画得非常好,尤其是画生活速写。但他看重的好像始终不是画画本身,他把更多的时间和精力用在探索和认识上面,人性、社会、历史……所以他对我的精神上的影响力是巨大的。每一次上课,他就天南海北一点边际都没有。每一个学生都不知道他讲了什么,就跟吸了鸦片上瘾一样到火车站候车室画速写。每次讲完课以后至少要集体疯狂一个星期。他的另外一个对我们巨大的影响是不断地帮我们开阔眼界,给我们介绍南来北往的大画家们。那个时候的艺术家都会去写生,很多艺术家到太行山写生,路过这里,郑老师会安排他们给学生们讲座,或者见个面之类的。几乎所有的我们见到的或是认识了的到太行山来写生的画家都是他给介绍的,像史国良、李津、周思聪、王怀骐和栗宪庭等。张义春是一个科班出身、艺术水平非常高的老师,他又是一个不善言辞的老师。在那几年里,我们很难得的请教他的机会里面,他永远是把拳头伸出来,教我们通过拳头的关系去理会画画的道理。

支撑，所以才能干出事业来。还有一个原因，我觉得方力钧生命的原动力应该来自于他的出身。他的家庭是地主出身，月月挨揍，他父亲挨揍的时候他正是孩子，他在小的时候就知道那个时代的荒唐，所以他从很小就能够观察社会、观察人的生存状态，这些经历在他很小的时候就对他产生了很大的影响。我觉得一个人往往是在最小的时候，对社会的认知和对现实的看法会对他在少年成长时期起很大的作用。因为少年是灵魂最干净也最敏感的时候，所以，方力钧的这种成长经历，让他看社会、看人生，然后再进行思考。

另外，我很欣赏方力钧为人处事的外圆内方，正好方力钧也是姓方。他'外圆'，什么人都结交；但是方力钧是方力钧，不同于你，也不同于他，他又忠于自己的品格，忠于自己的那部分就形成他独特的风格和面貌，跟别人不一样，也就形成'内方'。所以我很欣赏他能够结交各色人等的'外圆'，然后他又形成他自己独特风格的'内方'。这是为人处事这方面，我给他总结就是外圆内方。

再就是方力钧这个人，跟他在一起能让人感觉到很亲切，没有距离感，感觉随意自然。所以，应该说方力钧这个人体现的是人性美，那就是人情。方力钧跟各种人都能说得来，要说他像一个领袖也可以，但是他又没有叱咤风云的感觉，他可以跟这些人都打到一片，也像小"孩子头"。他这个人还有一点就是大家都很服气他，也就是说佩服吧。

你让我多讲一些他少年时学画的趣事。方力钧这个人没说的，绝顶聪明。他勤奋，善于思考，对于绘画非常的认真。我让学生都去火车站画速写，那个地方是最适合画画的，而且也不用给他们找模特，请人去摆姿势，我很讨厌那种僵硬的姿式。火车站就是自然而然的模特，每个人在火车站这样坐着或那样躺着，各种姿式是最放松、最自然的。他看到大家都是这样，所以表情是非常自然的。车站的人可以说是千姿百态，什么样的人都有，只要去抓取就会很自然地出现好作品。

方力钧带动一些人跟他去火车站、汽车站画画。去那里画画以后，他是"孩子头"，我没有想到晚上八九点钟那么晚了，大家都坚持跟他去火车站画画，让他带动起来了。

他那时候就有独特的表现风格，画速写的时候他没有向哪个大师去靠近去模仿，而是用自己的理解去画，他的素描也是那样，比如说他后来参加全国美展的作品。方力钧的聪明就在这儿，那时候他还没有上大学，闷下头来画了那么几张水粉，画的是鹅卵石，然后进入了全国美展。80年代，进入全国美展对于地方美术工作者来说是很不容易的，那就等于鲤鱼跳龙门，所以方力钧这个人稍微修炼，他就跳了龙门了。因此，方力钧是条鲤鱼，其他人都是鲶鱼，鲶鱼还得再修炼几百年才能成为鲤鱼，只有鲤鱼才能跳龙门。

我记得方力钧进入全国美展应该就是1984年，当时给在地方搞美术的这些人一个震动，这是一般人做不到的。他悄悄干出来的东西就有自己的面貌，而且具有很高的艺术水平，要没有这个水平的话，进入全国美展是不容易的。方力钧都做到了，让大家很吃惊。

在我教的一堆孩子里面，方力钧爱读书、爱思考。另外，他走出邯郸之后，把自己上了大学之后画的速写、搞的版画都搞成复印件送给我。这么做的除了方力钧，还有一个是王文生，再就是张林海，他们都这么办。为什么？因为我下面还要教其他学生，他们给这些孩子们提供范画。

方力钧走出邯郸之后，还给我买一些画册。当时的条件不好，缺少资料、缺少书看，所以他想到的是帮我解决这个问题，并不是送几盒烟或者是几瓶酒。当然，方力钧对我也有很多的生活关照，比如在1990年左右，当时安装一个电话要三千多块钱，他帮我安装了一部座机电话。其实没事的时候我从不给他打电话，他们都很忙，所以我没事尽量不给人家找麻烦。安装完电话之后，方力钧非要给我买羽绒服。他

臭味相投

直径33cm
布面油画
2011年

这个人重情义。2010年，他在北京今日美术馆做展览的时候，我带着几个人去了现场，方力钧叫司机给我钱说要感谢老师。我当时说这钱不能要，他就叫他的同学柴海燕亲自交给我，柴海燕说你收下吧，这是方力钧的一片心意。我说好吧，也推不开，后来我给方力钧发短信说："受之有愧，却之不恭。"

我说受之有愧，却之不恭，这也算找了一个词，意思就算是慈悲其所——你给他留一个位置，那就是说他有好心，他有慈悲心，你接受是给他的慈悲心一个位置。所以这个事我很感激，方力钧有一种慈悲的情怀。

我记得有一个小画是他画的屎壳郎滚粪蛋。屎壳郎是一种动物，一般农村院子里面有粪便，由草和粪组成的圆球，这个东西往地里面撒作为肥料用，屎壳郎生存在这个环境当中。他把这个送给朋友，像开个玩笑一样，比如说谁结婚，他在上面写"臭味相投"，然后拿这个画送给他们作为贺礼。这个很幽默的，不是送"龙凤呈祥"。所以我刚才说他读书多也就在这里，那就是"三寸气在千般用，一旦无常万事休"。方力钧能够有所成就，读书多是很大的原因。

另外，他具备了适宜发展的大环境。他成长的时期是八九十年代，那是最好的时期。另外，他有适宜成长的小环境，他老爸对他很好，很宽松，随他的便，他爸爸和妈妈都很开通。他在那个环境里长成，又遇到80年代改革开放，那个时候应该说比今天还要好。所以我说他的成功得益于适宜生长的小环境和适宜发展的大环境，都具备了。

可以这么说，是那个时代造就了他，他遇到了好时代。当然，成功的关键取决于他本人。一个人的成功，不全在于外界的条件，有一个大环境当然是好的，但是有这种大环境也不是人人都可以成功。就跟老师教学生一样，画画这个东西不是教出来的，是学出来。我教一个班50个学生，每个都教了，但要看谁学了。师傅引进门，修行在个人。他们有差别，这就是天才，得承认这个。我刚才说方力钧是绝顶聪明的家伙。他的聪明就在于他勤于思考，很早就读很多的书。他有三只眼睛看世界，三只耳朵听声音，然后还有三头六臂。绝对聪明的家伙比天才高级，天才这个词用得太多了。

你让我来谈方力钧的艺术成就，我认为方力钧是表达深刻思想的艺术家。第一，他这个人有独特的视角、深层的意蕴。第二，你看他画的东西好像是玩世，其实表达的是深刻思想。第三，我觉得方力钧有奇特的表现手法，他的手法是多种多样的，你看油画、版画、雕塑、水墨、陶瓷，他都弄得跟别人不一样。由此可见，方力钧才能独步画坛，没有第二个，所以他是唯一的，有自己独特的风貌。大家一看这就是方力钧的，都能够不含糊地认出来，这就是有他自己独特的风貌，独特的表现。

你看他的画面从 90 年代起那些奇奇怪怪的人和那些状态。花朵的绽放就是青年时期的生命，人活出人性的本色才是美丽的，那正是他年轻的时候，他表现奇奇怪怪的，所以我觉得方力钧在艺术上没有刻意追求像谁，而是真正的像他自己。他已经做到了能够自由表现自己，所以他才是具有真正自我的人，不管是用水墨、油画、版画还是陶瓷，他都可以信手拈来，很随意，打造了一种自如。

我刚才说方力钧独步画坛，他之所以能够这样，是因为他有文化底蕴和周密的思考，还有锤炼，那就是国画、水墨、油画、雕塑、版画他都在弄。他有一种融会贯通的能力。

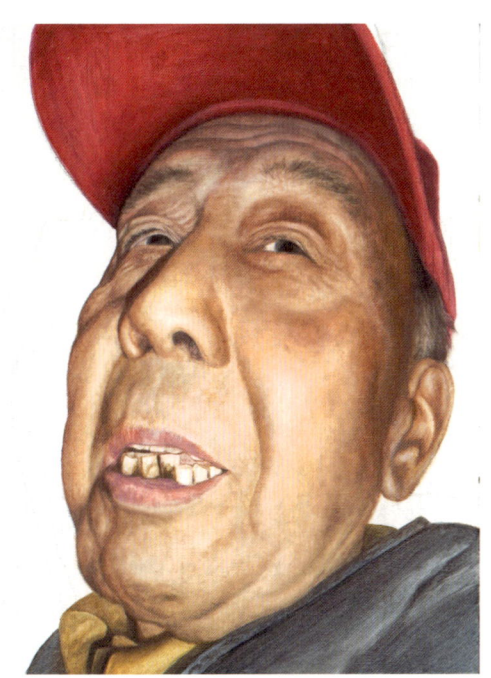

方力钧画郑今东

40×30cm
布面油画
2011 年

005 小小少年 大大的志向

★ 人物采访：刘景森，华北理工大学艺术学院教授
★ 采访时间：2016年5月21日上午9点半
★ 采访地点：河北唐山华北理工大学

> "方力钧给我的印象，和别人是不太一样的，包括和其他学生，也包括和其他艺术家。我想一个人的成长，有很多很多的因素都起着作用，在方力钧的成长历程中，包括他的家庭、成长环境和特殊年代的历史背景等。他是一个善于学习而且会学习的人，习惯用脑子去思考问题，他在每个时期都有不同的思考，他的作品也反映出与时代的联系、对现实和生活的态度。现在很多人都对我说：'你办了一件大好事，当年招收了方力钧，使他成为一个大艺术家。'一些唐山人也对我说：'你很了不起，让我们这儿也出了一个世界级大腕人物。'我想方力钧的艺术成就，就在于他是一个开创型的艺术家，这一点在艺术史上最重要。"
>
> —— 刘景森

我是当年去邯郸负责招生的老师，邯郸是方力钧的老家。现在很多人都对我说："你办了一件大好事，当年招收了方力钧，使他成为一个大艺术家。"一些唐山人也对我说："你很了不起，让我们这儿也出了一个世界级大腕人物。"你让我聊方力钧的故事，那就从1980年招生开始说起。

005-小小少年大大的志向

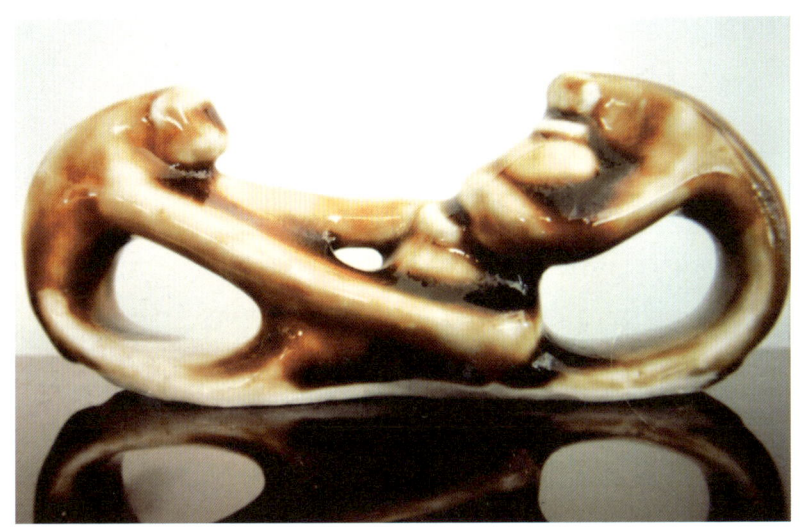

方力钧的第一件雕塑作品

1980年是我们学校恢复考试招生的第三年，当时叫做河北轻工业学校，也就是最早方力钧上学的那所学校，后来并入现在的华北理工大学。我们学校美术专业具有较长的办学历史，当时是一所中等专业学校，但是这个学校学生质量的培养在社会上具有很大影响。为什么这所中专学校能培养出很多很有成就的艺术家？这应当缘于一个特殊的时代。这所学校最早开办的是以陶瓷为主的美术专业，隶属河北省轻工业厅，虽说是一所中专学校，但是师资力量很强。我们有几个非常优秀、很有成就的老师，在河北省很有名。他们的业务很好，是天津美院60年代初的优秀毕业生，凭业务条件原本是可以在天津美院留校任教的，但由于家庭出身不好的政治原因未能留校，包括乔文科、刘文甫、赵文然老师等被分配到唐山陶瓷学校，也就是河北轻工业学校的前身。有这么一批非常优秀的天津美院毕业生到唐山陶瓷学校任教之后，就把这所学校的美术专业扶植起来了，并在河北省乃至全国产生较大的社会影响。所以

045

全国很多地方，包括四川、新疆、内蒙、广东、云南、浙江等地方，都有委培生到我们学校来学习。可以说，在恢复高考初期能够考入我们学校应当说是非常不容易的。方力钧入学的年代，考上中专的难度不在现在考上美术学院之下。有一年我统计过这所学校的招生比例，我们招50名学生，全河北省报名参加考试的就有1000多人，录取率不足5%。所以方力钧在1980年能够考上河北轻工业学校，可以说是凤毛麟角，在当年家里有这样的考生是可以摆功设宴庆祝的喜事。

方力钧参加考试那年我25岁。我是1955年出生，比他年长8岁，最早也是这个学校毕业的。我是1971年入学，是"文化大革命"复课之后招收的第一批学生，毕业后留校当老师，可以说我见证了这所学校40多年的发展历史。

1980年河北轻工业学校和河北工艺美校联合招生，我作为招生老师去了邯郸。当时的招生老师权力非常大，布置考场、监考、阅卷和录取就是招生老师一人说了算，看上谁就可以录取谁。一个老师看中哪个学生就到地区招生办公室签字把这个学生录取走，签完这个字之后的结果就是农村户口可以转入城市户口，直接到我们学校去上学，毕业后国家干部编制包分配，所以对每个学生来说都是改变命运的机会。实事求是地讲，那时候真的没有任何私情关系，没有任何其它的因素掺杂在里面，就是凭专业考试成绩择优录取入学。

当年在邯郸的考场设在地区招生办公室提供的一所中学教室，考生进考场前排起了长队，具体人数我现在回忆不起来了。进入考场之后，看得出来有很多考生很紧张，虽然当时我也很年轻，但毕竟是老师身份，所有考生见到主考老师来了可能还是有一些畏惧。那时候考试都是在学校放暑假的夏天，天气比较热，教室也没有什么降温设备，再加上紧张，很多同学考试的时候衣服都湿透了。

方力钧那时候年龄比较小，但心理素质很好。考试的时候，确实可以看得出他比其他孩子镇定。在考场里老师穿梭在考生中，转的时候基本上就是看画不看人，更多的是注意画得好的考生。方力钧很机灵，当我转到他旁边之后，他做出了一个非常的举动，主动把画拿到教室墙边给我看。我们都知道画面大效果要有一定距离地看，但是在考场上，紧张的考生是不敢离开他们的座位有这种动作的。方力钧把画拿到一边来，退几步看效果，因为咱们是搞专业的，对学生离开座位不是太在意，但如果是一个非专业人员监考，那结果就很难说了。所以，他拿到旁边看的时候，我也就在旁边和他一起看。当时方力钧很轻声细语地问我：老师你看看怎么样？我对他点头笑了笑，同时说了几句鼓励的话。方力钧立即心领神会，然后又回到他的座位上去画画了。对方力钧来说，在当时那种情况下，老师在关键时候的一个动作或一个表情都会对他产生影响，让他产生一种自信，所以整个考试他发挥得很好。

　　通过这样一个小情节，后来我就关注他了。第一，在考场上敢让主考老师看画，给我留下了比较机灵聪明的印象；第二，他造型基础比较好，画得也确实不错，在考场比较突出；第三，他留着很长的头发，有点时尚年轻人的范。随后我就开始跟他聊天，我问方力钧：你准备报考哪个学校？他说还没想好，我说你报我们学校吧，实际上就是点给他了，你要报我们学校的话我可以把你带走。方力钧那么机灵的人，马上就领会到了我的意思。紧接着我又说了一句话，不过你的头发太长了，我们的学校是不允许男生留长发的。那会儿，他留的是长发，当时我说我们学校不允许留长发只是我随便一说，实际上我不可能因为他留长头发就不录取他。但是当我说完这句话，他放在心上了，中午回家，家里什么好吃的都摆好了，但他没吃饭，而是先去了理发店把头发剪短了。

　　当天下午考色彩，由于上午我跟方力钧聊过了几句话，他可能意识到了我比较关注他，但下午考试时他发现我在考场转的时候却没有在他跟前停留。他觉得很奇怪，这老师上午还关注我，下午怎么不理我了。

结果他又把画拿出来，单独跟我找了一个机会接触，我突然发现，他把头发理短了，我就拍了他一下，"我说怎么找不到你了呢"。看到他的头发因为我上午说的一句话而改变，我们俩为这事都乐了。这件事过去了多少年之后，方力钧跟我说，就是因为头发长，把他爸气得没办法，多少次让他把头发剪短，他就是不听他爸的。老师你那一句话，我当时就害怕因为头发长你不要我了，所以中午回家不吃饭，先把头发剪短了。那么小的年龄，在这些细节问题的处理上也显示了方力钧的机灵劲。[1]

考试结束之后就报志愿了，他舍去离他家近的河北工艺美校填报了河北轻工业学校美术专业。考生填报完志愿，我和河北工艺美校的另一位招生老师，就在地区招生办公室给学生登统成绩，随后在录取单上签了名字。那一年从邯郸招了3个学生，方力钧是其中之一。把招生手续办完了，方力钧被录取了，也就决定了他将要进入正规的美术学校开启学习生涯。

后来录取通知下发，考生都知道结果了，很多考生不太认可，都认为方力钧当时的名次没在那个位置。他们同学给他的排名最好的成绩

---

[1] 《像野狗一样生活：1963—2008方力钧文献档案展》（卢迎华主编，视界艺术出版社，2009年4月第1版，p67）

方力钧：1980年唐山的河北轻工业学校和保定的工艺美术学校在邯郸联合招生。那个时候能够到中专学校读书的人都是凤毛麟角的。这三个学校在我们邯郸市总共才招三个人。这是一件天大的事。至少所有的学画画的孩子都热血沸腾，希望自己能考到这个学校里面去。我记得考试之前，正好假期，李杰到我们家里面画模特。我爸问他觉得我有没有可能考得上中专。李杰是那种很有条理的一个人，他跟我爸爸说他觉得我在这些学画画里可能排名能排到第七。但是在这个城里只招三个学生，好在我们没有太认真地把这个排名当回事。到了考场上，我们那些成绩好的画友都紧张得一塌糊涂，有的浑身大汗，有的一头扎进去之后两个小时里一动不动，也不知道自己画好不好，脸色惨白。只有我一反常态，好像不是我自己参加考试一样。画一小会就把画拿到远处看效果，调整一会再拿出来看一看。结果被一个眯缝着小眼睛，拿着把黑扇子的老师给注意到了。我就居然在考场上让他给我指点，结果那个老师乐了，后来指着我，当时我留着特长的头发，说你的头发怎么那么长啊。中午休场回家吃饭的时候，我就赶紧抓紧时间把头发给理了。下午考头像写生，那个老师转来转去就不理我，最后我只好拿着我画去找他，问他这样画行不行。那个老师突然发现我，拿着扇子拍我肩膀，说我说怎么找不到你了，把头发给剃了。他就问我要报哪个学校，我说还不知道呢。然后他说报轻校吧。结果我就被轻校录取了。那个老师就是刘景森。等到公布了结果之后，很多学生跑到群艺馆里找张义春老师，学生们以为群艺馆也管招生。他们就纳闷，大闹，为什么方力钧能考上。张义春也想不明白，然后回答那些学生说，我也不知道方力钧怎么就突然画好了。

可以考到第7名的位置，他应当进入不了录取名单里面。所以这批学生都到邯郸群艺馆美术老师那里去告状。实际上这些学生不懂招生程序，以为群艺馆也参与招生。后来我看方力钧文献资料，他也写过这一段，他说当时那天就奇怪了，很多平时比他画得好的人，那天就紧张得一塌糊涂，方力钧反而进入了最好的状态。平时画得好的考场发挥欠佳，方力钧又发挥超常，所以平日的排名也就发生了变化，最后录取了方力钧。我在这里实事求是地讲，当时真的没有任何私人关系在里面。1980年招生还不流行或没人敢走后门，方力钧的录取就是凭考试成绩进的这所学校。当然也不排除我在考试现场对他有好的印象，当时招生老师对学生的录取主要是学生考试成绩，但考生给老师的印象也会对最后的录取起一些作用，相当于现在的面试吧。所以方力钧那种一看就很机灵的小伙自然也会占有一定优势，这是我记忆中在1980年招生期间的一段往事。

那一年9月新生入学，这对方力钧来说，可以说是他一生选择的开始，对他后来事业的发展应当说有着重要的作用。如果说没有那段经历，他也许会从事了其他事业，当然也不能排除他在其它领域也有可能获得成功。后来方力钧也曾调侃地说起此事，说如果没有当年刘老师招我，我都不知道我今天会干什么。

上学期间，我们学校的管理非常严谨，那时候学生都不许随便出校门，学生们很不满意，把我们学校形容成像监狱一样。因为我们不是单纯的艺术学校，还有其它工科专业，如机械、硅酸盐、陶瓷工艺等，所以在管理方面就受其他专业的影响。但对学校管理来说，尤其对孩子家长来说，可能会认为在这样的环境学习对孩子也不是坏事。他们那时候学习是很刻苦的，非常认真地对待每一门课程和每一个作业。记得那时专业课周课时是20节，每天晚上还安排自习课，老师不在的时候学生也会自己组织学习，自己找模特，利用休息时间画画。所以当时像方力钧他们那几届学生,上3年学可以说比现在的学生上6年以上所利用的时间还多。他们那届的学制是3年,后来改为4年。那时候学生每天都在教室画画到很晚,熄灯时学生都不肯回宿舍,都是值班老师把学生从教室轰回宿舍去睡觉,他们那几届的学生是非常刻苦用功的。

方力钧入学之后,我教他们的是陶瓷雕塑,这个课应当是二年级之后上。我回忆给他们上雕塑的时候,方力钧跟其他学生也有不同的地方。因为我们是陶瓷美术专业,所以单元课程练习对学生要求的不是创作性多强,而是要求学生掌握完整的陶瓷雕塑制作工艺,从做泥稿、翻模和注浆到最后烧成,要了解全部生产过程,每个环节都要求学生亲自实践,更多的强调的是对制作工艺知识的掌握。所以很多同学在完成这个作业的时候都是仿制别人的作品,或是从平面画册里找一个图形,把一个平面画稿变成一个立体雕塑就算完成作业了,这就达到了基本的作业要求。现在我回想起来,方力钧这个作业不是这么做的,他那时候做事就有想法,他的脑瓜是比较活的,不是随随便便应付着去做,不是搬的现成的东西。他做的一个雕塑表现的是两个小猴子在那儿打闹、嬉戏,追求动物雕塑情趣的表现,通过这个雕塑表现什么也有他自己的想法。就艺术形式而言,这件作品现在看还是有些前卫思想的,对雕塑的实体与空隙在艺术处理上也有他的追求。在当时,绘画风格基本上都是写实的,我们在平时的雕塑教学中往往单纯强调实体的塑造,对空隙部分不太重视。在80年代初,亨利·摩尔的雕塑和西方的摇滚乐等现代艺术,以巨大的冲击力影响着我国很多年轻学生对西方现代艺术的探求欲望。方力钧的那个雕塑虽然体积不大,但强调立体形的有机变化,不是那种单纯地表现一个具体的形,而是强调实体部分和空隙负形的关系,做了运动的线性处理。西方前卫艺术的影响,那时候他就已经初见端倪了,这种创作意识在当时是很多学生不具备的。

方力钧很顺利地运用各种工艺完成了这个陶瓷雕塑作业。因为当时我们学校也有比较好的实践条件，有自己的实习工厂，各个工艺环节操作非常方便，所以现在方力钧对陶瓷的生产工艺是非常熟悉的，因为他在校学习期间就经历过。近期他在景德镇做陶瓷，可以这么讲，这和他在河北轻工业学校的学习有着直接的关系。因为他对陶瓷不陌生，什么工艺都懂，怎么做泥稿，怎么用石膏做模具，怎么合理分模块，怎么注浆，怎么开模，怎么修坯，怎么打磨，这套工艺他清楚得不得了。因为我们要求每一个学生从头到尾完成制作，直到最后烧成，要亲自把坯体送到窑里面去烧，烧完之后开窑，同学们都到窑门口等着，开窑时把自己的作品拿出来。当时同学们看到自己作品烧成瓷之后都是很兴奋的。

陶瓷雕塑是通过模具生产的，所以可以烧制好多件，做得比较好的学生作业老师总会自己也留一件，方力钧这个小雕塑也是其中之一，后来我把它送给了我在北京的一个亲戚。许多年后方力钧成了大名人，我记起还有方力钧一件小雕塑存在我亲戚家，我就打电话询问这件作品是否还在，听说保存完好我很高兴。后来我到北京取来这件作品到宋庄让方力钧看过，他见到这件作品也引起了许多学生时代的回忆，最后他高兴地在这个作品上签了自己的名字。这是方力钧艺术发展历程中早期阶段的作品，我想也是方力钧的第一件雕塑作品。这件作品还在我北京的亲戚家，虽然体积不大，但很有意义。

你问方力钧与其他学生的区别？我的印象是，方力钧很喜欢读书，包括文学名著。上学时，他每月剩余的生活费大部分都用于买书了。他是一个比较善于学习而且会学习的人，记忆力很好，并习惯用脑子去思考问题。后来我看过根据他的谈话笔录整理的书，我觉得方力钧的脑子很厉害，思想性很强。你别看他平时说话好像很随意并带有调侃，但落实在文字上再去品味，你会发现他的很多谈话内容很有思想并蕴含着哲理，包括对艺术的理解，对现实、对生活的态度等等。这与他年轻时读书涉猎的广泛知识有着重要的关系，因为知识是靠积累的。我想方力钧的艺术成就，就在于他对现实和生活有着独特的亲身体验和思想感悟，他是一个开创型艺术家，这一点在艺术史上最重要。

从方力钧在我们学校学习期间和他到中央美院的早期作品来看，他的写实能力是很强的，他可以画很深入的东西。方力钧的性格是比较活跃的，但是他真正做画的时候可以非常认真、踏踏实实地画得很细、很深入。给我的感觉他是真正用心地在做每件事，从不敷衍，这一点我觉得对他后来的成功也起到了很大的作用。

他每次做展览都会邀请我去，他的画室我也经常去，所以对他各个时期的作品比较了解。虽然说光头是他一个符号式的形象，但不同时期他所表现的内容也在变化，包括游泳、儿童、鲜花、动物等题材，在他的作品中注入着他与时代相联系的态度。从艺术形式上看，我特别喜欢他的版画，还有他近期画的水墨画和一些创作小稿。他早期的黑白灰三色木刻，打破传统形式，利用现代工具，如不规则的锯裂纹理，黑白灰关系的处理，以及看上去轻松随意的处理方式，使画面形成一种特有的、强烈的视觉冲击，给人留下深刻的印象。我上次去他工作室看到他画的水墨画稿，我认为和中国传统的水墨画是有区别的，可能还是受益于他在中央美院版画系学习的时候对黑白灰的理解和应用。所以他的水墨画黑白灰的关系处理得特别好，他勾的线型也不像中国画讲究那么多，他很随意地用线表现形体，轻松洒脱。他的功底很深，因为他在早期学习过程中经过了一段严谨的基础训练。他勾的小孩以及手脚的局部形非常精美，从这些画稿可以看出他对形体结构关系理解得非常到位，提笔就来，符合结构规律，尽管并不完全写实，但看上去形体关系非常舒服，这就是方力钧的造型功底的体现。所以，我对他的手稿非常感兴趣。在方力钧工作室我看到很多创作稿，画得非常好。很多是信手拈来的他感悟到的现实和生活的随笔描述，所记录的是他瞬间产生的创作欲望的思考过程。大的主题性创作可能需要很长的绘制时间，而随手画的东西是

方力钧画刘景森

45×40cm
布面油画
2011 年

很放松的一种自由状态,有些可能是发生在瞬间,我们仔细地看看这些画稿,可能更有助于我们对方力钧的全面了解。

  方力钧从我们学校毕业已有 30 多年了,他的相貌外观的变化肯定还是有的,但是熟悉他的人,当你看他的时候感觉还是当初的模样,风趣调侃的说笑、习惯性的动作和学生时代还是一样,只是某些方面表现得成熟了很多。这么多年,只要我到北京去或者他到唐山来,人们都能看到我们亲密的师生关系。在一些场合下做介绍的时候,他总会单独的介绍我,而且前面要加一些铺垫,比如这是我的恩师,这是我的招生老师等。从这点也可以看出他对在河北轻工业学校的这段学习经历还是非常重视的,这一学习起步阶段,对他之后的发展还是挺重要的。

  多少年来我们一直保持着亲密的来往,每逢教师节和春节等节日都会收到他的问候和祝福,过年时还会让他的同学胡健来唐山看我,这么多年不忘和老师的这份情谊。从这些生活细节也能看出方力钧的做事和为人重情重义。我跟你说一个有趣的事,有一次早晨5点钟,我突然收到一条手机短信,当时我很奇怪,谁这么早给我发短信,一看是方力钧发来的,就八个字:大胖小子,× 斤 × 两。原来是他儿子出生了,一看短信就能知道他当时的兴奋心情,他在第一时间给我报来喜信,也可以看得出他和我的情感关系。收到他这个短信我也很高兴,当即回复了祝福的话。我爱人听到这个消息也很高兴,还专门给他新出生的儿子买了一套小礼物,是一个婴儿挂的银质平安锁和手镯。但后来才知道他儿子是在香港出生的,过了很长时间才回来,所以没得机会亲自交给他,后来孩子长大了,也就没再送给他。

最近一次见他是在我们学校举办他的文献展。这个文献展的内容和他在其它大学举办的文献展是一样的,但方力钧是从这个学校走出去的,所以就有着一种特殊的意义。这个展览对学生是最好的教育实例,同时又具有很大的社会意义。以前,我们学校请他做过讲座,也聘请他做为我们学校的客座教授。方力钧是我们学校的骄傲,也是我们这些老师的骄傲。

006 不忘初心，方得始终

★ 人物采访：李津，艺术家
★ 采访时间：2016年4月28日下午4点
★ 采访地点：马泉营李津工作室

> "你让我谈方力钧，我一定给你献上一道大餐。我们认识的时候，他才十几岁，我也二十多岁，那时候我们都是青少年，那个时期我们一定互相都表示自己对艺术真正的热爱。人生为了什么？我将来要干什么？所以他点这一句不要忘了我们的初衷，我听了仔细一想，这样一个爱调侃的嬉皮笑脸的人说出这样的话，这真是他对我说过的最有质量的一句话，能说这句话的一定是一路走过来的人。在绘画这条路线上，方力钧总担心我迷失了，他说你别忘了你的初衷。他的筋骨是用钢铁做成的，他是有一种硬度的人。"

—— 李津

你让我谈方力钧，我一定给你献上一道大餐。我跟方力钧第一次见面应该是在1980年，我们在邯郸群艺馆认识的。1980年我在天津美院上大学一年级。然后我去涉县写生。涉县就是当时的老区，因为它还保持着清末的风度。房子是晚清民国的，都是石头砌的；人还是阴阳头，只有民国才有那种阴阳头；还有缠足的人，解放后还有缠足的就是太闭塞了。涉县很有特点，所以我就愿意去那儿写生。

我喜欢去涉县画速写。去涉县必须要经过邯郸，邯郸又是我姑姑住的地方，那时候我去涉县写生，每次必须要到我姑姑家去。邯郸群艺馆的负责人又是我天津美院毕业的老校友，我经常到他那儿去，于是就认识了郑今东老师。他那时候在邯郸群艺馆办了一个速写班，方力钧在那个速写班学习，郑今东老师是真正教方力钧画画的老师。我的速写画得好，郑今东说我的速写完全可以当他们速写班的范画。

那时候方力钧主动找我，说他当时真的很受我的影响，我们一起喝酒侃艺术。他那时候还很小，我到他家看见他开始读《少年维特的烦恼》，并且做读书笔记。我心想这个人真的不能低估。他还有写日记的习惯。

我记得当时他看的是卢梭的书，还有一些哲学书。我当时觉得在邯郸这种地方，他不应该会关心这些东西，但我发觉他非常有心，他对任何一个他接触过的人或者他画的画，或者他的朋友，他的那种在意非常有心，所以为什么他做文献展能保留出那么多的东西？我觉得他对人、对物相当重视。比如说我有时候对物件特别不注意保护，过手就扔了。但是他正好相反，他留心的东西还不完全是他画的，或者他写的，就包括别人写给他的信，他都留着。他就是这样一个有心人。

那时候在邯郸，他给我的印象是有点贫，但还不像到北京读书时学得那么贫。他想问题有一个逆向思维，比如我们当时认同的正统，他有时候就要反着想一下，如果我不这样画行不行，他是一个有主意的人。

让我感动的是1984年我去西藏，我们之间的通信到现在还有。那时候他还没有考上中央美院，我去西藏那时候不光通讯不方便，而且我们那时候照几张照片也不容易，冲洗也不方便。关键是我居然能够把那些画的照片都加到信里面给他寄去，可见当时我们的关系好到什么程度。这是男人之间的情谊。

至今我们还是互相牵挂的。我记得有一个令人感动的细节是当时我去西藏坐火车，要先去成都再坐飞机进西藏，这条线路过邯郸，方力钧要送我。那个场面很感人的，他上了火车，从邯郸一直把我送到安阳，再想办法坐别的火车回来，那种情谊就不说了。所以我知道，我跟方力钧的交情不是一般的人能代替的，还有比一般的师生更深一点的交情。

我援藏两年，记得从西藏回来时，我去方力钧邯郸的家里，看到他的屋子里面就挂了一张我的照片。那还不是我从西藏寄回来的照片，是他在我去西藏前，我还在天津美院的时候他给我拍过一张照片。那张照得很好，我不知道现在还能不能找到那张照片，他是有心人，他应该会保存。这一幕也挺让我感动。

后来我慢慢发现他的"厉害"。当年在邯郸，我记得最有意思的事是我们俩一起游泳，我原以为我应该游泳比他好，结果他游泳比我好，耐力等各方面比我强多了。包括跳远、跳高，那时候我都认为我行，结果他都比我强多了，他就是有那种潜能，后来我就再也不跟他比这种东西了。画画那时候我肯定是比较强势的，现在可能唯一打击我的就是原来我对他的画一直是持打击态度的。那是在他成名前，就包括在他有了名之后我当时还不服气。我那时候的审美和现在的审美不一样，那时候我就认为他画的东西有点木，就是很老实。

那时候我的概念有点骄傲，正好画的都是有变化的、生动的东西，我跟他完全不一样。最后他画的那些人正好是他的一种风格，我就发觉他还是了解自己的。他有时候也让我画几笔，他在旁边看，但是他没有接这种气，他始终知道自己强项在哪儿，弱项在哪儿，他不会拿自己的弱项去碰别人的强项，就一直刻苦地画。我说你画的人怎么感觉掐起来肉没有弹性呢，他说你以为画就非得有弹性嘛，我画的手就是冷冰冰的，这就是艺术，你这个掐起来出水也可以，也是艺术，那种平静的，冷冰冰的也是艺术。

从这时候起，我们的概念已经是不一样的了。后来我发觉他是有觉悟的人，他给自己找了很充足的理由。今天我们谈艺术，什么都是有它的道理，浮夸有浮夸的道理，唯美有唯美的道理，你说木讷、生涩，这些都没有关系，这不是阻碍一个艺术家发展的事。

现在我们俩见面基本上就是瞎喝酒、瞎聊天，但是他在大事上，就说几句话，我就觉得后来是我变得俗气了。他成名以后，经历的事情多，我感觉到他有很多事是我不能做到的。比如稳定感，稳定就是对自己有一种约束，对自己有一种狠的东西。

你知道吗？他的工作量很大，平时社交也很多，这一系列的事，如果没有一种特别好的精力和高度理性的话，摆不平。一般人单纯做某一项行，要是什么都介入，把很多的东西、很多的经验集中在一起，而且不一定都是正面的，也有很多负面的，就不一定行了。比如天天喝酒，作为一种释放也好，一种交流也好，有一种沟通是你拿身体做代价的。他不是不知道喝酒对身体有危害，但是他无所谓，主意已定。

他天天这么活着，这么折腾自己，总说他现在的工作对他完全是一件有乐趣的事。其实我认为这话不完全对，我能看得出来。但是他已经习惯了，就无所谓了，因为他自己在把握住大局以后，认为有很多的事就是工作。但是像画国画，我的工作里面如果没有趣味，只要一干巴我就不想再做这个事了。我的快乐不是在某一笔某一划上的，我的快乐可能是我这个东西完成以后，我这个理念和形式、形象推广出去的这种快乐。那是一种大快乐，所谓延时了很长时间，但是最后还是有高潮，就是这种感觉。像我们这种都是属于过程中就要有意思，这点我们俩不一样。

  我对方力钧说你是属于钢铁企业的人。他的筋骨是用钢铁做成的，他是有一种硬度的人。我跟他正好相反，我有点软骨头，可能烧制的骨架没有他结实，所以我肯定不会像他这样去做张力很大的事情，我可能会慢慢地去做。现在我有时候反而想做点这种张力很大的事情，试着驾驭一下大于自己以前方寸之间的事情。就好像你有一个胸怀或者一个气量一样。以前，我觉得能把方寸之间拿捏得特别好，就够了，实际上现在想来并不是。你不知道的事最好就不要多说了。我原来就觉得小画以小见大，小画里有千秋，尺寸不是唯一的，但是这个是合理的，你从某种理论上没有说成败是因为尺寸决定的，但是你没有画。我最近画大画才知道，你没有画大画根本不知道大画里面的乐趣和困难，在这里面能够感受到的释放是小画根本不能比的。

  我在画大画的时候想起方力钧，就觉得我看他画得那么过瘾，包括我现在的工作室都受他影响。以前我是特别讨厌大工作室的，他从来都是工作室比我大很多。我刚来这个大工作室的时候就是不适应，我是喜欢那种隔得很小的空间，自己心里觉得特别的踏实，但是一到这个大的工作室里就觉得好像撑不起来，再一画大画更觉得是这样。后来，我发觉这个东西是一种收敛，有些东西小画根本不能代替，那就是大画带给我的思考。大画里有很多，就是你看不到的、不是在方寸之间用眼睛能掌握的。在东边，西边的事不知道，往西边走的时候，东边的事记不清楚了，这个过程太牛了。

  我觉得朋友是这样，天天在你身边的朋友未必比离你很远的人了解你。因为他那时候就像你自己离自己近，有时候你看不清自己一样，容易迷失。因为太习惯了，就会木讷，天天在一起，谁那么仔细观看你？但是可能离远了，有时候他会想到过去的某些事情，想到你现在在干什么。比如说在微信上我关注方力钧，只要有他的内容我就不会很草率地翻过去了。我到他那儿会停留的，因为好长时间没见了，我也想知道他现在怎么样，我相信他看我的东西也一样，一旦扫到那儿他也会认真地看一下。

他经常调侃我。他调侃我是家常便饭，而且把我灌醉也是家常便饭。他就很清楚地知道我的软肋在哪儿。知己知彼，那就好办了，除非我有进步他就没辙了。他现在对我有点没办法，他觉得我不像以前那么可爱了，不好对付。

我们交往到现在，虽然刚开始他是听我的，那时候我确实是强势，肯定我好多方面要比他好。后来他成名了，个人的强度出来了，确实建立了自己绘画语言的风格。

在绘画这条路线上，他总担心我会迷失。他说你别忘了你的初衷。能说这句话的一定是一路走过来的。我们认识的时候，他才十几岁，我也二十多岁，那时候我们都是青少年，那个时期我们一定互相都表示自己对艺术真正的热爱。人生为了什么？我将来要干什么？所以他点这一句不要忘了我们的初衷，我听了仔细一想，这样一个爱调侃的嬉皮笑脸的人说出这样的话，这真是他对我说过的最有质量的一句话。

其实不用多提醒，画什么不重要，现在在干什么也不重要，或者你现在沉迷于什么不重要，能挣钱也不重要，重要的是不改初衷，心里面一直被牵引。方力钧能走到今天，绝对有一个东西一直牵引他前进，他想歇都歇不了。

我总觉得他对我很重要的时期，可能就因为几句话会影响我，实际上他在我心里面还是特别高大的，因为他了解我，而且他从来没有伤害我。他可以灌我酒，但是他不想伤害我这个人，无论什么时候他的初衷都是为我好，这就是哥儿们。这是我特别在意他的地方，包括我记得90年代初的时候，我画了一段时间抽象画，画了有一年多了，当时我迷恋进去了，我造型能力不错，但是我放弃了。后来他跟我说三哥，你这个不行，一个是你确实对人很敏感，画得也好，再一个，人还是要还原自己，人最了解和最需要看到的还是人。他不建议我放弃对人物以及人物情绪的刻画。我听他的，很快就调整回来了，还是回到了造型的优势上。

我记得他在上大学的时候就看《曾国藩》，他是心怀抱负的人，对政治方面是敏感的，对社会有自己的思考。为什么他当时能够被西方人选中，并且还能被国内所接受，最主要的还是他作为一个中国的文化人或者是艺术家，他有担当。如果他完全是稀里糊涂的被人推到那个位置是不可能的，他这种担当是有一种高标准的，这是他成功的第一点。

我当时跟他说过，你成功有几点，永远不能把这页翻过去。我说第二点，你那时候的女朋友米莎对你的成长是不能取代的。为什么？米莎知道西方社会需要中国有什么样的艺术。她知道怎么打造他。方力钧那时候未必知道，他太受她影响了。从艺术角度西方在看什么，这很重要的。大家希望看到所有的这些变化，直接反映到艺术家作品中是什么东西。这时候他准备得特别好，他画的那些形象既是中国符号，又有一种西洋的味道，掌握得火候非常好。他的调侃性和当时王朔作品的关联，包括跟当时崔健的摇滚乐，感觉是非常的融洽。他在绘画语言上又特别聪明，他没有走苏派，只用肉色和单色。他已经有一只眼是像米莎的眼那样能离开中国看中国，还有一只眼肯定是他本色地在看中国。他是一个从小城市出来的人，他对农民、对普通人的理解，那种很中国式形象的理解，都太到位了，他是个非常清楚的人。

记得我和方力钧一起参加 1989 年的"现代艺术大展",当时我们两个人的画在里面都不算多么出挑和多么主流,我就有点灰心丧气。他说三哥你放心,咱们是两个小火苗,今后咱们绝对会燎原的。他就这么狂,我想他都有那么大信心,一下也给自己提了劲。所以为什么说他重要呢?在你需要鼓励和支持的时候,他会推你一把,而不是往下拉你一把,所以他才有可能越走越自信。[1]

我们俩现在有一个问题,其实都差不多。他认为画还是一定要变化,而不是走经验主义、就靠这套成功的东西混饭吃,他是反对这个的。你可以不成熟,不成熟对艺术家,尤其对有名的艺术家来说是好事。成名的艺术家现在特别怕成熟,年轻人可以这么鼓励你,老一点的人还有什么成熟不成熟呢?我绝对相信我们哥俩今后还是能长久下去,起码应该这么说,都不会让对方感到失望。可能这哥们曾经认为我让他失望了,他有过这个阶段,他也有点着急。我有一段市场特别萧条的时候,应该是 1994 年到 1998 年。那时候我觉得我是完全被排在水墨界以外的。那时候水墨也有很多人在画,但是我已经退出来了,就画自己的画,无心于任何所谓大的东西,比如张力、试验、新表现主义等等,我都不在这个群体里做了。实际上我后来取得成功,是要感谢我这几年的基础,就是不再关注江湖

---

1 《像野狗一样生活:1963—2008 方力钧文献档案展》(卢迎华主编,视界艺术出版社,2009 年 4 月第 1 版,p93)

卢:那当时你看 1989 大展是什么感觉?
方:我记得那时候李津和我从美术馆出来后闲聊,我们就觉得一头雾水,不明白情况。李津就觉得自己在整个展览中被忽视了,因为他的作品不热闹,太传统。我就跟他说其实我们现在只是个种子,现在的确是注意到我们的人很少,但我们会拥有未来。

卢:除了年轻以外,你为什么觉得有这种自信呢?这种自信我相信一部分是因为当时年轻气盛,还有什么原因?
方:我就觉得好像'85……我不知道你对 1989 年的展览有什么了解,1985 年的展览呢大多数是以作秀为目的的,就是以引起别人的注意为目的的,但是我觉得我们的作品是跟自己的生命相关的。作秀总是有偶然性的,就是你表现得好啊或者不好啊,你反应得快啊或者不快啊,但是如果是和自己的生命有关系的话,他就会是一个很长远的一个过程、一个项目。

的时候，灰心的同时反而踏实了，专心回来画自己的生活。为什么我后来是以生活、以普通人的视角去创作。就是因为我已经对"假大空"失望了。回到小我，有时候也挺好的。踏踏实实画画菜，画身边的女人，画自己身边的生活。

大家后来觉得，这个最不起眼的东西，过了多少年又成为我们的艺术里特别缺失的内容。很多人想得太宏伟了，太沉重了。但是我现在面临一个问题：你一旦成为坐标的时候，你又会陷入一种困局，还得想办法走出来，不要停滞在一个地方，还是回到一个更自我，不要完全为其他人，为所谓的社会责任心或者是艺术史的诱惑太上心、太分神。你就先干自己的事，先让自己有状态，这个比任何事情都重要。人到最后已经不是比别的了，就是比谁对工作、对绘画还有热情，因为干个几十年都累了，还能有热情的人最了不起。我认为方力钧讲的"初衷"还是指的这个，一种对艺术的热爱。因为你的初衷不是为了名和钱。

实际上，我们互相是积极的、向上的，能够相互鼓励和搀扶，这就是朋友。他一直鼓励我，他认为我还行，还能更好，他自己明白还有哪些东西我还没有走到他所预期的境界。我也认为我没有走到，我膜拜的境界不是我现在画的感觉。

我估计如果我们两个人能相互欣赏的话，可能还是能看到对方的优势在哪儿，没有放弃这个优势。如果我认为他江郎才尽了，可能也不再谈什么艺术的事了，也不用再讨论了，因为他不需要讨论，他已经成了，也不需要谈论未来。可能我更需要谈论一点未来，现在都可以谈，因为都有未来。

什么是江湖道理？他已经50多岁了，大半生走过来，人脉、友谊、朋友，这些是他很看重的。实际上中国的所谓"艺术江湖"，如果没有朋友我觉得很难成气候，这是百分之百的真理。有哪几个能出来的人是完全的孤胆英雄？从文化的角度看，江湖可能是我们延伸到任何一个领域里面都很重要的东西，这是一种中国传统文化。所以他现在这些被你采访的朋友，有多少关于他的回忆，跟他画的这些人有多少故事……这种对自我存在的肯定，首先他要肯定他周围是什么人。

方力钧画我，估计连油画带水墨应该有五六幅吧。其实我觉得他画的我，和王广义画的我太传神了。他画冀少峰也画得好，一看就知道他们的交情是很深的，骨子里有很深的交情就画得好，差一点还真不行，差一点就是从形式出发。他画我是从神出发，用白描的手法画。我一直要赞扬他的白描，他的白描已经不像是画西画的人画的白描，他用笔的领悟和虚实，体现出他是一个对国画绝对有关注和实践的人。我看到很多油画家画的水墨还是隔着一层，没有完全用心在形式上去研究，比如在线条或者是笔墨上。但是，方力钧至少在线上是用心思的。他对于所谓中国人认为的勾线的顿挫、肉的质感和排线的方式，那种走线的结构方式，也已经不完全是素描的结果了。

方力钧现在勾线比例还有思路，他的线描不是那么简单的。他做了很多的工作，真正研究了传统，而且不停地画，一点也不放弃实践层面的"练"。所以他今天勾的东西，我一直在说纯画西画的人干不了这活，纯画国画的人也干不了这活，他已经占了一节了。况且他的形象和套色，跟他的感觉更匹配，但是他这种模式，已经是中国画新水墨里的一个特别的奇葩，就是不一样。今后他会占一笔，因为他的画里面既有传统，又有很多不传统的东西。

方力钧是绝对有力量的人，他对自己该狠的时候还是狠，他不会找那么多理由原谅自己。前几年他爸爸去世了，我去了现场，看见他一直在那儿笑，跟大家嬉皮笑脸的，还是那样子，还在那儿安慰我们。这种人都牛，强大到你认为他最需要安慰的时候，反过来是他安慰你，这绝对强大。他难受的时候，不会找你寻找安慰，反过来他会安慰你，这种人跟我们不是一个级别，内心强大，还是有一种"宽"，这种是我认为的"宽"。

一般人一做大局，所谓粗线条的人就没有精力顾及细节了。他是有心人，他的架子大，撑得住，然后还能兼顾细节。实际上，包括我现在慢慢觉得自己比以前有所提高，是因为我慢慢成熟了，架子开始大一点了。我以前是绝对不乏细节的，但是我整体的架子有点弱，现在稍微好一点了，但跟他比差远了。他已经成精了，游戏人生。

我从36年前认识他到现在，觉得他没什么变化。他很小的时候就样，说他逆反也行，说他玩世不恭也行。他嬉皮笑脸是到北京上学以后，那时候北京正好是提倡痞子文化，像王朔、崔健对他影响很大，而且当时社交，能够拿别人调侃或者是调侃自己，那属于油墨，也属于时尚。我觉得一个人拿自己开涮或拿别人开涮都是对自我的保护，因为你特别的黑白分明、爱憎分明是很麻烦的，这个世界不是像你想的那样，所以我现在理解郑板桥说的"难得糊涂"。

他精力旺盛、聪明，想问题宽，这是很重要的。我也见到很多聪明的、反应快的人，但是太琐碎。实际上他还是很多事情从大处着眼，就跟他的画一样，小趣味并不多，但是他真的把这些"阵"都排出来的时候。你发现他很有幽默感。

我对他嫉妒肯定是有，任何一个老师说希望学生青出于蓝胜于蓝，结果看学生一下就成功了，心理肯定不舒服。我从西方回来以后，听说他上了美国《时代周刊》，我就特别生气。他就说你这个人太小气了，你应该高兴，可我就生气，他就拿那个杂志跟我炫耀。我就小气，因为我在西藏待了两年，根本就不知道那种情况。

我走的时候，请他们吃饭。我那时候是能卖画，一走就是两年时间，完全是一天一地，他那么快一下就出来了。他的名气已经在那儿了，而且画也确实震撼我。因为不太清楚，突然之间出现那样一种带有强烈色彩的大光头，肉色的，非常刺激，尺寸也大，当时我就觉得这是一个新的东西。一个他一个刘炜，当时他们俩都在一起，我看刘炜也是这样，也觉得特别的刺激。那时候刘炜也说找三哥喝酒去，他也画国画，也喜欢我的国画。就是没想到我从西藏回来，这两个人那么快就大红大紫了。

我羡慕他，但是没有影响到我俩来往，只是那一段时间过后，慢慢就不可能在一起说心里话了，这是个大的隔膜。我只能闷头做我的事，但是他也不会去指责说你这样下去没出路，不会的。有几次机会我们能住在一起，但是我都不想。他家旁边有一个院子，他就让我住在他的院子里，我给他几张画就行了，这就是希望做邻居，但是被我拒绝了。我还是不想离他太近，就是这种感觉，还是觉得他有强势的地方，毕竟我以前是他的老师。

他到现在还说，他还认为如果我发展正常的话，还是了不起的，他知道我还没出来，还有后劲。我心想那就行了，你知道三哥还有前途无敌的可能性就行了。他这人很细腻，虽然比我小5岁，但有时候会像兄弟一样关心我，这友谊是没的说。

006- 不忘初心，方得始终

2015.9.11 三哥李津像

44.3×59.6cm

纸本水墨

2015 年

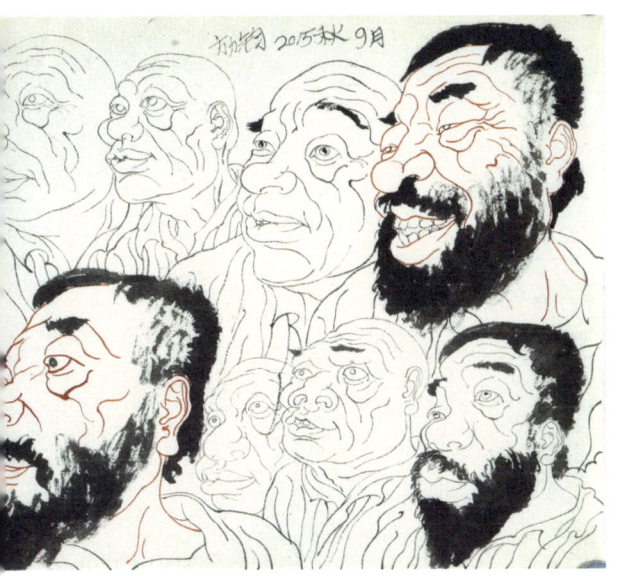

方力钧画李津
2015 年秋 9 月

37.1×43.2cm

纸本水墨

2015 年

三哥李津 2007.5

60×50cm

布面油画

2007 年

067

007

他是可以相信的朋友

★ 人物采访：王广义，艺术家
★ 采访时间：2016年5月6日下午3点
★ 采访地点：首都机场艺术区王广义工作室

> "方力钧看起来说话调侃、爱开玩笑、嘻嘻哈哈，其实他挺重情义。我和谁成为朋友，最核心的东西是重情义，艺术成就那是另外一回事。方力钧对当代艺术的贡献毫无疑问是有目共睹的。从我的角度看，我觉得他是可以相信的朋友，这是最重要的。"
>
> —— 王广义

我和方力钧认识很多年了，我忘了是1987年还是1988年，好像应该是1989年一起参加"现代艺术大展"时认识的。我记得第一次见面是在老栗（栗宪庭）家，经老栗引荐认识了他。那会儿他还有点头发，不长。初次见面也没说什么，大家相互点个头之后也没有什么联系，后来每次和方力钧见面都是在老栗家。我们之间交往多起来是1994年一起参加圣保罗双年展。在圣保罗展览期间，我们交往比较多，从圣保罗回来之后交往就非常多了。

你问我当代艺术圈"F4"的由来，怎么会有这个说法具体我也不清楚，好像是台湾媒体弄出来的这个概念。我记得好像是2001年，因为我们四个人在台湾一起做过展览。我想原因可能是台湾媒体要介绍中国当代艺术，感觉我们四个人被媒体介绍得比较多，或者是曝光比较多。台湾媒体从种种角度考虑，就对我们大陆这四个艺术家比较有兴趣。当代艺术圈的"F4"，那时候没有人那么叫，大家觉得很有意思，我想就记住了这种说法。

后来湖南经视频道十周年庆典，我记得是李路明穿针引线做的引荐，用我们四个人的作品做的宣传海报。当时选我们四个人的代表性作品，要征求我们同意。我们说没问题，觉得这种宣传也挺好的，然后我们每人选了一张代表性作品，上面印上"湖南经视频道10周年"。海报上是我们四个人的作品同时出现，岳敏君的作品是"大笑脸"，方力钧的作品是"光头"，张晓刚的作品是"大家庭"，我的作品是"大跃进"。我们到达长沙，一下飞机，看到路边的霓红灯和海报都是我们的作品。因为湖南广播电视做台庆也要做报道，他们也请了很多媒体来做宣传，媒体开始大肆地说我们四个是"F4"，好像从那时起这种说法就传开了。

我们四个人性格各不相同，是非常好的朋友。我觉得张晓刚挺知识分子的，做事情说话非常缓慢，他就是这样的人。

岳敏君和方力钧一般人看起来觉得他们有点像，都是光头，作品也是"玩世现实主义"。但是，他俩的性格其实不太一样，一个更内向，一个更外向。岳敏君和方力钧比起来，有一点封闭自己，他如果不喝酒，也不大爱说话，但是只要一喝酒就很疯。方力钧给我的感觉是即使不喝酒也爱说话，他是一个很喜欢热闹的人。他非常爱社交，我对社交有一点恐惧，说有"社交恐惧症"可能有点夸大了，但是要让我迅速地融进社交情境之中，只能通过喝酒能够迅速让我融进去，因为不喝酒会游离。我只能和很少的人在一起吃饭喝酒，人一多就不知道该说什么。

现在，我们四个人同时出现的情形不多。最近一次我们四个人又聚在一起，是因为参加我在鲁迅美术学院美术馆的展览。这个展览虽然不是什么大展览，但是对我而言还是很有意义的。我是东北人，曾经在年轻的时候报考过鲁美,连续考三年都没有考上,所以在鲁美举办我的展览,这让我内心有忐忑的感觉。在开幕式发言的时候,我说我做过无数个展览,只有这个展览是比较特殊的,就像这个展览的题目叫"北方的温度"。

"北方温度"并不是一个学术的概念,更多的是与情感相关,我离开北方30多年,第一次回北方做我的个展,而且是在鲁美的美术馆。我在鲁美做展览的心情很复杂,不知道是冷一点,还是热一点,内心很忐忑,这是真实的感受。我请了很多认识多年的老朋友来参加这个展览。方力钧、张晓刚、岳敏君都来了。

我和方力钧最重要的交集是一起参加由黄专策划的"图像就是力量"展览。2002年,我和方力钧、张晓刚,由黄专策划,我们三个人

2002年,在"图像就是力量"展览开幕式上,深圳。左起:王广义、张晓刚、方力钧

在何香凝美术馆举办了"图像就是力量"的展览。因为这个展览,大家交集非常多,我们经常在一起商量展览该怎么做。因为是我们三个的展览,也是我们三个第一次在一起做这种大型的展览。当时黄专有一个学术的想法,那时候大家经常在一起讨论怎么做这个展览,包括接受媒体采访,也通常是我们三个人在一起。从那时候开始,我们在学术上的交流也很多。从那之后,我们的交往非常多,那个时期大家都年轻,几乎每个星期都在方力钧开的一个叫"茶马古道"的餐厅喝酒。这个餐厅最早不是在三里屯,是在东四环的"棕榈泉"。那里是我们的据点。

和方力钧认识快 30 年了,我觉得这些年他都没什么变化,也可能是总见面,感受不到这种变化。我觉得他唯一的变化是年龄在变化,和年轻时不太一样,年龄大了,大家更看重过去的情谊。这么多年,大家一直这样走过来,虽然他比我小几岁,但是也 50 多岁了。他现在画身边的朋友,我觉得这个挺好的,我想这可能也跟他的年龄有关系,可能人一过 50 岁,更看重自己走过的历程和自己交往过的朋友,这其实是一种怀旧的心理。

面对艺术品,每个人会看到不同的东西。我觉得他画的我挺好。我这么说吧,方力钧看起来说话调侃、爱开玩笑、嘻嘻哈哈,其实他挺重情谊。我们是这么多年的朋友,我觉得这是最核心的东西。我和谁成为朋友,艺术成就是另外一个问题。方力钧对当代艺术的贡献毫无疑问是有目共睹的。从我的角度看,我觉得他是可以相信的朋友,这才是最重要的。虽然我比他大几岁,但是我们是同一代人,因为我们经历的事情是极其相似的。

艺术家之间的交往是在一起喝酒,玩笑和正经是穿插着进行的,艺术家不会坐在一起正儿八经长谈一个事。我觉得朋友之间相处是自然而然的,觉得在一起喝酒很舒服,在一起玩也很舒服,就经常在一起,朋友就是这样建立的。

我的朋友不多,我觉得能成为朋友首先是在一起相处必须要舒服,这是最主要的,然后很重情谊,这是最基本的。我选择朋友的标准就是这两点,朋友也是可遇而不可求的事情,好多偶然因素凑在一起,才能交往成为朋友。

在我看来,方力钧是一个重情谊的人,这也是我最看中的一点。

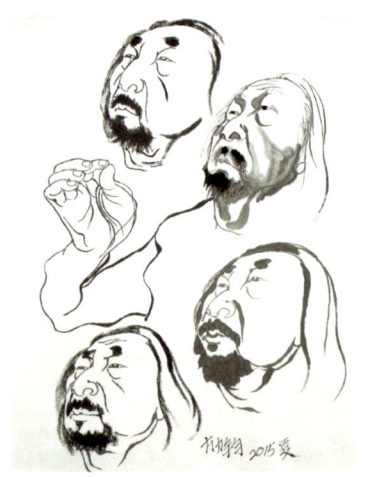

方力钧画王广义
2015 夏

59.6×44.2cm
纸本水墨
2015 年

方力钧画广义
2015.6.1

35×45.5cm
纸本水墨
2015 年

008

一个为艺术而生活的人

★ 人物采访：黄立平，武汉合美术馆馆长
★ 采访时间：2016 年 4 月 22 日晚上 9 点
★ 采访地点：湖北省美术馆咖啡厅

> "方力钧给我最深的印象是他对很多问题都有深入的思考，无论是宗教问题、哲学问题，还是种族问题、政治问题。我跟他交谈总有理性的倾向，他也总会用理性的方式来回应。每当这样交流的时候，方力钧所展现出的状态就跟他那种标志性的调侃、玩世、不拿自己当回事、不拿权威当回事，也不拿别人当回事的风格形成强烈的反差。方力钧给我最突出的印象就是他的生活、他的创作是水天一色。我的直觉，他的陶瓷作品会给陶瓷艺术打开一扇新的门。"
>
> —— 黄立平

我认为，从美术馆的角度看，一切艺术史都应该是当代史。我们只有把着眼点放在正在产生变化的艺术思想和艺术观念方面，美术馆才有文化存在的意义。那么，哪些艺术家和艺术现象是合美术馆所感兴趣的呢？

首先，是在重大历史转折时期，在思想观念的大变革时期脱颖而出的艺术家；其二，是已然卓有成就，被社会公认，却不断自我超越，持续实现惊人突破的艺术家。方力钧正是这样的艺术家。当然，为这样一些已经在艺术上确立一定历史地位的艺术家举办通常的个展，并不是合美术馆的目标。我们希望从个案研究的维度上做一些具有学术深度的工作。"手稿研究展"——正是我们精心选择的一个方向。方力钧手稿和文献资料丰富，却系统挖掘整理不够。过去20多年，尽管他在国内外举办个展无数，却没有系统展示过手稿。

当代艺术的可爱之处，在于不拘泥于任何形式，不受限于任何先验的标准，艺术家可以采用任何文化资源，在乎的是新思维、新观念、新的情感方式和行为方式，以及新的精神格局。当代艺术特别吸引我的还在于有机会跳出作品之外，直接与艺术家进行思想和情感的交流。

通过做方力钧的手稿展，这两年我和他有了数次近距离的接触。方力钧给我最直观的感觉是，他是一个自由艺术家，这是他的身份，也是他的状态，更是他的价值特点。他没有在体制内，没有受到体制的约束，没有太多需要迎合、迁就、妥协的东西，甚至屈服的东西。他按照一个艺术家的文化判断和他的兴趣、才华在进行创作。我认为这是一个艺术家正常的创作状态。只有这样自由的创作状态，才可能产生跨时代的艺术作品。

方力钧给我最深的印象是他对很多问题都有深入的思考，无论是宗教问题、哲学问题，还是种族问题、政治问题。我跟他交谈总有理性的倾向，他也总会用理性的方式来回应。每当这样交流的时候，方力钧所展现出的状态就跟他那种标志性的调侃、玩世、不拿自己当回事、不拿权威当回事，也不拿别人当回事的风格形成强烈的反差。

艺术家往往相对比较自我，因为他就活在他的艺术世界里面，对世俗的人际关系、社会交往的一些规则、对别人的情绪、情感，往往比较忽视。而方力钧在这方面却显得很另类。他很随意、自然但不失礼貌；很懂得尊重别人，这跟他自己内心高远的追求目标和艺术上的企图心并不矛盾。其实越有理想的人，在跟别人相处中的正常状态应该是越谦虚的，所以作为一个自由艺术家把这两者体现得比较协调是难得的。但是，我认为从某种意义上这是必然的。因为他在自由创作状态，当他真正跟艺术史、跟未来建立关系的时候，他的精神构架会超越常人，也超越以社会性和集体性见长的体制内的很多人。他能够做到既不屑于世俗，也能够同时做到深刻洞悉世俗并流变于世俗，这或许是自由的另外一种表现形式吧。

方力钧是一个性情中人。首先，我对他朋友相遇通宵达旦地喝大酒印象很深。这是否就是尼采所说的那种酒神精神我说不好，或者不同的人有不同的认识角度，至少可以断言，这是他自由的创作状态的性格化表现。就像很多人愿意把大量的精力放在开会一样，他愿意花大量的时间和朋友把盏言欢。这成了他的一种生活状态，要么创作，要么就喝酒。这种状态是他艺术生活的基本样式，也是他精神世界外化的基本形式。

我以为醉是一种境界。方力钧喝酒的过程很忘我，醉是必然的。醉了当然就无语。喝酒最后的状态不外乎要么情不自禁，要么就一言不语。他在进入到醉的过程是一个忘我的过程。忘我是一个非常艺术的状态，因为他被他感兴趣的事物、灵感所牵引，而不是被自己的理性牵引而进入状态，他是兴致的使然，才激发智慧和想象力的一种方式。而这种状态是艺术率性的状态。我有一个判断，艺术家的自我不应该是自我封闭、离群索居，无论是文学创作还是视觉艺术创作，对生活的热爱和关注，对亲情、友情的珍惜，对爱情的向往是艺术的源泉与动力。只有乐于与人相处，才能深入人心；只有真正进入时代的生活场景，才能把握时代的特征。

方力钧是一个很有魅力的人。比如说很多朋友在一起聚会，他是一个能够产生话题、掌控局面的人，这种掌控不仅不会让人反感，反而让人感觉很可靠。他的情商很高，总会顾及别人的感受。我们在这一点上比较类似。我们有一次晚上聚会，我喝高了，酒后把在场的所有人逐个点评了一遍。当时说了什么,自己也都忘了,后来问起,大家都不反感。这样的事方力钧常干。我们的不同之处是我即便喝高了也是理性的,而他却能完全放开,有时正话反说;有时插科打诨;有时话说过头了,他又能马上绕回来,让人下得了台。

我觉得这是一种语言情境的营造,也是为了活跃气氛。真理和诡辩经常是一线之隔,用诡辩的逻辑技巧去制造话题是一种方法。比如说他可以编造一种事实去制造一个悬念,导入到他想表达的观念。我评价一个人,总是从三个维度看,智商、情商和德商。智商和情商前面说过了,关于德商,方力钧是一个很仗义、很讲信用的人。他从不占别人便宜,总会为别人着想。朋友有困难,他总会伸手;需要承担社会责任的事,也从不会含糊。正是因为这些原因,他的人缘很好。

你问我关于成立"中国国家画院当代艺术档案库"的事,这件事方力钧跟我谈了三次,总是带着一种使命感和紧迫感。特别是黄专去世后,其临别的话里提到对当代艺术史研究的一些重要文献资料的处理问题,说明建立当代艺术档案库的重要意义。他对艺术史的尊重和情怀让我很感动,充分体现了一个划时代艺术家的严肃的侧面。他从内心里面认为中国当代艺术发展的历史是一段创新的历史,这段历史跟人类的文明和世界艺术的进程有着紧密的联系,这是值得研究、值得记忆、值得尊重的一段过程,从某种意义上讲这也是一个民族的骄傲。如果我们忽视了它,看低了它,对这个民族的未来是不利的。

我们经常讲到中国传统美德里面的一种儒家价值观叫做"达则兼济天下"。方力钧作为一个自由艺术家,首先是一个凭艺术谋生,通过自己的工作养家糊口的人,而他把自己的工作跟这个时代建立起关系,跟这个国家的未来建立起关系,跟艺术的未来建立起关系,这正是"兼济天下"的含义。

方力钧第一次、第二次说这件事都没有引起我特别的重视,我认

2015年5月21日,中国国家画院当代艺术档案库合美术馆分中心成立仪式上,方力钧与黄立平

为我们合美术馆应该做我们份内的事,档案库是其他官办文化机构该做的事,这不是我们的义务。但是他那么热心地想做这个事,不是为他自己,而是为这个时代,为这个历史。作为艺术家我觉得他很难能可贵。原来我不认为这是我们合美术馆该做的事,我们就做好一些重要个案,不可能做所有的个案,没那么多精力、人力和资源。但是现在他把我们推到了要承担更多责任的路上来。

在接受你采访之前,我于两个月以前已经决定要做这件事了。我们合美术馆拿出来一个专门空间,配备专门人员系统搜集重要的文献资料并进行多种专题研究,还提供研究的条件让研究者、学习者有机会利用这些资料。我们坚持把这项工作深入下去,未来研究中国当代艺术的人就不会远涉重洋去美国、日本,甚至香港,而在自己家就能做到。甚至世界上的研究者要到中国来。这样的文化建设就大有意义。

在20世纪90年代，方力钧的光头形象，以及这个光头符号的表情的确切中了那个时代的普遍的社会心态，这一点栗宪庭先生在20世纪90年代初写的文章对"玩世现实主义"的概括说得很清楚。为什么大家都认为方力钧的"光头"是一个代表性的符号呢？因为他所表达的是那个时候人们的社会心理，这种社会心理的艺术呈现方式是以那个时代为当代性的点，传统的绘画无法做到这一点，但是他做到了。就是说看到那些图像就能够看到那个社会和那个时代的缩影，所以这是方力钧成功的表象。但是，我认为内在原因跟他是自由艺术家的身份有紧密关系，因为只有他在自由艺术家的生存状态，才能够理解社会的表现。他没有受到身份的裹挟和身份对这种判断的误解、曲解，我觉得这是一种非常直观的艺术性的呈现。无论是国外的媒体还是国外的批评界对此是公认的。至于解读有可能是不同角度的，我觉得这就是中国当代艺术在那个时期的一种时代特征，他超越了传统艺术形式的一个最突出的时代印记。

方力钧最可贵的地方在于他并没有停留在这样一个标签的状态，他一直在往前走。"光头"之后还有不少亮点。特别是去年又创作了一批了不起的陶瓷作品，他的陶瓷作品悄悄地给陶瓷艺术创新打开一扇新的门。可以说，这是我多年来内心非常期望的东西——具有当代艺术意义的瓷器。做观念艺术作品要具有独特的表现力。方力钧有技术基础，又有思想深度，所以他能够造就全新的东西。过去陶瓷的变化要么是造型、装饰，要么是釉色、炉温。他搞出了结构性的变化，不可控的造型变化，带有革命性。传统陶瓷的审美标准的基础是形的周正、稳定、精准。一旦变形，这件东西就废了。而他要的就是形的变化的不可控性，追求的是不确定性，其实这就是一个全新的瓷器艺术观念。可以说是开创性的。

方力钧给我最突出的印象就是他的生活和创作是水天一色的。他就是一个为艺术而生的人,也是一个为艺术而活的人。我觉得作为一个划时代的艺术家,方力钧正在这条路上继续往前走,我相信他一定能走得更远。

方力钧画黄立平
2015.12.12

35×45.5cm
纸本水墨
2015年

009

我是他的玩伴

★ 人物采访：杜坚，成都西村大院总策划、成都贝森集团董事长
★ 采访时间：2016年4月20日下午5点
★ 采访地点：成都西村大院咖啡厅

> "方力钧的内心其实充满苦难，他的末梢神经很丰富，也很发达，因此，他特别敏感。有些人只能在某一个领域发展，但是他可以全方位发展。我相信方力钧即使不做艺术家，做任何事情都会成功。当然这也跟他太全面、太有才华、能量巨大有关系。我能够感觉他内心的绝望，他真的是有这样一面，你看着他那么嬉皮，那么嘻哈，那么无所谓，好像什么事情都不会严肃对待，但这是他抵抗这种疼痛的方式。他如果没有深刻的痛，不会成为今天的方力钧。很多人是像明星一样的艺术家，但是方力钧在艺术史上是有分量的，他的艺术成就是毫无疑问的。我认为方力钧是一个非常伟大的艺术家，他通过个人的绘画语言表达当下更深刻、更普遍的社会感受。"
>
> —— 杜坚

你让我谈方力钧，我是方力钧的玩伴。我贪玩儿。作为一个男人，我不成熟。建筑设计师刘家琨对我评价比较准确，他说我是一个还算成功的企业家，一个不成熟的大男孩。我跟刘家琨有非常深的交情，我跟他的交往时间有20年了。

我认识方力钧是通过老栗（栗宪庭），记忆里是1998年，地点就

在北京，我们一起在簋街吃饭喝酒。那时候，我去北京有一段时间了。有一天，老栗说要请大家吃饭，当时在场的还有萧昱、杨少斌等等一大帮人，我们一起去簋街吃青岛小海鲜，最后结账的是方力钧。第一次见方力钧就是在那天晚上。从那以后，我们经常约在簋街吃东西，最后都是方力钧买单。在此之前，凡是饭局总是由我来买单。从此就开启了吃饭喝酒全由方力钧买单的新模式。

那一年，我刚去北京投资做一本《新潮》杂志。这是中国最早的艺术类杂志。内容不仅涵盖当代艺术，绘画、雕塑、装置，还包括音乐、电影、诗歌，是一个大艺术的概念。我当时是投资人兼社长，老栗是总编，萧昱做视觉总监。汪建伟、邱志杰、石磊、吴文光都在负责这本杂志的内容，皮力也在杂志上写文章。《新潮》那会儿真的是人才云集。

在此之前，我跟老栗就已经认识。我们都是理想主义者，相互欣赏，相互吸引。《新潮》是月刊，总共出了7期。这本杂志也曾经介绍过方力钧，文章是老栗写的，那时候方力钧已经是颇有名气的艺术家。那时候老栗的立场是只关注最前沿、最鲜活的艺术家。

我创办《新潮》杂志的理念比较单纯。那时候我40来岁，虽然不算年轻，但有点气盛，就想做得很纯粹、很有情怀、很理想主义。当时廖雯问我有多少钱？我说现在手头有几千万，她说你用500万，让老栗给你开一个艺术家名单，把京城所有好的作品全部收光。当年，这些名家的作品确实卖得很便宜，我说我不干这个事。我投资做艺术类杂志就是想要推动中国当代艺术。

如果我收藏艺术品，收藏的前提是我必须很欣赏、很尊重这个艺术家。这是有一点怪僻，其实也有道理，人也跟作品有关。比如说郭伟的画我就很有感觉，我是从另外一个角度欣赏他的作品。批评家是纯粹从艺术标准出发，很理性地评价艺术家的作品，但是我的角度与评论家是不一样的，所以价值也就不一样。

上个世纪 90 年代后期，那时候老栗还经常跟这帮艺术家们"混"在一起。当时他们的工作室刚入驻宋庄，宋庄一共也就只有十几个艺术家，像杨少斌、刘炜、岳敏君、方力钧等等，那时候人还很少。我去他们那里串门，通常都是一只手拎着马灯走在宋庄的路上，因为宋庄晚上是没有路灯的，老栗他们晚上出行也用有煤油的马灯当照明。

　　那时候，方力钧已经显现出了比较成功的迹象，我印象里他的画卖得也是最贵的。我印象特别深的是当时我去他的工作室，问一幅 2 米左右的画卖多少钱？他说是 5000，最后才知道他说的是 5000 美金。当时所有的艺术家回答的价格都是人民币，只有方力钧说的是美金。我现在回想这个问题，这应该算是他国际化的开始，在 1998 年就有这个意识。

　　曾经，方力钧有一个外国女朋友，我觉得这个外国女朋友对他应该有一定的影响。她经常跟他们这帮艺术家一起玩儿，她说中国艺术家其实都很优秀，画得都很好，画工、技术、天分都没有问题，最大的问题是没有文化不爱读书。我每次去宋庄方力钧的工作室，总是看到他在很刻苦地读书。他的工作室有一个小阁楼，他既在里面睡觉，也悄悄地躲在里面看书。他读的书很杂、很广，包括文学、历史、哲学等等。

　　我觉得方力钧的精力特别旺盛，特别有活力。通常我们在一起喝酒，经常一起喝到凌晨一二点，而且每次都喝得很多。第二天一大早，我就到处逛，路过他的工作室，看见他工作室的门开着，他正在扫地，我就很吃惊。那个时期，我常借住在宋庄老栗家。那是一段非常难忘的记忆，我们经常在一起就是玩儿，大家都喜欢喝酒，喜欢自由散漫。因为在北京我就是一个单身汉，每天除了工作，就是找他们一起玩儿。他们的时间很自由，我们在一起主要是喝酒。

　　我叫他小方，因为方力钧比我小一点，他出生于 1963 年，我出生于 1962 年。当然，我叫他小方是开玩笑，并不代表我不尊重他，相反，我是非常尊重他。我看过一个毕加索的纪录片，当时我就觉得在中国的艺术家里面，方力钧最有资格被长时间跟随拍摄。因为他的东西太丰富了，他可以言说的故事有非常强的代表性，也有很高的可看性，他是一个很有意思的人。

在我一生当中有三个层次的朋友。最简单的层次是以情感为纽带，比如说酒肉朋友，可以完全没有思想上的交流，价值观是不是趋同，完全不会过问这种问题。再比如说我那些从小到大至今还在来往的同学，包括大学的同学，现在我们的社会身份甚至价值观完全不一样，我们也不一起共事，也没有生意上的合作，什么利益关系都没有，就是很单纯的友情。这种感情是时间酿成的，相互间非常信任，遇到任何风险需要帮忙，大家一定会尽自己的全力帮助。这是一种像亲情一样的关系，就像你跟你的兄弟姐妹之间，不会因为宗教信仰不一样就反目，甚至有的时候自觉或者不自觉地会规避，而且很享受这种交往。在我的经验当中，这种情感是非常简单、非常享受的，是彻底的放松状态。这种交往一定是建立在认识很长时间的基础上，可能早被时间考验过。这是一类朋友。

还有一类朋友是我在思想上、精神上非常尊重的人。我们也有很深入的交流，而且有很高的一致性，我们可能不会在一起喝酒，或者这个人根本就不会喝酒，甚至不喜欢喝酒，我们的生活习惯也完全不一样，但相互欣赏、相互尊重、相互支持。这类人特别牛，思想上非常深刻，我们完全是精神层面的交流。

第三种层次是最高级的朋友，也是最好的朋友，既有情感的纽带，又能够相互欣赏，而且相互之间有很深入的信任和交流，彼此诚实、尊重情感。我认为这种朋友在一生当中很少，我跟老栗、方力钧、刘家琨、郭伟都是这类朋友。

我在北京投资《新潮》杂志做了5年，把带去的7000万全部花光，2003年年底，从北京回到成都。后来，我在成都又投资做了"西村大院"，由老栗担任总顾问，刘家琨负责建筑规划和设计，方力钧等很多艺术家朋友担任艺术顾问，我担任总策划。

"西村大院"与纽约东村相呼应，强调其前卫、艺术、时尚、混杂等精神气质，更包含了对传统村庄的回归。这个建筑的理念是传统元素的当代表达，定位是以大院办公和特色文化艺术商业为核心的创意生活集群。我曾经跟我公司团队里的人讲，一切问题都要用辩证的、系统性的、完整性的眼光去看待。虽然我在北京投资亏了钱，但是我现在做的很多事情得到了很多人的支持，包括得到了老栗和方力钧的支持。我打电话对方力钧说，你是我们公司的艺术顾问，他说我从来没有在哪个地方当过顾问。说完这话，过两天他来了成都，给我发了一条微信说：顾问方准备来视察西村大院。然后，他真的就过来了。他看完西村大院觉得很好，对我提了很多很具体的建议，都是一些很好玩的想法。方力钧的创造力是非常强的。如果评价艺术家创造力，我是这样理解的，很多艺术家为了改变而改变，这种改变还是停留在比较表面的阶段。但是方力钧的创造力确实是来自生活中的新的感受，而且那个变化非常深入，他的逻辑思维跟大多数的为创新而创新的艺术家完全不一样。

这几年，方力钧发生了明显的变化，我觉得这种变化跟他的关注点和他思考的角度有很大的关系。他的作品来自于他自身不同阶段对生命和社会的感受，确切地说，更像是社会性问题的个人表达，而且他更多表达的是自己。当然，他的表达很深刻，做过很深入的思考，他是很职业的艺术家。

方力钧是一个交友很广泛的人，他的朋友非常多，不管是艺术圈还是其他圈子，这是由他的性格或者是生存理念所决定的。方力钧做过生意，他很早就开过"茶马古道"，那里是他很大的社交平台，比如说他跟官员、商界、文化界、影视界的人的交往。又比如他曾经演过电影，他和其他艺术家的路数不一样，因此，他画出来的作品也和其他艺术家不一样。

方力钧在全国各地有很多的工作室，至少有 4 个工作室我都去过，分别位于成都、北京、大理、景德镇。比较难忘的是去年8月,我去他景德镇的工作室,跟他朝夕相处在一起住了8天。当时我的手在西村大院工地上受伤了,有3个伤口,伤到一点筋,缝了七八针,当时比较严重。他不知道我手受伤,晚上给我打电话问我干什么呢,我说刚从医院回来,手在成都工地上受伤了。他说你来景德镇,正好到这来养伤。我查飞机刚好成都到景德镇有直航,等我飞到景德镇已经是凌晨1点钟,我没有想到他亲自到机场来接我,这让我很感动,因为平时都是由他的司机开车接送朋友。到了景德镇之后,他约了一群兄弟,在工作室摆了一长桌的菜和酒,我看了很开心。因为手伤了筋骨,我从成都带着医生开的消炎药、纱布、消毒水等等去的景德镇。医生嘱咐我千万别喝酒,我去了景德镇之后照样天天喝大酒,后来我手上的伤恢复了,方力钧说是喝白酒救了我的手。

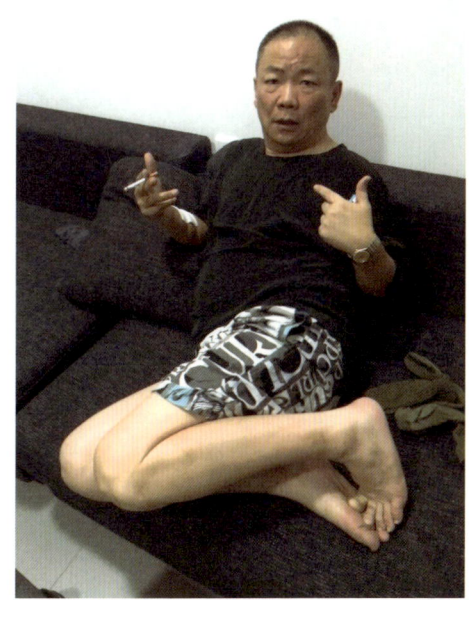

2015年8月20日,杜坚在
景德镇方力钧工作室

有一个细节要告诉你，由于我一只手换药不方便，我又不想麻烦方力钧，就趁他不注意悄无声息地给自己换药。方力钧非常心细，他发现以后就天天帮我换药。这个细节让我感受到一种兄弟间的情义。

在景德镇的那些天，我们同进同出，每天吃住都在一起。我爱睡懒觉，他不睡懒觉，这一点他太厉害了，充分说明他的成功是有道理的，他旺盛的精力别人根本比不上。每天中午他把我叫起来吃饭，吃完饭他在工作室画画，我在旁边喝茶，我们俩聊天。在景德镇那段时间，我跟他相处比较有规律，交流也比较严肃，很深入地谈到了很多问题。比如他批判我做商业太理想主义，我说我做企业就跟你喜欢画画差不多，像我做"西村大院"这个项目，我和刘家琨被很多人形容是两个疯子，一个疯子地产商，一个疯子建筑师，两个疯子一起做了这么一个不被任何人看好的商业项目。也许在其他房地产商的眼中，除了疯子，谁会拿出这么大一块地，这么大一笔资金，费尽心力设计和建造一个没有华丽外表，没有二次装饰，大面积社会公共区域，并完全开放给整个社区的商业项目。任何人从商业目的出发，都很容易算得清这笔经济帐，但我们通过努力让一个由三面建筑体，一面交错的跑道围合而成的大院最终建立起来了。"西村大院"这个项目有着无数朴实却动人的细节，毫无保留地展示出建筑最本质的美感。它进入2016年威尼斯建筑双年展的主题展，也是顺理成章的事情。

方力钧非常了解我，他知道我是一个社会责任感很强，特别理想主义的人。他一再地跟我说到了我们这个年龄，要对自己好一点，对朋友好一点，对亲人好一点，这是当下我们可以控制并且能够去做到的。他说得非常认真，这是在我们很严肃的交流过程中发生的对话，我觉得他是一个很实在的人，他也是这样去做的。

这几年，我观察他在行为上确实有很大的变化，可能更成熟了，能够在无奈的际遇中找到策略。在景德镇的那段时间，相处得确实很开心，只有我跟方力钧，没有其他人。我们是一对玩伴，我跟他睡在一个房间两个床，早上起来他掀被子，脱我裤子，拍我照片，玩得不亦乐乎。有时在工作室喝酒喝晚了，我们之间有过很深入的交流。我算是很了解他内心的一个人，比如说他一直以来的孤独。有时候，朋友多、爱热闹是因为怕孤独。大家通常在展览开幕式上看到的都是方力钧呼朋唤友的一面，身边总是围绕很多人。我认为这也是他怕孤独的另外一种表达方式。当然，他也有喜欢热闹的一面。

我和方力钧认识将近20年，相互还是有影响的。我觉得我从他那里获得了很可贵的友谊，相互的信任，可以直接地表达，也可以相互征求意见。我做很多事情也会征求他的意见。这是一个很大的收获。

有一次我过生日，喝酒喝醉了，我把他耳朵咬伤了，我也不知道，他也没什么反应。过了好长时间，他才跟我说你把我耳朵咬伤了。说这话的时候，正好他妈在那里，他说得很小声，他说让我老娘听见恨死你。

这20年一路走过来，唯一一次和他发生冲突，是有一次在他成都的工作室。我们从外面喝完大酒回来，工作室有很多人，那天我喝得有点多，他在画画，勾的线描，画了一半，我就拿着他的笔，用毛笔写了一个"伟"字，他一下就火了。他说你太不尊重人家的工作了，我一看他那个表情是真的发火了，旁边的人都看傻眼了。我说你么凶干什么？那时候我知道他肯定是非常生气，因为我的字写得比较大，等于把那个画作废了。

第二天一早，等我清醒过来，马上跟他道歉。他发了一张图给我看，原来他在我写的"伟"字旁边画的是郭伟。他还加了"郭"字，那个"伟"字他没有改。他说已经变成这样了，很好啊。这就是他的情商，也是他的能力。他在人情世故这些方面做得是很好的，可以说方方面面做得都很细腻。我经常跟他开玩笑，我说做老大是要有成本的。我相信方力钧即使不做艺术家，做任何事情也都会成功。当然这也跟他太全面、太有才华、能量巨大有关系。

郭伟说过方力钧有救画的能力。他画过所有的手稿，即使不满意都不愿意放弃，他就一直放在那个地方，保存得很好。方力钧说我偶尔拿出来救一下，像医生救命一样，他有一张旧画是三四年前画的，救到最后还能成。

你让我讲述一个不一样的方力钧。我仔细观察过他的眼睛，其实可以通过他的眼睛来判断他的内心。大家都说方力钧凭着那颗光头、一对扇风耳以及"那双狼一般的眼睛"闯荡世界，成为中国当代艺术界一个特立独行的符号。方力钧的眼睛的确很特别，他的眼睛细而长，眼神有无比的穿透力，但是，他的眼睛里充满了悲悯。有时候，他看上去乐得眼睛都眯成了一条线，他的笑是两个嘴角向上挑，给人一种滑稽的亲切感，但他的眼睛是犀利的、敏锐的、有内容、有思想、有判断的。有时候，我发现当他听我说我这个领域的事情时，他的眼睛又流露出一种虚心认真的眼神，是一种很真诚的目光，他会很认真地倾听他不了解的事。方力钧是一个非常善于学习的人。

如果非说方力钧的缺点，就是他对自己要求过高，所以他活得很累。他内心比一般人还累和苦，他的骨子里是有深刻的悲观的成分。比如说《像野狗一样生存》，这是他的一种愿望，他永远做不到，因为他苦，他要逃脱，这是他非常强烈的愿望。

方力钧喜欢开车旅行，他在路上的时间很长，其实即使在路上他也在思考、在感受。我们曾经一起旅行，最近一次一起去玩是春节过后在大理。他打电话邀请我去大理玩，这是一场说走就走的旅行。同行的还有张骏、黄在和郭伟等。实际上我们大家聚在一块玩，更像是一群自由自在状态下的玩伴。看看这两年他画我的水墨就能更清楚我们的关系。

在大理，方力钧以玩我为乐趣，他们把我弄到浴缸里，他说给我亲自洗好了露台的浴缸，并且把水已经放好了，这个待遇是很高的。他

009- 我是他的玩伴

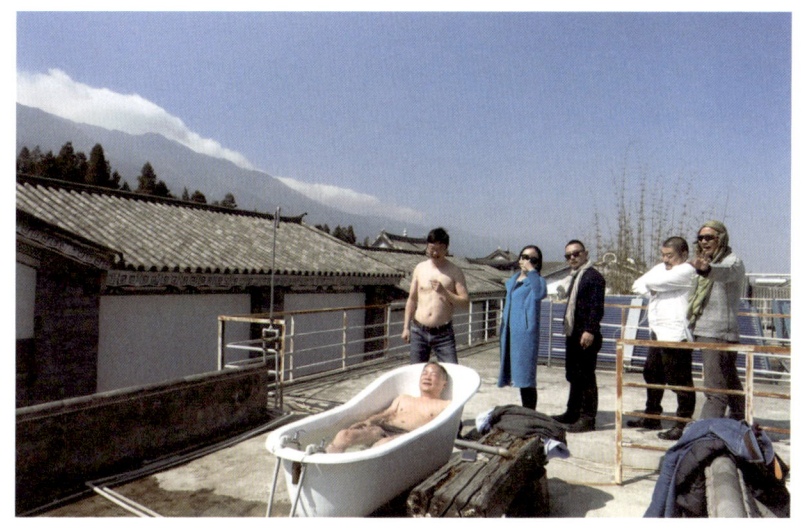

2016年2月18日,在大理风月山水客栈。左起杜坚、崔霆、黄在、郭伟、吴军、方力钧

说你可以上去泡澡了,他们在下面晒太阳、喝茶。我信以为真就上去了。那个浴缸是在屋顶,他拿了一个相机上来,我说我要脱衣服了,他说你先别脱,把他们都叫上来,因为还有一个女孩黄在。然后就让他们全都上来拍照片,我躺进浴缸里,那个浴缸底下全是沙子。非常不舒服。原来他只是简单地弄了一下,我对他说你就是喜欢把你的快乐建立在我痛苦上。

我和方力钧的区别非常明显,我觉得他的控制力是非常强的,不像我是感性、不成熟的。比如说我们做一个决定,不管是人生的决定还是职业的决定,可能我感性的成分左右这个决策的比重会比较大,但是他会更冷静。方力钧的内心其实充满苦难,他的末梢神经很丰富,也很发达,因此,他特别敏感。有些人只能在某一个领域发展,但是他可以全方位发展。

天津港口爆炸的事件一发生,他当时就给我发微信说这件事,我能够感觉他内心的绝望。他真的是有这样一面,你看着他那么嬉皮,那么嘻哈,那么无所谓,好像什么事情都不会严肃对待,但这是他抵抗这种疼痛的方式,他如果没有深刻的痛,不会成为今天的方力钧。

很多人是像明星一样的艺术家,但是方力钧在艺术史上是有份量的,他的艺术成就是毫无疑问的。我认为方力钧是一个非常伟大的艺术家,他通过个人的绘画语言表达当下更深刻、更普遍的社会感受。

方力钧画杜坚等
2015 秋
——
59.5×44cm
纸本水墨
2015 年

2016 元旦
方力钧画杜坚兄
——
35×45.5cm
纸本水墨
2016 年

009- 我 是 他 的 玩 伴

方力钧画杜坚等
2015-2016 春

71.5×71.5cm
纸本水墨
2016 年

方力钧

010

两个男人要成为朋友就得顺眼

★ 人物采访：刘家琨，建筑设计师，作家
★ 采访时间：2016年7月23日下午4点
★ 采访地点：成都当代艺术馆咖啡厅

> "方力钧是艺术家中现实感和行动力超强的人，他不需要逃避社会或营造自我小世界来维持心境。他热衷历史和传统，用脚实地踏勘，用手直接触摸；往来三教九流，又知道脏乱地方总是有宝藏；出道早，世面大，小眼明察大耳听风；人前谈天说地，人后琢磨狼毫。表面看起来似乎他经常都在玩，但看到他那些一个接一个的展览，你就知道他其实什么都没耽误，效率很高，收纳又好。那么强大的艺术创造力再加上那么强大的自我掌控，他的成功真不是碰运气等着伯乐来发掘的。"
>
> —— 刘家琨

我大学就是学建筑的，后来业余搞了一阵文学创作，最后又把心放回建筑了。因此，我其实是"半路回家"，或者说根本没有走。文学和建筑从艺术工具的角度来说没什么直接关联，但规律是相通的。文字是理解力的基础，一般来说语文好点算术也会好点，因为看得懂应用题。另外，多一个参照系有助于举一反三。

第一次与方力钧见面是十几年前在北京，有人要打造当时还很冷清的后海，让我搞设计，让他当业主代表。那是我和方力钧第一次见面，简单交谈了几句就感觉到他格局很大。当时并没有一见如故，但方力钧给我的第一印象就是成熟、清醒而且待人见物都是知道自己是干什么的。后来那个事就过去了。其实知道他很早，因为他成名很早，我也是个艺术爱好者。

我们第二次见面好像是在广州还是深圳，一块参加一个媒体举办的颁奖，我是建筑奖，他是艺术奖，我们就在那儿有一些交谈。他正好关注成都的房子，我正好又是搞建筑的，约好了活动结束后在成都碰面，后来阴差阳错我们居然在成都成了邻居。他到成都以后，我们交往就多了，经常来了以后就约在一起吃饭喝酒，一起玩的还有张骏、郭伟、杜坚这些人。另外我们籍贯都是河北，是半个老乡。

你问我交朋友的标准是什么？我说不清楚，我的朋友干啥的都有。要成朋友，总得某方面"臭味相投"吧，或者人家身上有我想有又没有的品质，或者一起做过点什么坏事。

两个男人要成为朋友就得顺眼。性格不一定相投，对这个世界也可以有不同的认识，但起码有一些共同的认识事物的基础。两个男人看顺眼了，一块喝酒合适，就能成为朋友。

方力钧吸引我的是人格魅力和艺术成就。我觉得他是个"豪杰"，这个词好像现在比较少用了。他在生活中豪爽豁达，粗中有细，作派有点古风，像晁盖晁头领或柴进柴大官人那种。他情商很高，啥都明白但不尖刻，细心周到而不世故，有一种人性通达带来的随和坦诚，跟他一起玩，有趣放松。艺术上来说（其实艺术就是人的体现），他视野开阔，也特别懂中国现实的复杂性，又深知如何从当下现实中汲取能量。为人不一样作品就不一样，方力钧的气场很大，他的作品也是这样，有一种中国式的浑沌汹涌和复杂迷乱。

方力钧是艺术家中现实感和行动力超强的人，他不需要逃避社会或营造自我小世界来维持心境。他热衷历史和传统，用脚实地踏勘，用手直接触摸；往来三教九流，又知道脏乱地方总是有宝藏；出道早，世面大，小眼明察大耳听风；人前谈天说地，人后琢磨狼毫。表面看起来似乎他经常都在玩，但看到他那些一个接一个的展览你就知道他其实什么都没耽误，效率很高，收纳又好。那么强大的艺术创造力再加上那么强大的自我掌控，他的成功真不是碰运气等着伯乐来发掘的。

我曾经参加过方力钧在今日美术馆和"泉空间"的展览，最近一次看方力钧的展览是在北京"泉空间"，他的瓷作品第一次亮相，都快三年了吧。那次展览把他几个阶段的作品都放在一起，确实气场很大。开幕式现场轰轰烈烈，但人太多，几乎每个作品前又都有美女合影，不适合看展览；对艺术家本人来说也是个像当新郎一样要照应八方的力气活儿，眼神都恍惚了，答非所问的。其实他的大多数作品我还是平常零星看的，我那次去主要还是想看瓷作品，作为一个不满足方正又怀疑歪斜的建筑师，我特别想看他怎么把控"失控"。那些纷繁的瓷格格，脆弱、空虚、美丽、偶然，岌岌可危又勉强支撑，有点像把人心中的隐忧做出来给人看，那种令人不安的状态真的把我迷住了。

方力钧的泼皮光头系列为人熟知，成为了他的符号。但在我看来他其实并不是仅以风格符号为归宿的艺术家。那些坍塌陷落的瓷块，从形式、材料和技术方面似乎都与泼皮光头形象并无关联。但不论是光头还是乱瓷，都是他拨开既定范式的遮蔽揭示出来的真实存在的状态，它们就在那里，但从未被赋形，一经他捕捉、提炼和创造，就以一种挑衅性的姿态登场，成为全新的艺术类型。光头使人发现心中有这样一种自我；乱瓷使人发现瓷器有其他美学。这背后真正的关联在于对时代气息的敏锐感知，透彻的思考，以及统一的方法论和清晰的个人气质，还有艺术上的胆大心细。

我分别看过方力钧在成都、景德镇和北京的工作室。对他北京工作室的印象是很大的车间，冷嗖嗖的，没有情趣，感觉"野狗"心在外

方力钧画刘家琨
作品局部

纸本水墨
2015年

　　头。我因此猜想他应该是那种把事情一直装在心里面带着走,想透了才到工作室去上手的类型,而不是呆在工作室的氛围里等着想法长出来。但水墨头像又不同了,我还记得他在温暖小房间的案桌上想起就勾几笔那喜滋滋的样子。

　　方力钧爱开车到处跑,我没跟他出去旅行过,他经常都是自己开车满中国跑,我跟不上趟。但我们在一起喝过大酒,喝酒喝大了是在景德镇,这已经是几年前的事。记得那次在景德镇,一大桌人喝大酒,他偏要挨着我坐,又叫人拎来几瓶白酒,我只好跟他拼了算了。那次我喝断篇了,第二天把酒前回宾馆的场景记成酒后了,还以为是清清醒醒自己回去的;因为没脱衣服,早上起床还纳闷今天怎么这么利索。他也喝不见了,听说后来是在小区的花坛里找到的,头皮上还粘着草。理论上这一场差不多喝成平手,但他晚上又开喝了,这个我没法比。

　　在成都,我们经常见面,吃饭聊天。最近一次和方力钧见面是两个月前在成都,我工作室附近的火锅店,他来了成都自然要约个饭局。这些年来他变化不大,他已经成形多年了。

　　我们之间不用长谈,如果几句话能说到位也算深谈吧。

011 一个时代的幸运儿

★ 人物采访：叶永青，艺术家
★ 采访时间：2016年5月14日下午3点
★ 采访地点：望京 SOHO 叶永青工作室

> "我认为方力钧的才能不在这些方面，他的才华不是这种小的才华。我觉得他和一般人不同的一点是，他是一种有历史观的人，对事情或历史有所判断，能够把个人的东西和历史连接起来，然后不被这种历史的话语所裹挟，从而变成一种能够向历史输出个人的东西。他这方面是很不一样的，所以他的作品能够反映出他的历史观，和他的生命力。他所有的东西都很接地气，并且一直保持这样的东西，不管有多少书本或者是其他的时代的影子和烙印在他身上盖来盖去，他始终都能回到接地气和梳理文化这样的感觉里面去。所以他真正的优势还是在于保持感觉，而不在于那些小的情趣或者是艺术上的某种方法或趣味，这不是他要追求的东西，或者说他不是这方面最出色的艺术家。"
>
> —— 叶永青

最早认识方力钧的时候，他还是"小方"，那会儿他是一个比我还要年轻的"小毛头"。我只知道他是老栗（栗宪庭）的小老乡，那时候我们经常去老栗家，有那么几个邯郸人也在，其中就有方力钧，那会儿我就叫他"小方"。

我认识方力钧的同时也认识了刘炜。当时他们还是中央美院的学生，大家都比较穷，我有时候去中央美院学生宿舍"蹭"住，他们其中一个同学曾浩是我的一个小老乡。那时候大家也没什么钱，也没什么饭吃。我们当中刘炜比较特殊，比较早"脱贫"，因为他一直很有才情，画一些小的春宫画，社交和人缘关系也比较好。当时帮他卖春宫画的一个叫小弟，一个叫王林，这两个人每天背着一包的春宫画在有外国留学生的公寓前转。卖完画有钱了，刘炜就请大家吃饭、喝酒，我和方力钧都是其中的食客。

当年在中央美院，我见到方力钧的时候他还不是"光头"，是个"小毛头"。我没有看到他留过长发，人比较瘦，也特别有礼貌，稍微与众不同的是他当时画的人物是光头。我是在很晚的时候才有机会看到他的作品，他的画在当时学生时代来说也是很普通的，当时他的作品就是黄土地、太阳和光着头的庄稼汉。

让我对方力钧印象比较深的是"'89现代艺术大展"，他在参展艺术家里算最年轻的人之一。方力钧参展的几张小素描画得很好，也是土地、村庄和光头的汉子，当时所有参展的人都是大作品，而且都是比较恢弘和比较宏大的题材。方力钧的画乍看上去特别安静，但是他的画特别扎实，画得很完整。让我对方力钧刮目相看的是，在展览上有人告诉我，方力钧的作品要价很高，一件素描的要价是1000美金，而我们的作品才卖100美金。当时我们能卖掉自己的作品，能卖100到300美金已经非常高兴了，因为我们从重庆到北京来参加"'89现代艺术大展"，差不多等于身无分文。[1]

---

1 《像野狗一样生活1963—2008方力钧文献档案展》（卢迎华主编，视界艺术出版社，2009年4月第1版，p93）
在这个展览过程中，我认识了一大批当代艺术家，包括丁方、王广义、张晓刚、顾德新、叶永青等等。我记得展览开幕的当天，大概已经有六七拨人来找我了，都是想要来买我参展的三幅素描的。其中包括张晓刚带着西班牙使馆的依玛。最早来问的是在澳大利亚使馆工作的罗清琪。我当时正站在凳子上面挂画，张晓刚简单地介绍了一下情况，问我画多少钱一张，我说每张三百美金。我看到晓刚的眼神，肯定是我要的价钱太狂妄了。另外有电影导演、旅居

记得我从重庆来到北京的时候,身上只有150块钱,临出门的当天,我的一个同事敲我的门说:"叶帅,这是你的稿费。"80块钱的稿费,这是我的全部家当,加在一起我就揣着这200来块钱去北京。没有钱办理托运,我就把所有的画都拆下来,把所有的画框都绑起来,把画框放在中间,外面裹上我那张画的画布。所以我们这些从外地来北京参展的人,当年都是扛着自己的画,扛着行李,行李里面放一些方便面,就像外出打仗一样。我们像上战场的游击队,带上全部家当,也有点像当年弹棉花的民工,来到首都。

当我到了北京以后,第一件事就是直奔中国美术馆,报到的时候才知道要交100块钱的参展费,当时就感觉特别为难。我记得我们从西南地区过来的这几个人里有张晓刚、潘德海和毛旭辉等。毛旭辉年长,经验也稍微多一点,他跟我们说:"交就交,别让人家看不起我们西南艺术家。"于是,大家就咬着牙把100块钱交了。交完以后,我身上就不到100块钱了,所以那期间我每天都只能住在中央美院"蹭吃蹭喝"。

"'89现代艺术大展",年轻的央美学生方力钧也参加了展览,同学刘炜没有参加这个展览。他还是继续在边缘一边画春宫画,一边玩儿。我们经常在一起喝酒。

我和方力钧稍微比较深入的接触是"'89现代艺术大展"刚刚结束时,大约是在1989年底至1990年初的时候。那会儿方力钧和刘炜两个人分别从北京来重庆找我玩儿,我带着他们在重庆跑来跑去,他们离开重庆之后,紧接着我就去了北京。[2]

国外的华侨等。后来一位中国导演打电话给我,说他们觉得三百美金一幅太贵了,他们觉得三百美金买三幅比较合理,结果这个交易没有成功。

2 《朱会平访谈》(2009年8月,北京宋庄朱会平工作室,采访人:刘璟、陶寒辰、杨琳琳),摘选自《方力钧:编年纪事》p234

那时候方在圆明园工作,住在友谊宾馆,当时我也和他一起住在友谊宾馆。每天和方一起骑车去圆明园,又一起骑

1990年,我一直住在北京老栗后海北官房胡同28号的寓所里。老栗的家以前是很热闹的,曾经就是一座当代艺术家们的驿站马店。在当代艺术比较火热的那几年,从"'85美术新潮"一直到"'89现代艺术大展"都是非常火热的。他的家里每天车水马龙,但是到了1989年以后变得非常的冷清,没有什么人去,家里就只有我和方力钧、老栗三个人,时不时会有一些从外地来的朋友来老栗家访问。

那时候,我和方力钧借宿在老栗家,我占了一张沙发,方力钧占了另一张沙发,老栗睡在里面的房子。多少个不眠的夜晚,我不时从书架上捡本书来打发漫漫长夜……那时候,方力钧每天白天在外面不知何处画画,晚上回老栗家睡觉。我是后来才知道他在外面有工作室。方力钧也不怎么回来吃饭,经常是老栗和我两个人一起煮面条吃。有一天老栗迟迟不做饭。我问:"怎么回事?"老栗告诉我没钱了,我才意识到老栗连买面的钱都没有了。

那段时间,我刚好卖了一点画。因为我在北京很长时间就住在老栗家,那会儿我差不多认识了所有在北京的外国人。那会儿只有外国人买画,外国的记者、外国公寓的外交官、驻外人员、留学生,那会儿方力钧也总跟这些人"混"在一起。有时候,我们卖一点画,就把钱放到桌子上,老栗拿着那钱买点面条。

车回友谊宾馆。还经常一起去游泳,拍了很多照片。方在1992年的时候画了一批的关于水的作品也就是那个时期。当时是夏天,正好北京市在卫生检查。也没有什么好的餐厅可以吃饭什么的,于是方力钧、岳志强和我三个人就说要离开北京一段时间,随便什么地方都可以。当时有那么几个线,一个是大连,有火车票的话就可以去,然后一个是江浙也可以去,或者是西南四川也可以去。所以幸运的是,我们三个人倒了两张去重庆的卧铺票,然后上车以后又补了一张。这样我们就一起去重庆,到了重庆后基本上就是和叶永青在一起。后来因为重庆太热,坐在院子里全身还是湿透了,包括在江边喝茶都是不停出汗。后来我们就坐车去了大足,看了大足时刻,宋代的摩崖还是让我们很有感受。之后我们从大足去了成都,拜访了周春芽、郭伟几个人,我们在成都也没有待多久就去了青城山,因为成都还是很热,爬青城山一般两三小时就能爬上去,但是我们当时比较懒,走到半山腰觉得很舒服又有地方住,于是我们住下了。大概住了四五天的样子,每天就是早晨起来在亭子里面泡茶、嗑瓜子,早晨就开始聊天直到中午去道观吃点饭,下午继续聊天,全天都在亭子里。就这样生活了四五天也没有去山顶。那四五天确实是很特殊的几天,天天在一个地方呆着也不走动,这是一个很特殊的时间。

1991年,方力钧在辅仁大学的工作室

　　那时,方力钧就和刘炜走得比较近,他们两个人同时在后海附近的"辅仁大学"租了一个工作室在一起画画。那时候的刘炜还没有开始画他那些很重要的作品,是方力钧一个人在画画,特别努力,特别勤奋,每天坚持画画。有一天,我问他:"你在画什么呢?"方力钧也没有吭气,他说他一边在找地方,一边在画画。那会儿。我印象很深的是方力钧每天晚上翻看一本王朔的小说。那会儿刚好是中国的一个节点,整个20世纪80年代的舞台突然一下就轰塌掉了,80年代的神话破产了。未来在哪里?大家又看不清楚,就是在一种非常无望的状态中,所以那时候我们每天在一起呆坐。我记得我和老栗每天下午,他在那抽烟,我就在那闲坐着,听外面的鸽哨。北京的天空上一直有鸽子在盘旋,鸽哨远了又近,近了又远……

　　那时候我开始对两类东西感兴趣,一个是王朔的那些语言和感觉,我觉得他有一种调侃。以前我喜欢鲁迅的一些作品，鲁迅也有这种自嘲消解的东西，但是鲁迅那种自嘲里面还有很多愤怒的成分。王朔的作品更接近我们这个时代，已经完全没有希望的时候，只有跟自己开开玩笑。经常在晚上睡觉前，方力钧也拿着一本王朔的《我是你爸爸》翻翻。

从很早的时候，我就发现方力钧是我认识的这些朋友里最爱读书的一个人，而且是读书最广泛和最多的一个人。虽然你在他身上看不见书卷气，可是他对于历史、人文、书本的领悟其实是从其他的方式转换出来的，我觉得老方算是有历史观的人。所以我说如果个人能够看见历史是如何存在于自身的，那么他的言行便有了不同的意义。他知道，他始终被历史塑造着，也因为自己的判断、选择塑造着历史。觉醒的个人的历史含义就是：他从一个意志被输入的人，成为秉承内心的力量输出意志的人。在他成为自己的同时，历史才开始成为人的历史。

我看人喜欢看更鲜活的东西，看这个人和他的社会条件、和人交往的方式，就是艺术和作品创作背后所形成的思想、轨迹。与方力钧相识，就不难发现一些不同的地方。和方力钧接触比较多的是20世纪90年代，我算是中国比较早、比较频繁的在欧洲和北美，以及亚洲各个地方旅行的艺术家，经常在国外跑来跑去地旅行。那时候对我来说比较困难的事情就是办出国签证，因为每次办签证，我都要经常来北京。以前办签证是非常麻烦的过程，办一个签证要等一个星期，甚至两个星期。所以我有大量的时间停留在北京，但那是一种非常焦虑不安的状态，非常烦恼，所以就比较狂躁。那时候基本上都是方力钧陪我，开着车载着我跑来跑去，每天晚上在各个酒吧里喝酒等等。

我每一次去英国，或者去不同的国家，回来时总是方力钧来机场接我。方力钧在机场接上我，他就开车直接到十三陵或者是其它风景很野的地方，我们坐一下午，聊聊天，然后再开车跑回来吃一顿饭。

1995年至1996年，他也开始频繁出国。中国当代艺术从90年代开始,在世界各地有各种各样的机会,但是最早的中国当代艺术家去国外其实就是比较简单地参加一个开幕式,喝一点红酒,就是那种非常表面地去参加一个很温馨的 party,处于一种隔膜之中。但是我的好奇心比较强,我是那种老想去看看孔雀的屁股是怎么样的人,所以很多旅行我都是单独上路。比如说我参加的一些驻留项目,跑出去在外面待三个月、半年,在不同的环境中待很长时间,所以就相对比较深入一点。

记得还有一个细节是在出国之前,我第一次对方力钧和刘炜刮目相看是在老栗那里。我问他们:"你们每天在干嘛呢?"方力钧说:"我们想让你看看我们的画。"然后他们俩个人租了一辆三轮车,我就坐在那个拉蜂窝煤的三轮车上,方力钧从老栗家把我拉到了辅仁大学他们合租的工作室。我看到的是一个教室,走进去感到特别吃惊,全是满满的大画!方力钧那会儿已经悄悄画出了他后来最重要的作品,包括那幅打哈欠的作品,全部都是在那个时期画的。当时在意大利使馆工作的弗兰,准备给方力钧和刘炜两个人举办一个联展。刘炜那时候的"家庭故事",方力钧那时候的自嘲的"光头",那些作品我一看就觉得特别特别棒,当时就觉得这真是很了不起的两个小子。

记得看完后我特别激动,回来就跟老栗说:"这两个小子画得太好了!"老栗说:"是吗?真的吗?"老栗那时没有看到方力钧的新画,也不知道他每天在干什么,老栗就像收养故乡的一个小孩一样,也没有当回事。我说老栗你一定要去看一下方力钧和刘炜的画,因为那时候老栗刚刚开始接手编《艺术潮流》杂志。我记得那是 1992 年,刚开始是丁方和老栗在编这本杂志,后来因为老栗退出了这本杂志,就变成了我和丁方与曹小冬在编《艺术潮流》。老栗编第一期《艺术潮流》时,杂志封面就采用了方力钧画的那张打哈欠的画。打哈欠的人物原形是于天宏,那会儿他喜欢在我们这边晃来晃去的。那会儿各个民间的交流都隐于地下,在圆明园、在北大,都比较活跃,这些年轻人到处蹿来蹿去的。

整个社会也有这样的氛围，但是都是像盲流一样。那时候我开始画我的"大招贴"系列，每个人都有一些变化，每个人都有一些不同的东西，所以我能够看到那是方力钧他们非常重要的作品。后来老栗去看了方力钧和刘炜的画以后也非常激动。

后来，老栗退出了《艺术潮流》，封面也被换掉了，换成了丁方的作品。

圆明园时期，我和方力钧也算是有一些交往，因为《艺术潮流》杂志编辑部就在圆明园，我几乎每天都要去。那会儿圆明园已经开始形成小规模。我记得那一年冬天，方力钧是最早入住圆明园的画家之一，不时带着我去看圆明园其他画家的作品。

记忆里那是1992年冬天。我是南方人，南方人对于北方冬天寒冷的恐惧、对季节的恐惧是完全不能克服的。惧于北方冬天的严酷，我在北京就只敢住在有暖气的公寓楼里，从来没有在一个像圆明园或者是没有暖气的胡同里租房。我记得来北京流浪的盲流们，那时候不叫自由艺术家，没有户口的人都叫盲流，都在北京流浪，包括圆明园的艺术家，统统被叫做盲流。其中有一个盲流艺术家就是今天的潘德海。

我去过潘德海工作室后就特别佩服他。他来自东北，太能干了。他能跟我稍微聊几句天就想起炉子里的火要去捅一下，然后炉子就开始燃起熊熊烈火，再说一会儿话又想起要去加煤。他的脑子里就一直想着炉子这个事儿，什么时候该给炉子封火，什么时候该给炉子加煤，一切都围绕一个炉子展开。他有这个概念，只要把这个炉子伺候好了，生活就好了，一天就是温暖的。但是像我这样的人肯定是冷火冷灶，在北方如果侍候不好一个炉子就要被冻死了。

我在圆明园的时候，有的艺术家会生炉子，有的可能就是像我一样从南方来，他们不会生炉子，画室里冷冰冰的，什么都没有，给人感觉惨死了。他们冷得哆嗦地把门打开，让我看他们的画，整个房间像冰窖一样。

我清晰地记得当时方力钧跟我说过一句话，他说："叶帅，以后等我有了钱，我一定不住在这种地方，我一定要找一个温暖的地方，有漂亮的泳池，穿大花裤衩，游泳上来就可以画画。"这是当时他的描述和想象，这个描述很有意思地在另一个地方实现了。很多年以后，1999年，我与家刚在昆明做"上河会馆"，那会儿中国还没有艺术家自营空间，也没有什么像样的画廊。"上河会馆"的创办，突然有了一个有艺术氛围的地方，有酒吧，有艺术家的工作室，也有画廊。所以从全国各地就来了很多人，之后方力钧和岳敏君就跟着我去了我的家乡大理。

"上河会馆"在1999年1月中旬开业，大概二十几号以后，我就和方力钧、岳敏君一起去了大理。当天早上，我们坐在洋人街上。初冬的1月，中午太阳照下来时，有些身体好的人已经开始穿T恤了；山上留着残雪，周围尽是来自世界各国的外国人，在阳光下给远方的朋友写明信片。我们在阳光下面喝着热气腾腾的茶，方力钧突然就说了一句："叶帅，当年我说的地方不就是这儿吗？"他看我没有反应过来，又补充说："就是我在圆明园对你说的以后要来这样的地方"。

那一年，我把方力钧和岳敏君带到大理。我提前离开大理，去了伦敦，那时我在伦敦申请到一间工作室。等我3个月后从英国回来后，方力钧和岳敏君已经在大理一人买了一处房子。

在大理，是特别快乐和特别惬意的一段时光。从1999年开始，方力钧和岳敏君在大理做了工作室。每年我也差不多有3个月的时间会待在大理的一家叫MCA的客栈工作，那也是我和方力钧、岳敏君在大理待得时间最多、最亲密的一段时光。

方力钧养了一只狗，名叫"火箭"。每一天我们都睡得很迟才起床，中午就自己随便找点饭吃，然后就开始工作，每个人都很勤奋。那时候方力钧和岳敏君在国际上已经很红了，每年都有很多的展览，我也有很多的展览，我们每个人都很忙，都在为自己的事工作。每天到了下午4

1999年，修改中的大理第一工作室，与叶永青、栗宪庭等

点左右，我们就开始打电话把对方约出来，带上"火箭"，即兴去往苍山坡地，去往树林山峦，直到走得差不多了，然后开始返回；要么就开始往所谓的海边走，就是洱海，越走越开阔，感受落日的灿烂，那是黄昏时刻，"火箭"玩得很高兴。每天我们都带一个飞碟，互相扔来扔去，直到月朗星稀。

在大理的三个月，基本上把我们每个人都改造成一个像农民一样的当地人，晒得很黑，穿着粗布麻衣，慢慢地融入大理的乡村生活里面。

当年也是大理最冷淡的时候，虽然渐渐开始有了一些音乐人，有了一些作家，但是大多数还是老外，他们开始聚集在大理。每天晚上，在酒吧里经常有一些台湾人、香港人还有新加坡人、西方人。我们一起泡在酒吧里，颇有嬉皮与乌托邦的气氛。

1999年大理的暖冬，我和方力钧、岳敏君商量："应该把这样的时间和生活记录下来。现在我们做展览可能各自有各自的画廊或者是展

2000年,"之间"展览画册封面

览的机会,但是我们在大理工作的这段时间应该呈现。我认为大理就是社区,是一个乡村的社区,那个社区是熟人社会,大家有共同的朋友,远离都市的成功和俗世社会。我们还是要把这个地方的工作做一个小小的总结,所以我们在大理做了一个关于"之间"的展览,就是何时和何地之间,乡村和城市之间,我和你之间,我们三人之间等等。

我们三个人把在大理创作的作品放在一起,大家一起来喝酒,不谈得失。在昆明"上河会馆"也是这样做的,大家在一起喝喝酒,这些作品就散掉,去了该去的地方。我们没有任何买卖,没有任何经纪,也没有任何宣传。后来我做了本小书,这本书现在找不到了。我还记得我写过一段阐述"之间"的文字。后来这个展览有点像个引子,对我来说,对方力钧来说,都有点启发。我们觉得这是很好的事情,在那个年代,中国艺术家已经开始在世界各地有很大的名声了,但是在国内仍然是被遮蔽的,仍然是一个墙内开花墙外香的东西,完全没有影响,也没有任何市场。当时我们就觉得,其实我们可以慢慢地探索出一条自己的路,也可以说是一种自我鼓舞,或者自我组织、自我成长。那个年代自生野长出来多少有意思的东西啊?所以在那个年代,我们很想用某种方式来肯定这种东西,后来又做了很多这一类的事情。其实今天很多做事的方法和好多做事的根底,都在早年浓缩的渴望改变的种子里。

我记得当年还和方力钧一起谋划过一个持续的活动"时间的一个点",从我和方力钧、岳敏君的这个点发展起来的。第一站是在重庆,到了重庆就约上罗中立,王广义、周春芽、张晓刚、方力钧、岳敏君、米丘和我。我们走到每个城市就去找那个城市的艺术家,比如说我们到长沙,就把李路明约上,再找几个我们的老朋友,以这些当地的人物为主,像种子一样,在每个地方开始播种。这个展览后来在武汉也做过,到了武汉就是约魏光庆、曾梵志、马六明等。我们用这种思路去耕耘,一点点地把地方的活水做成温床。后来方力钧把这个思路发扬光大,做

2002年,"时间上的一个点·长沙",与叶永青,岳敏君,李孝伟等

他的各种各样的展览，比如说最有成效的是"艺术长沙"。现在，方力钧把谭国斌这样的人活生生变成了当代艺术的中坚力量。

　　现在面对你的采访，回忆起和方力钧之间的往事，我们最舒服和最惬意的年代是在20世纪90年代初期。每年3月份的第一个星期或者是第二个星期，大家互相之间打一个电话，米丘、曾梵志、方力钧和我，第二天从各个地方飞到西湖，就为了看看所谓的西湖的春天。我们全都坐在西湖边上嗑瓜子，看杨柳的小嫩芽冒出来。那时候我们也没有太多的钱，但是也不至于没有钱用，也没有因为被钱催眠得所有的时间都没有了。我们还有那份心思和那个闲情，几个人就在西湖边上坐着，嗑着瓜子，什么也不做。这种景象我觉得现在不可能有了，现在每个人都有各种各样的任务，我们每个人都变成一种任务型的机器，这是没有办法的事。

　　我和方力钧每年在大理见面比较多，因为每年春节他铁定在大理过年。我们在大理过年是特别快乐的事情，所以一直到现在方力钧还是在大理过春节。我现在因为妈妈去世了，老爹在昆明，所以每年春节我要陪老爹到初三，初三以后我就回大理，回去就和方力钧在一起。但是现在我有点怕方力钧，因为他现在太能喝酒了。按照老方的习惯，要靠喝酒才能释放出很强的表达欲望，而我喝酒喝多了就睡觉去了。据说我喝酒时话很多，我本来平常话就多，喝酒以后可能话更多，声音也更大一点，但总的来说没有什么暴力倾向。方力钧喝完酒以后有点暴力倾向，有一次我们在一个酒吧里面喝酒，那一天方力钧喝多了。我记得那一次李亚鹏也在，和他的几个新疆的兄弟在一起。方力钧喝大了以后手脚就比较重，不光是要说话，语言上也比较有侵犯性，动作比较大。他一把一把地拍李亚鹏带去的一个小兄弟，那个小兄弟像打手一样，是身高一米八几的壮汉。方力钧一把就拍到他身上，那小兄弟后来受不了就老问李亚鹏我可不可以打这个人，李亚鹏说你不能打他，他是艺术家。

　　那天岳敏君也在旁边，好像也是喝多了酒多说了一句话，说着说着方力钧就扑上去把岳敏君的脸咬了一口,咬了很大的一道牙印,像月牙一样。咬完了以后,岳敏君就傻了,方力钧也呆掉了,我就把他们俩分别送回家去。第二天大家又在一起玩,所有人都问岳敏君用不用打狂犬疫苗?问谁咬的?岳敏君就哭哭啼啼地说是方力钧。当时大家的第一反应全都认为这是方力钧的狗"火箭"干的事。我笑说应该给"火箭"身上背布条澄清说明:"不是我咬的。"老岳是一个特别爱美的人,当时就觉得被毁容了,也不知道能不能长好,就往脸上抹了一点牙膏。

我看方力钧,我觉得他的作品是一回事,他的艺术还是跟他的人以及他的生活方式有关系,他的艺术理念中充满了想要改变自身处境、改变环境的一种人性的强烈诉求。所以在每一个阶段,这个诉求其实是贯穿始终的。至于他的方法、趣味,比如说他现在对水墨感兴趣,或者上一阶段他又对什么东西感兴趣,都是挺有针对性的。

方力钧爱读书,但在他的作品中看不到所谓的书卷之气,人性的直觉与生命活力始终保持在其表达的兴奋点上。站在那几张他随意画出的朋友肖像前,不由得会心一笑——这真是神来之笔!方力钧画的王广义比真实的王广义更像其本人,现在我们都不大能看见王广义喝到酒酣耳热时的那种状态了,只有那时的王广义才像80年代口吐豪言目视前方的"85大神";方力钧画的张骏也不是大家平时习惯的骏哥了,画上的那个张骏是酒后胆大包天到处撞祸的黑子,只不过眼神里仍留着一点点的害羞;方力钧画的满纸的李津如同吃了枪药着急的汉子,但透过黑糊糊一片大胡子,三哥李津也就是个童真未失的小男孩……

方力钧绘画的基石是真实,是对具体的真实对象的聚集和逼视。我想到李可染先生对山水画的观点——从传统中打进去,又从传统中打出来!我看方力钧是准备从这些嘻皮笑脸中打进去,又从苦乐悲欢中打出来,——最后,这些造像如同山西古寺中的罗汉,连着血带着肉。

如果说艺术家是生活的记录者,那么生活就是时间,在这些点点滴滴分分秒秒度过的时间和真挚体验面前，谁还会说艺术是可以靠惯性批量生产的？所以我说方力钧的每一次创作，具体说起来都是很有针对性的。

我记得方力钧的创作有那么几个节点。最早他开始画"打哈欠"那些作品的时候，我觉得他找的形象，包括他的方法都是很智慧的。因为他不是学油画出身，他是学版画的，所以他画油画的方法是另辟蹊径的野路子。用画油画的方法来看他的画，是画得不太好的，但是他巧妙地回避了这一点。首先他用了单色的绘画，这就回避了色彩，变成主要让你看形象和看图像。他把图像放在第一位，把绘画中所有炫技的部分全部放下，这是他最开始的画。

后来方力钧的作品开始有了一些颜色，但是这种颜色也不像油画系的颜色，基本上是一种固有色。这是很特殊的方法，穿蓝衣服他就画蓝衣服，脸上就画粉肉红色，背景画天空的素描。他的画没有冷暖，和画年画的方法差不多，是用他自己独有的方法发展出来的绘画。但这恰恰是一种歪打正着，刚好他的方法和所有经典的学院派油画作品拉开了很大的距离，有一个很大的反差，所以识别性反而变得很强，一看就是方力钧的作品。方力钧的作品有点大道至简，直奔主题。

我认为方力钧从一开始介入到艺术，那种强烈的针对性和现场感，是借助展览做为支撑的。因为他的作品从来都是以舞台做参照的，[3] 他

---

3 《像野狗一样生活：1963—2008方力钧文献档案展》（卢迎华主编，视界艺术出版社，2009年4月第1版，p73）
在广告公司业务我是最不全面、也是最不好的。我就不会写美术字。如果那时让我写个牌子的话我弄好几天也写不完（笑）。但是擅长的就是画，那个时候大概是分成24平米、48平米的两种尺寸的广告牌子，24平米是4×6米，48平米是4×12米，和我现在的画的尺寸很像。我觉得是那个时候给的心理暗示，或是技术上的自信心，后来我画大画从来上不起稿。直接在大画布上面画。包括现在做几十平米的大画也都是没有草稿的，直接往上面就来。在90年代初，1990年、1991年那会儿，其实这个是一个不可思议的事情，那个时候的人画画，老画家，还要把局部的草图推敲得没有一点问题，基本属于打格放大的方式来完成的，我那时候作画都是用一边画一边改的这种方式。

不是一个书斋里面的艺术家，所以从一开始参加"'89现代艺术大展"时，就已经把自己的艺术放到比较大的环境里进行对比参照，这样的氛围是其他艺术家没有意识到的。他一直把自己和其他的艺术家放在一起，比如当时最走红的艺术家，像王广义、丁方等前辈艺术家，他们追求宏大气势，和方力钧小小一张素描放在一起的时候，像照镜子的方式，这是很重要的一种参照性。后来方力钧又很快把自己的作品放到西方，这也不是他的原因，这是一种幸运，我觉得方力钧是一个幸运儿。

在这种幸运里面，方力钧并没有迷失，还是很清醒的，他始终能够把自己的东西放在一个参照系里。把自己的作品，和以前只能在书本里面看到的大师作品或者世界经典之作放在一起，能不能扛得住？这种较劲或者是"打擂台"，每个艺术家都会遇到，但是很多艺术家会忽略参照。我看到很多艺术家参加过无数的当代艺术展览，他们从来不去现场，仍然是待在工作室画他自己的书斋式的画，觉得工作室就已经代表了一切。实际上他没有去现场看他的画和张三、李四挂在一起时是什么关系，有没有被别人遮蔽掉，有没有被别人吃掉，或者是否建立起互相之间的对话？我觉得很多艺术家从没考虑过这些问题。有些艺术家看起来好像很有文化的作派，但我认为这样的艺术家其实没有文化。文化是一种互语和比较，文化关乎的是水平。

所有的艺术家会更关心人的问题，不断提出问题。但是艺术涉及两个问题：一个是人的问题，一个是水平的问题，水平就是文化问题。我觉得方力钧是能够找到这种语感的人。我印象特别深的是他在大理时的创作，他的风格变化可能跟大理的生活环境有关，他开始画很多的白云蓝天和非常火红的人物、潜水的人和深蓝的湖水。他用了非常不协调的两个颜色，橙黄诸红和蓝色，这些颜色放在一起挺生硬，而且几乎没有颜色调性，至少整个西方的美术史没有，只有在一些唐卡这样的宗教型绘画里面，有过这么强烈对抗的颜色。这基本上是一个冷、一个暖、一个火、一个冰，这样火爆的颜色。我看来有点像是方力钧应对国际舞台的一个语言策略。

在这之前，方力钧还有过一个经历。他突然有一段时间回头去做版画，那时候他有一个机会，德国一个策展人要把他的作品和巴塞利兹放在一起做一个展览。我觉得这对每个艺术家，尤其是年轻艺术家是非常好的机会，同时也是一个巨大的挑战，因为巴塞利兹在整个西方都是中气十足的艺术家。我在德国待过一段时间，去过巴塞利兹的工作室，亲眼看过他刷涂巨大画框和改造他的工作室，全是亲自动手。很少有人能够扛得住跟他在一起做展览，因为他的很多作品形制巨大，而且悬倒过来，在德国那么大的美术馆基本上都是扛鼎之作。巴塞利兹的很多作品都是拿拖把画的，不是用画笔画的，像一种自由奔放的行为艺术。巴塞利兹的作品都是铺在地上没有画框，作品是在地上走来走去的游走过程中完成。

方力钧搬到宋庄以后，专门做了一间很大的工作室，就为了做版画。我认为那个工作室就是为了巴塞利兹建的。他当时决定印这些版画和巴塞利兹做展览，这些版画有7米到8米，高度差不多在5米左右，基本上都很大。我记得那是1994年，为了做这些版画需要真正巨大的工作室，因为他要爬到楼梯上往下看，刻这些木刻要十几、二十张整张的三层版，而且工具也变成了电动的刨刀。这期间我是第一次看到方力钧这些作品，当时觉得太棒了，这是方力钧最好的作品，干净利落，是真正具有国际水平的大师的作品。

自从参加"威尼斯双年展"之后，方力钧就开始走红，开始有各种各样的机会。但是最好的机会我认为是这一次，他专门为巴塞利兹这个展览做了宋庄的工作室，而且创作出那样一批好作品。虽然当时他还很年轻，但已经做出特别棒的作品，包括他后来画的蓝和红的油画，也包括版画。他的每一次创作其实都充满了针对性，但是这些针对性都会

1998年,方力钧在宋庄刚建好的工作室中

过去,因为我们的时代太快了,这些针对性放以前觉得是很了不起的东西,但是后来都时过境迁,一下就都过去了。经得住考验的,现在看起来还是方力钧的感觉,他的感觉特别好。

我相信方力钧做的很多事情是有策略的。因为有跟巴塞利兹合作展览的机会,他做了很大的工作室,但是这个工作室无意中又开启了北京大工作室的时代,好像大工作室变成一种标准。后来,大工作室变成中国当代艺术家的一种身份的象征,这不是他的本意,而是一种歪打正着。中国当代艺术家一直是歪打正着,这个词特别吻合这一代人,这一代人做的很多事情都是歪打正着。包括现在方力钧画水墨,肯定跟他这几年不停地旅行有关系。

旅行是方力钧特别喜欢的一种方式,而且他的旅行可以堪称比较彻底。和别人不太一样,他是真正地开车去旅行,用轮子去碾过疆域和地图。他约了我很多次,我觉得我跟他在这方面不是一路人。他提议说我们去新疆,我说去多少天,他说也许一个半多月,我说一共有多少人,他说十几个人,我说那我去不了,我过不了这种生活。他就真的可以去做这种事情。

但是在这个过程中,方力钧一直有一个习惯,他能够把这种张力收回来,把这个展开能够落实的优点找回来,所以水墨可以随身携带,我这几年也喜欢这样的方式。我画了很多册页,我理解以前的古人册页就是随手记的日记,是可居、可行、可以游走、可以携带的东西。方力钧是走到哪个地方都会动手画画,这种习惯我以前也有,以前我在欧洲全靠画这种稿子,那种丽江的手工纸,随时都会有一卷。以前我还在丝绸上画画,也是一大包丝绸,用于平时画画。所以我很能理解他的这种状态。

1995年以后,方力钧就去了阿姆斯特丹,我记忆里那是他在国外待得最长的一段时间。他在一个学校当访问学者,那个学院给了他非常好的待遇。后来他去国外已经有很多机会,尤其是到阿姆斯特丹,那是非常好的机会,是拥有待遇不错的奖学金的机会。

那时候,我们还算是有比较多的接触,因为每次来北京我们都会在一起。后来他离开北京去了国外,我就觉得怎么北京少了一个人,没有原来那么好玩了。那时候方力钧到了国外还是在继续刻他的木刻,但是在国外刻的可能比较小一点。有时候他也寄新展览的邀请函给我,我们俩的关系曾经真的是走得非常近。

我和方力钧认识近30年,我认为方力钧是一个播种机式的人物。我不认为种子是了不起的东西,事实上艺术最不在乎的是谁的种,但播种机很重要。方力钧像是开疆拓土的人,他像播种机一样,走到任何一个地方能够把地方能量的氛围煽动起来。另外一方面,由于他接地气,对于这样的水土或者对一个地方或场所的氛围,尤其敏感。所以国内很多不同的地方,尤其是北京之外的很多城市、很多地区的艺术元素,跟方力钧其实蛮有关系。

我们曾经在一起聊过徐悲鸿,我认为方力钧很喜欢徐悲鸿有其原因。因为在徐悲鸿身上就有这样一种能力,他在世的时候是非常有魅力的人,所以能够和蒋介石做朋友,跟李宗仁做朋友,跟毛泽东也做朋友,就是因为他能够影响别人。如果你喜欢徐悲鸿,把徐悲鸿在中国游走的痕迹或者留下来的痕迹当做一次旅行的话,你会觉得凡是你喜欢的地方徐悲鸿都去过了,而且是处处留痕。你会觉得这些东西很可能超过他在美术上的贡献。这些是活的,但我们并不知道怎么传播这个活的东西,因为我们现在有种习惯,即只限于以作品为中心去讨论艺术这件事情。

年轻的时候看不出来,到后来我感觉方力钧兴趣多变,他的好奇与兴趣随时转移,而且不是特别靠谱。他是那种今天迷上了钓鱼,就买很多钓鱼的书,明天迷上做紫砂壶,又买很多的紫砂壶,再过几天又迷上了收集椅子或者是案桌……用了很多时间学习,也教了很多的学费,可过几天就又不了了之了。但他的天赋是能把这些东西转换成一笔生意,比如说突然迷上了某种饮食,最后就开餐馆了等等。

我认为方力钧的才能不在这些方面,他的才华不是这种小的才华。我觉得他和一般人不同的一点是,他是一种有历史观的人,对事情或历史有所判断,能够把个人的东西和历史连接起来,然后不被这种历史的话语所裹挟,从而变成一种能够向历史输出个人的东西。他这方面是很不一样的,所以他的作品能够反映出他的历史观,和他的生命力。他所有的东西都很接地气,并且一直保持这样的东西,不管有多少书本或者是其他的时代的影子和烙印在他身上盖来盖去,他始终都能回到接地气和梳理文化这样的感觉里面去。所以他真正的优势还是在于保持感觉,而不在于那些小的情趣或者是艺术上的某种方法或趣味,这不是他要追求的东西,或者说他不是这方面最出色的艺术家。

这几年我们大家就比较忙了，但是在一起还是很开心。现在岳敏君每次都是夏天回大理，因为他冬天基本会去三亚。老岳夏天回大理时希望变成一个摇滚歌手，大理有很多的音乐人，有人给他垫底，喝大了还有人会接他回家。方力钧就是每年春节回大理，带很多的酒。

　　方力钧现在对于旅行基本上是说走就走，说上路就上路，而且特别强悍地从中国这一个点开到那一个点，举家迁移，基本上不买飞机票。他妈妈身体也很好，能跟着他们一家坐车去大理，这是一件很幸福的事情，我觉得这也是很好的时光。像今年他从成都开车来大理，他的两辆车有一辆是巨大的皮卡车，另外一辆是小轿车，两辆车后面拉的是满满的最好的白酒。等他快要离开大理的时候，那些白酒全都喝完了，可能有上百瓶。我现在有点喝不动了。

　　现在大家都太忙了，我都不知道他在哪儿？完全搞不清楚他今天在哪儿？明天在哪儿？但有一点我很清楚，年底我们会在一起。

　　我们这一代朋友有意思的就是，每个人的差异都很大，每个人都活得非常绚丽。以前可能因为生活的环境、条件等问题，大家都还有一点互相讲究，所以还看不出来。但这几年，大家也不用讲究了，每个人越活越任性，越任性反而能把自己释放得多一点，个性反而显得更鲜明。我觉得这是好事。

　　很多艺术家因为在一个行业里，他的才能、天赋，或者在这个行业的名声，往往会慢慢被塑造成被包裹起来的感觉，不是一个"打开"的人，慢慢地变成很多的茧，并且作茧自缚。这个行业里所有的名声、资源会把一个人捆绑成一种名利机器，身上人的味道没有太多了。尤其是艺术这个行当，很大程度上需要依赖于系统，所有人最大的成功实际上不是个人的成功，而是与系统的合力。所以艺术家，尤其是当代艺术家在某种意义上太依赖这个系统，太容易被这个系统所塑造。这个系统既去造历史和洗脑，也重新把这个人塑造了一遍，塑造成被资本、公众、媒体喜欢的人，或者是他们需要的所谓的明星。但是能够在这里面活得比较自如，有自己的东西，真的需要一点人气，需要一点任性的东西。大多数艺术家基本上慢慢地变成了单一性的东西，在他的领域里越来越专。但是我自己喜欢的东西，是永远在"1"和"多"之间选择。人需要成功，成功就是"1"，因为成功只有一条路，成功差不多是唯一的东西。但如果那样的话，大家最后的选择都是"1"，"多"就有点说不清楚了，"多"到后来就变成一种业余状态。可是业余状态在我看来是最好的。所以，我站在"多"这边！

方力钧身上有这种业余性，有这种"多"的东西。我觉得在这些东西里面反而能生发出更有意思的东西，因为它还有可能性，也就是你还不太能马上概括的一些东西。这几年可能对于方力钧，或者对于上个10年或者上个5年突然被市场弄到天上去的艺术家来说，可能是巨大的考验，也是需要调整的一个周期。虽然这不是他们个人的原因，但是需要由他们自己重新挣脱出来，去面对这种东西。这是我们在创作上可能都会有的一个巨大的困境，我觉得每个人现在都在重新寻找的过程中。

方力钧

012

像橡皮泥一样富于弹性

★ 人物采访：张晓刚，艺术家
★ 采访时间：2016年5月11日下午2点
★ 采访地点：张晓刚丽都工作室

"如果拿王广义和方力钧比较的话，王广义像一块钢铁一样坚硬，方力钧是像橡皮泥一样富于弹性，可塑性很强。对比他们俩，一个是铁质的，一个是胶质的。方力钧是游离式的，他说话的时候似乎在说这个，但是他的意思可能是另外一个。他会想得很周全，他希望把事情和人际关系处理到完美。"

—— 张晓刚

与方力钧第一次见面，我记得好像是在1989年1月份中国美术馆举办的"'89现代艺术大展"上。那时他还是一个学生，正在中央美院读书，看上去很年轻。我忘了是谁介绍我们认识的了。那也是我跟方力钧第一次在一起参加展览，他的作品在一楼，我的作品在二楼。我在现场看到他的参展作品，是他最早时期画的光头素描。我觉得他画得非常好，与他的同代人距离拉得很远。叶永青也有同感，就这样对他有了一个最初的印象。

方力钧见到我们很热情，他知道我们，对我们特别尊重，因为我们是"前辈"嘛。当时有一个叫易玛的西班牙使馆文化专员来看展览，我不认识她，她在我画前看了半天，问：你知道这个作者是谁吗？我说就是我。她说你这画卖不卖？我说当然！因为那时候没有什么市场规则，也不懂，虽然是在中国美术馆展览。她说想买一张，我说可以。那时候我正缺钱，她选了一张有我形象的作品，是跟音乐有关的一张，问多少钱？我当时在成都卖的是100美金，相当于700块钱人民币，所以就按此价报给了易玛。我当时的工资大概是200多块钱，所以对我来讲，100美金意味着可以三个月活得轻松一点。

就这样，我认识了易玛，她让我陪她看展览，她问你觉得还有哪个艺术家比较好，你帮我推荐一下。我突然想起了方力钧，我说一楼有一个画素描的年轻人还不错。她说我们一起去看一看，看完以后她也很喜欢，就问方力钧你的作品卖吗？方力钧说卖。易玛问你要卖多少钱一张？我记得当时方力钧说500美金，听完把我吓了一跳，我心想这小子胆子不小。当时给我留下的第一个印象是我觉得方力钧很厉害，那么年轻的学生，很敢要价。

我们第一次见面也没有交流。我们隔着一代人，从辈分上来讲，他属于90年代的艺术家，我属于80年代的艺术家。直到1991年我来北京住在栗宪庭家，由于方力钧和老栗关系比较好，所以经常在老栗家见到他。那会儿他对我们来讲还是小孩儿，所以不可能有太多的交流。后来知道了老栗给他和刘炜办了双个展，以他们为代表探讨了90年代中国新艺术的各种趋向，从此开始火起来了。那时候我跟刘炜比跟方力钧还熟一点，因为刘炜跟云南的曾浩关系很好，所以我去央美找曾浩的时候，刘炜和我们还一起喝过酒。听说方力钧大学毕业后漂在北京过了一段苦日子，1993年参加威尼斯双年展后越来越火，方力钧和刘炜的名字成为了某种新绘画的代表，当时很响亮。1994年我们一起参加了"圣保罗双年展"，除了我和方力钧，还有刘炜、余友涵、王广义等。

我没有去成圣保罗现场，那时我妻子刚生小孩，我走不开。后来，我

1998年，方力钧、杨少斌在张晓刚成都工作室

和方力钧又同时参加 1995 年易玛在西班牙巴塞罗那圣莫尼卡美术馆做的展览。方力钧的参展作品是一件巨幅的绘画，效果非常强烈。他从"圣保罗双年展"后开始创作新的关于"游泳"的题材。那个展览我去了，我跟刘炜参加完威尼斯双年展开幕式后转到了巴塞罗那。我忘了那个展览有没有见到方力钧，他当时是刚火起来的明星式的艺术家，身边围满了人。

我们真正近距离的交流是 1997 年，成都有一个房地产公司做了一个美术馆，叫上河美术馆，那是中国第一家由房地产公司做的民营美术馆。美术馆的形成跟黄专有关系，是他促成了这家民营美术馆，然后就开始邀请各地的艺术家们来成都玩儿。那会儿王广义、方力钧、刘炜、杨少斌、岳敏君经常来成都，这样我们之间的交往就多了。我从 1996 年起不再回学校上课了，在成都待了四年。所以那四年里，我们有很多机会相遇。每年方力钧都有很多时间在云南，在大理，他还在昆明跟朋友合作开了一个酒吧。我们老在他的酒吧里喝酒，就这样算是混得很熟了。

我决定搬来北京是 1999 年，之后经常收到邀请去宋庄他们那边聚餐、玩儿、参观工作室。那会儿还有岳敏君、杨少斌，那几年很好玩儿，老是聚会。

  刚来北京，我是在花家地，他们叫我去宋庄，我不愿意去，我说不适合，我到了北京就想在城里面待着，虽然小一点，但是可以让我享受一点在四川没有的生活。方力钧在宋庄盖了很大的工作室，应该是全国最大的工作室了吧。他是最早从圆明园搬到宋庄的，他把两个院子打开，一个院子给父母家人住，一个院子作他的工作室带居住，面积很大，令人羡慕。

  据说在圆明园期间，他娶了德国人米莎，娶了这个人他生活的圈子就变了，跟中国人接触相对少一点。我觉得米莎对他影响很大。他在圆明园是盲流的状态，米莎把他带进西方的艺术圈里面，毕竟她见得多一些，另外也教会他一些规则性的东西。他可能算是第一个对展览方要求保险的人。那是90年代初，我们那会儿哪有什么保险意识，一个朋友带来一个人，说这个人做展览借你一张作品，借走就借走了，什么都没有，就这样被骗过多少次。我估计方力钧是中国最早提出作品保险的艺术家，那么年轻就那么懂得保护自己。他想追求专业的感觉。我觉得那几年也是方力钧状态特别好的时候，有一种很国际范的感觉。去他的工作室看到的大多都是老外。而且他很努力地学英语，我后来问他英语怎么那么好？他说你不知道我花了多少功夫学外语，我上了很多英语学习班。我就奇怪我们的英语基础很烂的，为什么方力钧英语说得那么好。因为认识了米莎，他要强制性地学习英文，他们都住在外交公寓，是另外一个生活圈子。他身边全是外国人，他必须要讲英文。后来方力钧去荷兰待了一段时间，好像回来之后就跟米莎离婚了。

  你问为什么我和王广义、方力钧、岳敏君，被称为当代艺术的"F4"？我不知道究竟是从哪一次开始，慢慢开始听到有人讲我们是"F4"，最初是媒体上先讲的，应该是在2004年、2005年。2002年时，黄专在何香凝美术馆策划了一个王广义、方力钧和我的三人展，起名"图像的力量"。

黄专说他想做一个关于中国当代绘画的学术梳理展览，选择王广义、我、方力钧，我觉得他的想法很有意思。刚开始方力钧还不太愿意，他觉得跟两个"老"艺术家做展览怎么找这个感觉，后来可能王广义对他做了一些工作，黄专把想法讲了，方力钧想了想就同意了。对我来讲，我觉得"图像的力量"展览选择在何香凝美术馆做非常重要。以我们三个人，分别代表了三种不同的感觉，因为主要都是以绘画平面的方式，所以叫"图像的力量"。原来他还想做四五个人的展览，包括更多的新生代艺术家，但是觉得他们里面方力钧更具有代表性，"政治波普"里面肯定是王广义最具有代表性，我这边代表个人内心的感觉。黄专做完这个展览以后，有一种代表性的东西开始清晰起来。这个展览做得很严肃，同时也做得很成功，是我至今认为自己参加过的最重要的展览之一。做完展览之后，我们三个人的关系也不一样了，在一起合作过的艺术家容易走得很近。

2003年开始市场慢慢火了以后，卖画价格也越来越高。岳敏君的价格飞涨，都超过了方力钧，包括许多国内外的媒体封面都登岳敏君的作品，上升得很快。2004年，突然在广东的一个活动上，有媒体开始报道我和王广义、方力钧、岳敏君是当代艺术的"F4"，与当时大红的台湾电视剧《流星花园》中的"F4"形成奇怪的对应关系。"四大天王"这个概念应该是2006年提出来的，跟拍卖市场有关系，跟价格有关系。那会儿曾梵志的价格还没起来。那会儿市场上开始按照价格来推广和评判当代艺术的价值。"四大天王"是一个市场的概念，"F4"是一个媒体的概念，其实都跟学术、艺术没关系，所以我们从来没有认真地去想。别人说"F4"来了，我觉得很可笑，把我们四个人和台湾的偶像剧连在一起很可笑。而且这样一弄好像也在当代圈里把我们孤立了，人家觉得你们四个代表了我们（当代艺术），凭什么。

这种说法可能还有一个原因，是我们四个关系也很近。我们四个经常在展览上碰到一起，我们四个人参加湖南"经视"的台庆，还合作了一张4米多的大油画，每个人把自己的符号画在上面，王广义画他的拳头，方力钧画他的光头，岳敏君画他的笑脸，我画的是我大家庭里面的婴儿，我都忘了最后是不是由方力钧把整个画统一起来。我们四个人画了大概半天时间，像速写一样，其实很好看，可惜照片没留下来。这张画是第一次我们四个人一起合作的作品，后来到成都也合作过一张，但就不止我们四个人，还有别的人参加。

那几年，我们四个人经常在一起喝酒、打牌、聊天、吃饭，经常你请我，我请你，有时在我们家，有时在方力钧家，有时在岳敏君家。这样几年下来，给大家形成了我们几个人是一个团队的印象。那时候很多展览邀请的都是我们这几个人，以我们这四个人为由头来扩散开，再增加几个人，好像你把这四个人搞定了其他的就好办了，当时就变成这样潜在的模式。我们2004年去台湾参加展览也是这样，其实我们四个心里面没有去想这个概念。直到后来像曾梵志他们市场价格起来以后，这个感觉才慢慢减弱掉。

我们四个人从认识到现在不止20年了。这里面我认识最早、时间最长的是王广义，我们是在1988年的黄山会议第一次见面的，之前听到他的传说已经很多，神话也很多。但是接触后感觉他是一个很重情义的大哥型人物。

如果拿王广义和方力钧比较的话，王广义像一块钢铁一样坚硬，方力钧是如橡皮泥一样富于弹性，可塑性很强。对比他们俩，一个是铁质的，一个是胶质的。方力钧是游离式的，他说话的时候似乎在说这个，但是他的意思可能是另外一个。他会想得很周全，他希望把事情和人际关系处理到完美。

我原来跟岳敏君不熟，我第一次见他的时候是1997年。岳敏君到成都来，那会他已经很有名了，我们一起吃饭喝酒，这是第一次见面。我觉得岳敏君是个喜欢思考的人，在他们那帮圆明园艺术家里面算是比较理性的人，比较善于思考的人，也是一个喜欢读书的人。我忘了哪一年去宋庄，当时在宋庄方力钧那儿喝酒，之后在岳敏君家住了一晚上。我记得他家中书是最多的。但是我跟岳敏君很少单独交流，我们四个里面我跟王广义单独交流比较多，我跟方力钧和岳敏君单独交流相对比较少。每次和他们见面都是在活动上或者是聚会上。

2006年像一个分界线、分水岭一样。市场拍卖起来以后情况发生了很大的改变，人和人的关系改变了很多。大家都变得更忙了，有点忙不过来了，要应对很多人、媒体、画商、各种各样的，没有像原来那么悠闲。以前每个星期大概有三天我们都在一起，到一定时间会主动打电话，过来吃饭、喝酒、打牌，总要约着聚在一起。或者是谁又来了，见几个人，我们大家聚在一起吃饭。

大概2006年以后，大家见面很少了，尤其是2008年以后每个人都忙，只偶尔会在一些聚会上面见到。我现在都很少出门了，只跟很少的人见面聊天。我是宅男，可以几天不见人都没关系，我把音乐一放，该干嘛干嘛、画画、看书。

听说方力钧仍然活动多，聚会多，仍然爱喝大酒，也许他喜欢人在江湖的感觉。他对朋友也很豪爽很关照。他有一种强烈的好奇心，想尝试不同的生活方式，也想尝试自己的能量有多大。他开餐厅生意很好，从装修设计到其他各个方面都做得很好，这也增加了他的信心，然后又开了第二家、第三家……在大理又开一个客栈。我觉得他每天都有在开发新项目的感觉。

我们这帮人曾经在一起合作、欢聚、出国，不管别人用什么"F4"一类的语言形容我们，但是生活在那个时代是令人难忘的，是很纯粹的，甚至有一种英雄惜英雄的心理。感觉市场把我们一群人打散了，仿佛已失散了很多年。最近一两年，大家慢慢冷静下来了，年轻人登场了，这帮中老年人慢慢地就会来往了。我们这帮人的命是在一起的，是一个时代造就了我们这帮人，我们同时也创造了一个时代。

一个能量非凡的"超人"

★ 人物采访：郭伟，艺术家
★ 采访时间：2016年4月20日下午2点半
★ 采访地点：成都蓝顶艺术区郭伟工作室

> "在我眼里,方力钧更像是一个'超人'。他喜好美食,精力超级旺盛。他干劲力十足,开车旅行,云游天下,生活事业一样不少。我很难想象他可以把自己的工作和游玩兼顾得如此充分。仅从这一点,我就觉得他不是常人,而是一个能量非凡的'超人'。这些年,无论外表怎么发生变化,他骨子里还是老样子。以前看到是年轻的光头,现在看到是老光头。"
>
> —— 郭伟

  我记得和方力钧第一次见面好像是1992年。一天下午,有一个陌生人来敲门,他说他是方力钧。在此之前,我们从来没有见过面。知道他是因为有一次老栗来川美,到张晓刚家放"新生代"还是"泼皮"作品幻灯片的时候谈到他的"光头"作品,那时对他有了一些了解。

  20世纪90年代,通讯方面大多人家里都还没有固定电话,联系方式也只有一个家庭住址。当时我住的地方离成都卖火车预售票的地方很近,我估计方力钧是去售票处买火车票,正好到家门口,顺便就登门来了。

  方力钧和他的两个同学（后来确认其中一位是朱会平,另一位是岳志强）一起来的，我们在画画的房间聊了一会儿，然后就带他们去吃当年成都很地道的重庆"魏火锅"。我们在火锅店一边吃一边聊天，聊什么早就忘了，气氛还算和气。我有印象那天他穿了一件看上去品质不错的衬衣，饭后我们互相抢着买单，争来抢去不知怎么把他衬衣袖口的扣子给抢掉了，他赶紧去地上找扣子，我就趁机去买单了。从他找扣子的认真劲可以判断，那可能是个什么品牌服装，后来讲起这事，大家都说那扣子掉得真是时候。20多年前，"衬衫故事"的细节我记得很清楚，其实抢着买单不是钱的问题，只是想表现一份尊重。

我和方力钧就是通过这种"古老"的方式认识了，但之后我们也没有多少联系，我还是大多时间在成都，而他在全国活动。偶尔我们会在不同的展览上遇见，点头微笑示敬。最近几年，我和方力钧之间的接触多起来是因为他在成都蓝顶艺术区有了自己的工作室。我和他的工作室距离并不远，走路也就七八分钟。有时我会去他的工作室，看他表演线描，他很乐意有观众。我夸他线描有进步，他说是童子功。好嘛，那就点赞嘛。方力钧非常珍惜自己的劳动成果，即使是几年前他感觉不怎么样的画稿也舍不得扔，前段时间还看他拿出来一张前几年的画稿重新进行修整，东改西添。总之用他的话说这叫"救画"，就像救一个病人一样，完成后有种医生般的成就感。

以前听杜坚说他是个非常勤奋的人。他每天早晨七点就起来了，（也有人说他是睡不着）不是看书，就是画画。自从有了微信平台，他偶尔会发一点清晨线描版头像，曝光时间多为早晨。

他的工作效率常常让人"嫉妒"，每年都能做不少展览和参加各类活动。我的工作方式和工作效率都不算高，有一次方力钧对我说："郭伟，就是把所有的时间给你画画，你都会觉得时间不够用。"的确如此，旁观者清，他善意的提醒，也许是暗示我还有更好的工作方式可以选择。

以前方力钧给人的印象是随随便便非常感性的人，后来接触多了些，发现他很理性，特别是体现在工作中，这是我没想到的。他的照片资料一叠，干干净净地放在工作台上，工作完成后你也很难看到零乱的场景。平时，方力钧看上去大大咧咧，其实是一个非常细腻的人，他知道如何关心朋友。记得那年我在西安美术馆做展览，展览晚宴上，为了表示答谢，我跟朋友们干了几杯。方力钧知道我不能喝，劝我不要傻喝。这算不了什么事的事总是残留在记忆中不能褪去。小事有时也会透着友情的影子。

方力钧和我差别非常大，我和他基本上可以说是"宅男"和"行游侠"。我喜欢宅在工作室里，无论有事还是没事，很少外出，出门也多为工作原因，能不出去就尽可能不出去。有人说那是缺少安全感。但是方力钧是一个非常积极主动的人，机动性很大，感觉随时可以去任何地方，用他的话来说是属相"野狗"。

人与人存在差异，好的东西都希望能学点，有时候也想模仿，但最后却发现很多努力都是徒劳的。实际上，血液里面流淌的东西是不可能通过学习而获得的，既然如此那就去享受和羡慕那种差异吧。好在差异是艺术彼此存在的理由，人也如此。性格上的差异不妨碍我尊敬和喜欢方力钧，有时候我开玩笑说我有一点"叶公好龙"的感觉，他的观念、生活态度、工作方式我都很喜欢也很欣赏，可一但那些东西真要影响到我的生活，我也许会害怕。

方力钧的"大学文献展"计划对我触动很大。我没问过他的真实意图，但我感觉他在做一个我们平时很少去想到的工作。以前我总是在抱怨中国的艺术教育很差，经常羡慕说西方艺术教育多么好，从小孩教育开始，小学、中学、大学都会到美术馆去玩耍，从中受到良好的艺术教育等等，除了间接指责国内的艺术教育和抱怨就再没有任何有价值的东西了。而他的"大学文献展"计划，虽然看上去是在做自己的事，但确实是做了件实实在在的艺术普及教育工作，态度积极，一个学校接一个学校地去做，实干，这就是一个好艺术家该有的责任和情怀。我相信如果有更多的人做类似的工作，我们的艺术教育现状会有很大的改观。

方力钧是一个热爱生活、热爱工作的人。在不同的地方他总能敏感地发现自己喜欢和需要的东西，愉快地在这些地方建立自己的工作室。每到一个地方，他赞美和夸奖的字眼都一连串，谈大理，说成都和景德镇，总之永远站在一个开放的角度上看它们。方力钧也是一个谈吐幽默的人，思路清晰且另类，常有"挣钱需要时间，花钱也需要时间""生命的终结不是最后几小时，而是每天都在"这样的话语冒出来。可见他对生活和生命的理解有特别之处，这和他走南闯北的云游生活方式是分不开的。

方力钧还是一个很热情的人，喜欢热闹，也可能是怕孤单。每一次方力钧来成都，大家都会在微信"成都方脑壳"群相约一起吃饭。很多年前在成都爱约大家一块吃饭的总是张晓刚，后来他去北京了，饭局减少。约饭在今天看来更像是小派对，大家喜欢这份轻松自由，也能聊出一些有意思的事。去年参加CIGE的艺术家手稿展也是他在一次饭局中的提议，后来冀少峰策划了14个艺术家的手稿展。方力钧初建微信"开悟"群，就是为了突出手稿的概念，他总能从一些看似不起眼的东西中找到一些有意思的事，用他的话来讲是"好玩"。他一但有个好的想法，总会用具体行动来与大家共同分享，姿态非常开放。

和方力钧相识二十几年，你问我他有什么变化？我想基因是不会变的，他那种骨子里的大方和大气是不会变的，当然外表除外。以前他是有头发但剃做光头，但现在他快变成真的光头了。其实我也没认真观察过，只是感觉而已。这些年，无论外表怎么发生变化，他骨子里还是老样子。以前看到是年轻的光头，现在看到是老光头。

在我眼里，方力钧更像是一个"超人"。他喜好美食，精力超级旺盛。他干劲力十足，开车旅行，云游天下，生活事业一样不少。我很难想象他可以把自己的工作和游玩兼顾得如此充分。仅从这一点，我就觉得他不是常人，而是一个能量非凡的"超人"。

013 - 一个能量非凡的"超人"

方力钧画郭伟、杜坚、张骏、周春芽
2015.11.3

24.5×36.5cm
纸本水墨
2015 年

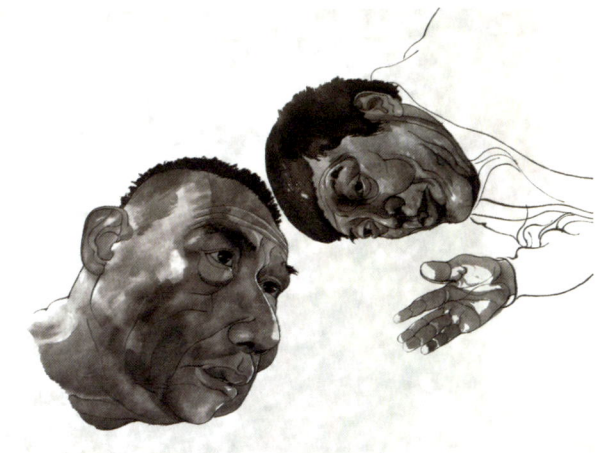

方力钧画郭伟等作品局部

纸本水墨
2015 年

014

他是一个很认真的人

★ 人物采访：李路明，艺术家，湖南美术出版社副社长、总编辑
★ 采访时间：2016年5月1日下午3点半
★ 采访地点：望京MOMO咖啡馆

> "方力钧的作品我都喜欢，他的艺术成就不用我说了，中国艺术史上是有定论的。我认为他是世界上影响力最大的中国当代艺术家，他并不是一个市场价格最高的艺术家，因为他把他最重要的作品都留给了博物馆和美术馆。据我了解，方力钧是被博物馆收藏最多的中国当代艺术家。"
>
> —— 李路明

我跟方力钧认识很久了，我们初次见面是在1992年，但是真正的交往是在1997年。初次见面那时我正在湖南美术出版社画册编辑部做主任，他那会刚刚开始画那批黑白油画系列。当时在北京后海的北师大教学楼里，有个中央美院的民间美术进修班，吕胜中请方力钧在那儿代课，给了他一间教室，他在里面画画。我有老乡在那里进修学习，我去看我的湖南老乡，刚好看见他正在那里画画。

他第一次见我，没有任何人介绍，我是在走廊里碰到他。我就主动跟他打招呼说我可以进去看一看你的画吗？他说可以，他就带着我进去，当时我们俩都没怎么说话，就一张张翻他的画看。后来他说他知道我。

因为我在出版工作中对中国前卫艺术这块的状况比较清楚,对他的名字和作品是很熟悉的,我从走廊路过一看教室里面的画就知道他是谁,虽然当时他还没有真正成名。那会儿我对他的第一印象就是他是一个很认真的人。他刚开始见到我,可能是我年纪比他大,又不太熟嘛,出于尊重我,有一点小拘谨,跟还没长大一样。

真正和方力钧交往多起来是从1997年开始的。当时我参与编一部叫做《中国现代美术全集》的大型系列画册,是国家出版署的重点工程,一共60卷,由我们全国25家美术出版社联合出版,因为一个出版社承担不了这个项目。我们湖南美术出版社负责出版的是素描卷和速写卷,那会儿我担任出版社的总编辑,素描和速写在中国一时找不到专家来主编。油画有专家,国画有专家,工艺美术也有专家,就素描史和速写史,当时中国没有专门的研究者来研究这两个领域的百年史。我只好亲自动手,既当主编,又亲自撰写每个艺术家的条目与卷首论文。我跑到图书馆泡了半年时间,从民国开始,查了所有的资料。当我编这个书的时候,我们这两卷跟所有其他卷的主编的编辑框架都不太一样。因为这个是个国家的工程,有很多的限制,他们都很小心,编委会集体讨论时都主张弱化"文革"与当代这二块。但在我主编的这两卷中,这两个阶段的东西是不能弱化的,后来在我最后定下的入选艺术家与作品中,当代艺术比起其他油画卷之类是份量最多的。在我主编的这两卷里面,介绍得比较多的如徐悲鸿是四张作品,方力钧是三张作品,还有很多重要的艺术家就一张作品,因为100年历史就出一本这么厚的书,有那么多人的作品需要反复筛选,不断地做减法。定下编辑体例与逻辑后,我就给方力钧写了一封组稿信,就是一封打印的公函,方力钧的回信是最认真的,他写了一封很仔细的信,同时把他刚刚在日本出的个展画册寄给我。他作品的资料非常规范,像我在组稿函中强调的作品资料的五要素:就是你作品的名称、尺寸、年代、材料、收藏,他都提供得很周全。这一点很多寄片子的艺术家都做不到，要么缺这个，要么缺那个，要反复打电话沟通，好麻烦的。但方力钧是非常仔细周全的，接到这种稿子，作为编辑来说心里是非常舒服的。我觉得他做事特别认真，而且是比较少见的认真。

我觉得这个认真是一直体现在他的骨子里面的，可能也是很多人看不到的，这些人只是跟他一起喝酒、玩儿。你看他的文献展、手稿展，都是他整理的，其他人整理不了，其他人只能整理他成名后的资料，早先的资料是整理不了的。这种细致的工作，只有他能做并且做得专业到位。他所有的嘻嘻哈哈表面下是极度的认真。

我做出版，是有自己的文化立场的。在湖南美术出版社工作二十多年里，我出版了很多其他出版社当时所谓不能"出"的画册。有次，方力钧有一本画册在出版上有一定的困难。因为画册里一篇访谈文章中有一段专门谈了1989年，大意是说艺术家经历这一年之后，他的思路突然打开了，他在这篇访谈文章里谈了这一年对他创作的影响。这本画册原本是在辽宁出版，最后辽宁的出版社还是做不了。画册里面还有一篇老栗的文章，出版社要把这篇文章撤下来。

后来方力钧跟我说，我有一本画册在出版上有一点问题，看你那儿能不能出？我说你拿过来吧。后来我了解到是辽宁的出版社要撤下栗宪庭的文章才能出，方力钧说如果要撤老栗的文章，他的画册也就不出了。我跟老栗说我就改两个字。将"64"改成"6月"风波。老栗说可以改两个字，他知道我出版这本画册不容易，就互相理解一下。这是方力钧在中国出的第一本画册，当然在此之前，他在国外已经出了很多本画册。

方力钧的作品我都喜欢，他的艺术成就不用我说了，中国艺术史上是有定论的。我认为他是世界上影响力最大的中国当代艺术家，他并不是一个今天艺术市场上价格最高的艺术家，因为他把他最重要的作品都留给了博物馆和美术馆。比如说那张打哈欠的大头像，那种经典作品，都在国外的大博物馆里面。他说要把好的作品尽量给博物馆，他要选择收藏家，选择博物馆。他对于作品要去哪个地方是很慎重的，不是谁给的价格最高就把作品给谁。

有的艺术家为什么市场上价格高，是因为他的代表作没在博物馆，都在市场上被私人藏家反复地转手，自然容易出现高的价格。假如方力钧那些在博物馆里的作品也出现在今天的市场，那么市场格局又会不一样了。所以，以市场价格的高低来判断一个艺术家艺术成就的高低是很肤浅的。据我了解，方力钧是被博物馆收藏最多的中国当代艺术家。

一个艺术家如果在他成名之后，作品价格马上就飞得很高，其实这会给博物馆的收藏造成障碍，就自己堵住了作品进入博物馆的路。方力钧是主动将作品价格控制在一个合适的位置，这样更有利于博物馆的收藏。我觉得只有作品被众多重要博物馆收藏才能体现一个艺术家的价值，方力钧的收藏记录证明了他作为一个艺术家的重要性，这是硬指标。

2007年，所有人都在提高自己作品的价格。方力钧是非常理智的，只有他没有提高价格，他头脑一直非常清醒。

你让我讲讲方力钧的故事，那好，我就讲一个吧。2003年北京闹"非典"，他开着车从北京出发，准备到大理去，这是一段很远的路程，当时很多高速路还没修通，要开三天三夜才能到大理。他计划沿途在几个城市休息一下，然后再到大理。他每到一个城市就跟下一个城市的朋友打电话说我要来了，朋友说好，等你来喝酒。可等快到这个城市的时候再打电话，所有朋友的手机都关机了，因为害怕北京来的人。那些城市的宾馆与饭店一见北京牌照的车也怕得很，一律不接待。没办法，他只好连夜一路开车往湖南长沙走，我接到他的电话说，好，我们所有的朋友都在等你来。到了长沙，一切都没有问题。

他来了长沙后，大约有一桌人在等着他，没有什么人害怕北京的

方力钧画路明大哥

60×50cm
布面油画
2007 年

细菌。我安排他住在我们自己出版社的小宾馆，条件虽然一般般，但没有谁能拒绝北京来客。他就决定暂时不走了，他们一行四个人就在长沙玩了个把星期，好好休整了一番，我当然天天陪着他。他的夫人非常高兴，在长沙玩得很开心。老方也因为这次喜欢上了长沙的菜，导致后来在北京办了一个湖南风味的餐馆，就是岳麓山屋。

他是一个心胸开阔的人。对朋友，他都是敞开胸怀去接纳的。当然，他交朋友也有过滤，他的过滤你在表面上是看不太出来的。他对所有人都很好，很热情，都是勾肩搭背的，但他心里面是有根"线"的。他不是以权力、成功和财富这些标准来交朋友的，他心里有一个底线，我觉得主要还是看人品。

有一些细节，方力钧也让我很感动。我这一生中只有一个男人给我盖过被子，就是方力钧。有一次，我和方力钧一起去做足疗，我不知不觉睡着了。他就起来给我把毯子盖上。我当时其实并没有完全睡着，半睡半醒之间，只好装着睡着了。我生活中有不少好朋友，但再好的哥们，大家的交往都是粗拉拉的，我也是很粗糙的。我觉得男人之间，碰到麻烦的时候都会出手相助,平常这种枝枝丫丫的生活细节就很少会关注。方力钧表面上大大咧咧,其实是一个处处细致的人,他特别重朋友重感情。

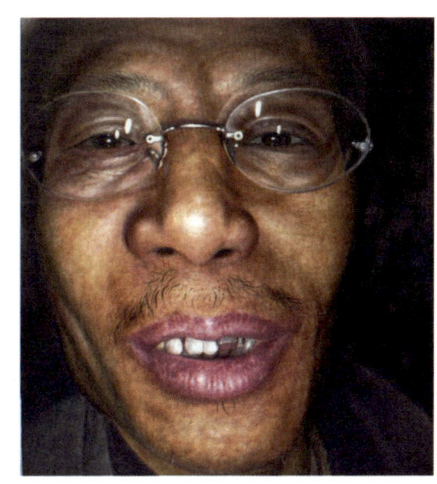

方力钧画李路明

44.7×40cm
布面油画
2011年

方力钧画李路明
作品局部

纸本水墨
2015年

015 相见恨晚，一见如故

★ 人物采访：傅中望，艺术家，原湖北美术馆馆长
★ 采访时间：2016年4月22日下午4点
★ 采访地点：湖北省美术馆咖啡厅

> "我与方力钧虽相见恨晚，却一见如故。在我看来，方力钧是一个在艺术上反应很敏锐的人；在生活上也是一个很智慧的人；在谈笑之中、和朋友的交往之中，也能体现出他是一个对待朋友很真诚的人。你不要看他每天好像是说说笑笑，其实他对工作是非常认真的，而且他做作品也很勤奋，他是一个看起来很松散其实很自律的人，知道自己每天的工作安排，严格来讲他是对自己要求很高的人。"
>
> —— 傅中望

对于方力钧，我知道得很早。因为他在艺术上出名比较早，影响很大。认识方力钧也很早，我们在很多展览会上会碰见。那时候只是碰见了打声招呼、合个影、聊聊天，不是很深的交往。

和方力钧第一次见面应该是在十年前，我们一起参加2006年"上海双年展"。在此之前没有具体接触，只是互相知道对方。记得"后89"展览有方力钧也有我，那应该是我们最早一起参加的展览，后来又一起参加"成都双年展"。当然，不光是这几个展览，我在做湖北美术馆馆长之前，重要的当代艺术家的展览我都参加过，基本上都是在同一

个展览上或者是其他的展览上看到方力钧的作品，相互都知道彼此在艺术上的影响力。艺术家之间的交流基本上还是通过展览以作品来交流。

真正对方力钧的认识还是在近十年里，特别是冀少峰来湖北美术馆工作以后。他跟方力钧比较熟，几乎每年方力钧都会来湖北，因为他总去江西，路过湖北就来武汉聚一下，我们老在一起喝酒聊天，大家都很坦诚。在此之前，方力钧对湖北是没有认知的，我们湖北美术馆有很多的活动，他也参与过我们举办的展览，但不如现在密切。

在我看来，方力钧是一个在艺术上反应很敏锐的人；在生活上也是一个很智慧的人；在谈笑之中、和朋友的交往之中，也能体现出他是一个对待朋友很真诚的人。你不要看他每天好像是说说笑笑，其实他对工作是非常认真的，而且他做作品也很勤奋，他那么多作品是要花时间去做的。你看他在那里玩、喝酒、聊天，事实上，他每天早上起来就画画。他是一个看起来很松散，其实是自律的人，知道自己每天的工作安排，严格来讲他是对自己要求很高的人。

去年我在798"泉空间"举办完展览，专门去了方力钧在宋庄的工作室，我发现他的工作室里除了他的作品，还有档案室，各种文本整理得清清楚楚，我觉得他不光是注重他的作品，他还是一个很注重各方面积累的人。通过他建立的各种档案、收集的各种书籍，可以看出他是一个非常严谨的人。

在方力钧的工作室，除了可以看到他的画，让我感到很惊讶的是他什么都做，水墨、油画、陶瓷、雕塑、国、油、版、雕他都搞，我跟他开玩笑说你把我们搞雕塑的饭碗都抢了。

作为一个当代艺术家，方力钧并不把自己局限于某一个领域做事情，他觉得某些东西他能够用于个人表达，只要能够驾驭、能够把握去做的他都去做。你看他做的陶瓷，那么薄的东西，我看那个东西就会让我心里有一种紧张感。方力钧创造了一个他自己喜欢的东西，可能任何人得到他的作品一辈子都会紧张。为什么呢？因为这东西太容易碎了。它那么薄，薄的你轻轻用力点一下感觉都会断掉。如果别人拿到手上会紧张，放到家里也会紧张，放到展览会上更会紧张，他可能就想达到这个目的，让别人成天把他的作品贡起来。我作为一个搞材料、做雕塑的艺术家，这是让我特别敏感的，但是我又觉得这个东西不像是他会做的事情。他这样一个粗犷、豪放、大气的人，怎么会做这么精致、微妙、易碎的东西？我觉得作品跟他有点不相符，但是他就做了。

我们每次见面，他都拿着相机看似在随意地拍。有时候以为他是拍着好玩，其实他是有想法地拍，而且他拍的角度都不是正常角度。我喜欢他画的我，他把我画得很粗犷。我自认为我还不是那么粗犷的一个人，但是那种气质、神态都很像。我说的"像"不是真实意义上的"像"，而是感觉、味道很像，就是说他抓住的不是表象的东西。其实我看他所有画的朋友都不是一般意义上的理解。他对人的捕捉不是从外表获得，他跟你谈多了、看多了，他内心基本上就有了他要创作的东西，只是先借助相机拍一下，有这样一个形，再附着精气神。猛一看可能不像，但你真正盯着看，越看越像，这种"像"是一种神态上的、精神上的，不是一个表象的东西。

我在方力钧工作室，能够感受到他是这样一个人——朋友去了，他毫无保留地介绍他的作品，并且能够相互交流。很多艺术家不愿意让别人看到他的创作过程，但方力钧可以分享他的创作过程，并且毫不遮掩。我觉得这是来源于个人的自信，他很自信才这么坦诚，不自信的人生怕别人看出来。作为艺术家，方力钧具备这样的气度。

在和人相处的时候，方力钧是一个很细心的人。我以前爱喝酒，他就给我搞一大坛子酒，我喝了一年还没喝完，每次喝酒就想起他——这是老方搞来的酒。严格地讲，他比我年轻一点，但他很尊重人，对年长的人都很尊重。

去年我生病，他老是给我打电话、发短信说我来看看你啊，这一点，体现出人和人之间特别的关系。他知道我喜欢木头和各种木头的工具，他碰到了就给我买过来。上次他来武汉，带了一麻布袋子木工的工具，把一个木匠工具从江西带过来，这些是可遇不可求的东西。你看着很普通，但是你真去找的时候是找不到的。他看到了就想到了我，我觉得他的为人处事特别厉害。他知道我喜欢，这不是别的东西，是作为历史的或者是过去的工具，这种东西已经不断地消失了。这种工具我碰到是顺手的事情，但是方力钧愿意为我做这个事情。

作为朋友，我跟方力钧相见恨晚，真的是一见如故。他不光是做艺术、做人，其他各个方面我都认为这是一个值得交往的人。一是他做人的真诚，别看他嘴里说这说那，他内心有很多正能量，比如说很多东西他是在调侃当中体现出来的。

方力钧爱调侃，他说我是"黑老大"。他看我像是"黑老大"，就把我画的也是"黑老大"。他的正能量都是以调侃的方式表现出来。还有一个细节值得一说，本来一件事情你这样说了，他偏要反着说，你跟他谈话肯定有这种感觉，他老是在正和反之间不断地校正某种东西，不断地修正某种东西。

我认为做艺术家首先还是做人的问题，其实做人更重要，有些人能把艺术做大，不是在于他画面的东西，或做的什么雕塑，做人是第一位的。这就说明一个人的格局大、情商高，自己还有自己的看家本领，有他自己的独特艺术。一个人成为大家，在社会上值得大家尊重，这些都是需要的，它们是相辅相成的。做人、做艺术，大家都是一样的，之所以做艺术多样化、人性化、人格化或者说个性化，其实就是因为不同的人造成的。不同的艺术家，他们的个性、价值取向都不一样，就是因为这种"不一样"才形成了艺术的多元化。方力钧就是方力钧，他的生活方式、思维方式、行为方式决定了他就是这样的艺术家。

虽然方力钧是艺术家，但是他的公共意识很强。为什么他要在全国各个综合大学举办文献展，这不是为他个人考虑的，也不是为他自己作宣传。对于方力钧来说，他的展览已经很多了，没必要在大学里做展览。其实在某种意义上看，他这么做，一是在推动当代艺术，让更多人知道一个当代艺术家的成长经历、发展过程，特别是对年轻学者来说，这是很有影响力的。二是方力钧本身作为一个艺术家，一旦这些作品离开他以后，进入社会领域，它们发挥的作用就是传播和推广。这就是一种公共教育，让更多的人接受这样一种艺术或者是文化现象的影响，普及、教育、宣传、推广，他做了美术馆该做的事。在这当中，他是以非盈利的方式在做。我觉得他的大学文献展做得非常有意义，所以3年前，他在安徽师范大学做文献展的时候，我专门去参加了开幕式，还做了讲话。因为我是在湖北美术馆做馆长，我觉得在这样的场合，可以从美术馆的角度谈论这个展览。

方力钧是对艺术要求很高的人，他现在把他的艺术和生活结合在一起，艺术成为了他的生活方式。关于他的艺术成就，从他的影响力来说，在中国当代艺术史上，方力钧是其中比较重要的艺术家，也是在国际和国内都有影响力的艺术家。

说到今年11月份湖北美术馆即将为方力钧办的展览，3年前，冀少峰他们去景德镇方力钧工作室的时候就提出来要给方力钧做展览，那时候他没有很正式地答应在湖北美术馆做展览。作为一个艺术家，他要先对我们美术馆有一个认识。我们作为国家的美术馆，他也要有一个了解的过程，为什么要办这个展览，以及你们馆到底有什么值得为他做展览的理由。

这次答应举办展览是从去年开始。方力钧从来不说NO，你跟他说什么事他不回答，其实就是不同意的意思。我问他几次，他不出声我就知道他是不同意。方力钧做展览，他认人，他觉得我们关系很好，认为

方力钧画傅中望
作品局部

纸本水墨
2015 年

你很坦诚,就愿意跟你接触,你提出要求,他也不会拒绝你。他要先认识你这个人,了解这帮人,不了解你这个人,他什么事也不愿意做。他又不愁做展览,只是觉得你们这帮人好玩,在一起很开心。你要是不靠谱的人,他是绝对不会接近你,还是得通过长时间接触,必须他认为靠谱才合作。

做方力钧的展览,其实我们是在面对当代办馆的理念,基于我们在全面梳理本土艺术家,为本土艺术家办个案展。在这个基础上,我们投射全国的艺术家,包括国际的艺术家,通过国家美术馆举办他们的展览,让公众了解中国改革开放这一代艺术家的思想观念、创作成果。其实在某种意义上,也是在做一些启蒙的教育。很多人还停留在传统的思维当中,对艺术的认知可能只是齐白石、张大千。所以,我把我们的想法告诉方力钧,我们都是在喝茶、聊天当中把这些进行沟通,他了解之后才知道我们这帮人要干这种事。

我们湖北美术馆在做方力钧展览的时候，专门开了一个会，讨论怎么做他的展览的研讨会。如何做一个回顾展，这是一个学术问题。湖北美术馆是官方的，我们更多的还是强调艺术上的价值和学术上的影响力。湖北美术馆给方力钧做展览，不光是对人的认同，作为艺术来说，更重要的是对他艺术上的影响力、学术价值的认同。方力钧作为个体艺术家，在他的生命体当中创作出各种作品，能够通过这种艺术的表述，在国际上产生各种影响，这是生命的奇迹。

方力钧画傅中望
作品局部

纸本水墨
2015 年

016

画如其人

★ 人物采访：顾长卫，电影导演，艺术家
★ 采访时间：2016年6月29日上午10点
★ 采访地点：北京顾长卫工作室

> "方力钧是我挺欣赏的艺术家。我觉得方力钧那种说话慢悠悠的节奏，从容得有点木讷，木讷之后还透着一种属于他的智慧。我认为这是方力钧可贵的地方，所以看到他的作品，也给人感觉挺画如其人的，我真是由衷地欣赏他。"
>
> —— 顾长卫

我跟方力钧的关联就是在我拍电影《孔雀》的时候。那是2003年底，拍完电影后，在片子剪辑当中我们就在设计这个电影的海报，特别想找一个有时代感、有味道、有特点的艺术家，专门为电影海报画一幅画。经朋友引荐，于是就找到了方力钧。当时就觉得方力钧的艺术风格非常独特，他的作品里有那种生活当中沉淀下来的、还很飞扬的东西，那个东西貌似跟这个电影里希望营造的那种氛围和味道很相投，于是就请方力钧来看看我们正在剪接当中的片子。

你问我为什么会请艺术家画电影海报？这可能跟我从小就在学校混美术小组有关。差不多是1972年左右，我上初中的时候，因为喜欢画画，那个时候也有时间，就去美术小组混。后来这些经历也带给我机会让我去学了电影，我就这样混到了电影学院。这些都跟起初学画画的经历有关，后来很多做电影的创作人员都是画画出身，画画和拍电影多少有些关联性，在艺术上都是相通的。就是这些经历，有时候下意识地能够传递出很多自己的想法和要求，比如说一个镜头的设计或者是一个电影的海报设计，希望它确实是耐人寻味并且是好看的，学艺术是有这个潜在诉求的。

方力钧是邯郸人，《孔雀》主要的场景就是离河北邯郸很近的河南安阳，安阳跟邯郸是非常相像的。《孔雀》是一部中年人追忆、反省青年时代的电影，讲述了生活在上个世纪七八十年代北方小城市安阳的一个五口之家的故事。在社会剧烈转型时期，哥哥、姐姐、弟弟踏上了不同的人生之路。在他看完后觉得挺有意思，电影的内容让他很有共鸣，也是在他成长的那个时代关于青春的一些故事。

方力钧根据这部电影的剧情为海报创作了一幅303×176cm的油画。在这幅作品之前，他曾认为不能接受订件，但看了《孔雀》的样片后，他被故事打动了，决定为电影画一幅海报。在他画这幅画的前后，我和雯丽去了他的画室，那也是第一次去他宋庄的工作室，我们也就这幅画交流过几次。他在海报上画了一列火车，电影中没有出现过火车，但火车呢又是那个时代标志性的记忆，我很喜欢这种处理。出现在海报上的人物也是经过他再创造的影片人物，而且每个人又都配上了小翅膀，像天使一样在空中飞翔，相对于影片的现实主义，海报有着超现实色彩。他创作的这款海报与中国以往的电影海报不大一样，和通常影片使用主要演员的角色海报有很大的区别。我记得这幅油画还没画完就已经被预定了，不知道被谁收藏了，这幅画配上这个电影也算是有趣吧。

当年这个电影上映时，正好就是2005年柏林电影节得了奖的那段时间，然后在北三环双榆树华星电影院旁边贴了一个巨大的电影海报，用的就是方力钧的这张画。那个海报约有40米左右高，电影放映了一

016 - 画如其人

电影《孔雀》海报
二〇〇四年秋

303×176cm
布面油画
2004 年

个月的时间,海报一直张贴在那里,反映很好。电影上映和柏林电影节获奖的时间基本是同步的,加上运气比较好,总之就是天时、地利、人和。

后来我还在今日美术馆参加过他的个展,那个大规模的展览让我印象很深。那是一组以中国当代艺术、音乐、电影等文化领域的不同人物为原型的雕塑头像,除了我,还有崔健、栗宪庭等。头像都做成了一个 1:1 的效果,但是比我本人看上去要衰老一些。基本上这组雕塑都是认识的人,看起来都有这种感觉。我想这也许是他的一个手法,并不说是为谁定制了一个雕塑,而是他作品的一个视角。

我和他在生活中的交集并不多。我觉得像我们这样的友谊,不是那种没事就约见,在一起吃吃喝喝的朋友关系。我们是那种有具体的事可以交集可以对话,见面的时候就觉得很近,我是由衷地欣赏他。

方力钧作品
顾长卫头像

真人原大
铜、金箔、铁板
2006 年

017

一个享乐主义者

* 人物采访：皮埃尔（Pierre Huber），瑞士收藏家，艺术经纪人，策展人
* 采访时间：2016年6月12日上午10点
* 采访地点：四季酒店咖啡厅

> "在我看来，方力钧是个不知疲倦的研究者，他不断地挑战、充分挖掘自己流淌在 DNA 里的对陶瓷敏感的天赋，提高自己对陶瓷的掌控技术，还很喜欢谈论他每次完成一件作品时的那种自豪。从一开始，方力钧就保持着严谨的态度一路前行，他是一个思想家，也是一个有着享乐主义的哲学家，伴着他的感性和幸福感，按照自己的节奏前行。"
>
> —— Pierre Huber

我第一次去中国时，还是上世纪80年代，那时我只是一个单纯的游客，我从未想过这次旅程开启了一场令人激动的亚洲艺术之旅。在那个年代，中国内部的大改革预示着这个古老的国度与西方的新关系的发展。同时，在1989年的欧洲，柏林墙倒塌，还有日内瓦的"欧洲核研究组织"发明了万维网，这些都奠定了全球经济的新格局。而在当时，"全球化"这个词还没有出现。

在这种背景下，中国和法国两地出现了两个完全独立的展览，揭示了当时的中国艺术家的审美倾向，这些艺术家正处在艺术变更的，甚

至是艺术革命的浪尖上。首先,是中国的前卫艺术,在1989年的北京,在农历新年这样的有高度象征意义的时刻,出现了一批必定会被列入史册的艺术家。比如方力钧,就是他们其中具有代表性的一员。

同样在1989年,巴黎的另一个展览"地球的魔术师",首次规模空前地汇聚了来自欧洲和美国的前卫艺术家们,以及来自遥远大陆的当代艺术家们(亚洲、大洋洲、非洲和南美洲)。此次展览的设计者和组织者让·修伯特·马丁,非常重视在欧洲和美国以外的国家发展的艺术家们,还提出了在西方文化定义中关于对艺术家类别的区分以及合法性的问题。他提出的这个话题引人深思,并引起了持续的关注与讨论。

就在这两个活动期间,我发现了两位我非常欣赏的中国艺术家的作品:顾德新和黄永砅。顾德新是我认为目前在中国我最感兴趣的观念艺术家,黄永砅是一位住在巴黎且备受肯定的艺术家。30年过去了,"地球的魔术师"依然是新兴国家的艺术家进入西方艺术舞台的窗口。

当我第一次以工作名义出差到中国时,中国的传统艺术对于我来说太遥远,因为我当时更倾向于观念艺术,所以当时中国传统艺术并没有吸引我。必须要说,在上世纪80年代,中国艺术家的作品还处于要受命于院校指令的年代。然而,这个国家的艺术转型已经成功地引起了我的好奇心。当时的西方批评家声称要忽略来自社会主义的中国文化,但我认为这是一种非常不公正的、带有歧视的行为,甚至是一种傲慢的行为。但我深信,一定要让那些非西方的艺术家,特别是那些来自世界某个区域的,把自己封闭几十年的国家的艺术家们,让他们带着自己的文化之根和艺术演变的过程来诠释他们的作品。

后来,2007年在上海举办的"中国首届国际艺术博览会"上,我以"创始人"和"文化负责人"的身份使我得到了深度了解亚洲文化的机会,特别是中国文化。在活动的前两年,我密集地往中国出差,参观了很多艺术家工作室、画廊和各种藏品,让我自己沉浸在这种文化中。

在上世纪 90 年代，我先与方力钧的作品相遇，后与他本人相识，这对我来说有着巨大的人文价值。从那一瞬间开始，无论是他象征着中国油画的演变过程的作品，还是他作画时那种感性而优雅的姿态，我都非常欣赏。我感受到他的创作灵感是来自一些传统东西的启发，加上一些非常个性化的烙印。

90 年代初期，方力钧刚刚从中央美术学院毕业。他亲眼见证了国家的社会变革，这样的经历打造了他的独特个性，而这会让他自己对过去的学院式的表达方式产生质疑。在早期的作品中，方力钧呈现了无数个表情冰冷的克隆人，在宽广的视角里或是在清澈的水里，他们都张大嘴巴无声地呐喊。他笔下的人物似乎都在体验着各种情绪，如消极、冷漠、愤怒，但还是有求生欲的，还要为社会大众而抗争。他在作品中表达了他的感受，就像一家中国公司在梦境中被动地前行，奔向一个悬挂在天空、云朵、山峰和流水间的未知空间，一种理想中的梦境，既完美又天真。面对他的作品，我感受到他非常热爱中国，这个连他自己也无法衡量未来将具有多大发展前途的中国。我非常欣赏这样戏剧性的转变，就像陶瓷与现代艺术的结合注定会占据重要的位置。

2013 年，方力钧应邀在景德镇大学授课，景德镇是江西省北部的一座城市，一直以来，以中国陶瓷艺术而闻名。虽然当时他还不认为自己的陶瓷技术已达到授课标准。如果他当时的目标是专注于他的教学工作，那么他与材料的接触就像一个铃声，揭示了他将找回一种被他遗忘的材料。他在上世纪 80 年代毕业于河北轻工业学校的陶瓷专业。凭着满腔热血，他建立了自己的工作室和团队，坚持做研究，并不断实践三维立体作品。方力钧从而感受到了艺术带来的自由感，便朝着更加观念性的方向发展。他利用一切可以使用的工具，坚持不懈地探索，终将这种材料变成可能。

方力钧根据自己的想法，用不同的材料来表达，可以用陶瓷或绘画。

2016

110×115×100cm
陶瓷
2016 年

对我来说,他的三维作品就是被赋予意义的雕塑,我也懂得他采用陶瓷作为材料是为了更好地表达他的思想、他的批判、他的意图和抽象的价值。在制作的过程中,这些雕塑刚开始都是又小又脆弱的小模型,后来再被加工成更大的尺寸。这些雕塑在经过烤箱里炙热的温度后被赋予生命,在这个缓慢的过程中,我们能感到它们渐渐凹陷的线条又恢复挺直并增强了其脆弱的感觉。陶瓷的特性可以塑造出一种"不稳定平衡"的脆弱感,就像生活、社会和命运。

2016 年 11 月,在阿里亚纳博物馆,是首次举办中国当代艺术家在瑞士陶瓷博物馆的展览。这次全球化的活动让人意识到方力钧在全球当代艺术创作领域中的重要地位。为了更好地介绍作品,伊莎贝尔·纳尔夫·格鲁巴和安妮·克莱尔·舒马赫展示了方力钧多样性的历程,展览也由一些优秀的纸上作品和绘画作品来填充,从而可以清晰地追溯艺术家作品的发展历程。

关于方力钧的艺术创作,他向我解释绘画与雕塑最根本的区别在于观众可以自由解读作品在二维空间以外表达的含义,而这种感觉在雕塑上更加明显,因为它们是三维的,所以更有想象空间。加上陶瓷的物理特性,让人们可以忽略甚至超出这些限制。这种充满变数的性质成就了它独特又有意义的艺术表现方式,这样的魅力深深地吸引了我。我们习惯说作品是镜子,它们记录并创造具有独特视角和情感的时空。所以于我而言,陶瓷就是这样非凡的存在,它的存在与生命如同人类是一样的。

在我看来,方力钧是个不知疲倦的研究者,他不断地挑战、充分

方力钧画皮埃尔
2013-2014
———
40×30cm
布面油画
2014年

挖掘自己流淌在 DNA 里的对陶瓷敏感的天赋，提高自己对陶瓷的掌控技术，还很喜欢谈论他每次完成一件作品时的那种自豪。在这样的时刻，我能感受到他的快乐，我也明白一些重要的事情发生了。

从一开始，方力钧就保持着严谨的态度一路前行，他是一个思想家，也是一个有着享乐主义的哲学家，伴着他的感性和幸福感，按照自己的节奏前行。他不理会批判，不关心艺术市场的运作，不为了扩大影响而去跑展览，但他花大量的时间与朋友们待在一起，分享对文化的见解，游览这个他深深热爱的祖国。就是在他关照下，我认识了一个在现代文化中占有一席之地的古老文明，从习俗到美食，在令人兴奋的"丝绸之路"旅行中，在内蒙古、西藏、黄山以及黄河沿途。我意识到这是一个如此伟大的国家，有着如此丰富的多样性，而方力钧就像是一位尽职尽责的大使，让我了解他的工作性质和发展的方向。我很荣幸能成为他的朋友，能陪伴他走上"大师的历程"。

018

他是一位情商很高的当代艺术家

★ 人物采访：苏新平，艺术家，中央美术学院副院长
★ 采访时间：2016 年 6 月 28 日上午 10 点
★ 采访地点：望京苏新平工作室

> "在我看来，一个艺术家的成功，除了个人的努力和天分外，还有情商因素。也许这是当代艺术家与传统艺术家的不同之处，传统艺术家可以封闭自己，一生只专注于一件事。而当代艺术家除了专注之外还需要综合能力，尤其是合作沟通能力是必不可少的。所以对于当代艺术家来讲，情商确实是十分重要的素质。方力钧就是一位情商很高的当代艺术家。方力钧的艺术，在我这么多年对他的了解和认识过程中，他的艺术思想和艺术表达方式方法与他的生存状态十分一致，也就是说他的所思所想和所作所为是一致的，人与作品是一致的，而且这么多年始终如此，这一点很是令人佩服。"
>
> —— 苏新平

在我看来，一个艺术家的成功，除了个人的努力和天分外，还有情商因素。也许这是当代艺术家与传统艺术家的不同之处，传统艺术家可以封闭自己，一生只专注于一件事。而当代艺术家除了专注之外还需要综合能力，尤其是合作沟通能力是必不可少的。所以对于当代艺术家来讲，情商确实是十分重要的素质。方力钧就是一位情商很高的当代

艺术家，不仅我有这样的认识，许多朋友也和我有着类似的认识，也可以说是综合因素造就了今天的方力钧。我认识方力钧虽然说是80年代初，但频繁的交往是从1986年之后开始的。那时我在中央美术学院读硕士，他在读本科，不仅同在版画系，而且工作室相邻，同学之间不像今天年级不同很少来往，那时不仅不同年级如同一个班级，各系之间来往也十分密切，甚至学生和老师都是整天"混"在一起，所以我们常常在一起，彼此的了解和熟悉程度自然是不言而喻的。

对于我们俩来讲，1989年是一个分水岭。那一年我研究生毕业后留在学校任教，方力钧本科毕业后去了圆明园，走上了职业艺术家的道路。从此以后也就结束了以前低头不见抬头见的同窗生活，但我们都在北京生活，见面的机会仍然不少，有时会在美术馆或是其它场合相遇。90年代后期以来方力钧的名气越来越大了，活动也越来越多了，我们之间的来往自然少了许多，但是相互的关注和关照却并没有减少，并没有因为名气的变化而所有改变，只要有事仍会相互帮忙。有一件事让我至今记忆犹新，1996年前后我想画一幅油画，其中形象和动态一直没有找到合适的模特，想来想去想到了方力钧，于是问他能否帮忙，没想到他二话没说专程来到美院为我当起了模特，花了几个小时拍摄了许多动作。此外我每次举办展览他都会到场，有几次我知道他在外地，以为他不能到场，没想到他还是专门赶回来参加我的开幕式。还有许许多多的事情，只要讲了他都会认真对待，这一点确实令人感动。当然他的事情我也是一样，这么多年始终如此。

如果说方力钧的艺术，在我这么多年对他的了解和认识过程中，他的艺术思想和艺术表达方式方法与他的生存状态十分一致，也就是说他的所思所想和所作所为是一致的，人与作品是一致的，而且这么多年始终如此，这一点很是令人佩服。就具体作品而言，我对他早期作品印象非常深，比如上学时的那套素描对我很有启发。那套作品无论视角，还是对社会心理的表达都很有特点，尤其是黑白灰的应用所造成的氛围给我印象特别深，当然他后来在圆明园画的那批画我也十分喜欢。那时候我们在学校里面的人看到他那种异样的表达确实内心激动，也佩服他能够超越自己。他做到了版画语言和油画语言之间的相互转换，他的油画不是传统方式，而是运用了版画的平面性语言的张力在油画媒介上实现了转换，创造出不同于他人的油画语言，所以他的作品总是让人眼前一亮，给人许多启示。艺术能达到这种程度很少见，而且他在不同阶段有不同的高峰，这一点总是让我们刮目相看。再后来就是他的那批木刻作品，给了我更大的震撼，不仅仅是他个人艺术的突破，实际上他的那批作品无论观念、还是语言方式、方法，是中国版画创作领域的一个突破，为版画艺术的发展提供了新的可能性，对中国版画艺术也贡献良多。

近些年也许是全球艺术领域处在转型或调整时期，也许是艺术市场降温的缘故吧，艺术家们不再像过去那样的活跃和奔忙，都回归平静或自我调整之中。但是，我发现方力钧仍然十分活跃，仍然游走于各地，到处奔波。我曾经认为他的状态是早期心态的延续，难以回归正常。但当我看到他不断有新作品产生，并不断有全新的展览时，让我又一次对他另眼相看了。尤其是看到他几乎移居景德镇并深扎在陶瓷工坊与陶瓷技师打成一片，如兄弟般的情景时，不得不让我重新认识和佩服他了。他在景德镇创作的一大批陶瓷作品，是我近些年看到的他最有震撼力的作品，无论观念还是语言方式都是创造性的，确实有着不同于其他人的独特性体现。尤其是在今天艺术家普遍处于调整状态的背景下，方力钧仍然能以个人的敏感和勇气，独辟蹊径走出一条新路来，确实不能不让人刮目相看。

另一件事情让我另眼相看的是建立当代艺术档案库一事。几年前他就提过这件事，当时我以为他只是说说而已，因为我清楚这是一件浩大而又理性、精细的工作，他东奔西跑的生活状态怎么可能做到这么宏

方力钧画苏新平

45×40cm
布面油画
2011 年

大的事情呢。让我没想到的是,他真的在做,而且已经在落实,让我真正重视这件事的时间节点是 2016 年召开的全国性当代艺术档案库的西安会议,我发现他不仅是积极呼吁,而且已经正在有计划、有步骤地开展这工作了,那时我才认识到这是真实的事情。同时我也理解了他为什么这些年满世界奔波的原因了,而当我看到今天在北京民生美术馆旁边正式挂牌并正式成立了国家当代艺术档案库时,我不得不再一次的佩服这位老同学。

仅从上面谈及的几件事情,就可以看到方力钧无论是做人、做艺术都有着可圈可点的地方,不仅艺术上有所成就和贡献,而且还体现出一个艺术家应具备的社会责任和文化使命感。这在我看来尤为令人赞赏,实际上也正因如此他才赢得了更多人的尊敬。

018- 他是一位情商很高的当代艺术家

方力钧画苏新平（未完成）

35×44.5cm
纸本水墨
2016年

019

为人处事是与生俱来的天分

★ 人物采访：宋永红，艺术家
★ 采访时间：2016年5月8日晚上7点
★ 采访地点：北京昌平宋永红工作室

> "方力钧是一个讲义气的人。他在为人处事这方面，有一种与生俱来的超级天分，不是说后天练出来的。与人打交道，这个没法练。我觉得方力钧是一个集感性和理性于一身的人。我觉得他的理性强大的程度，甚至超过他感性的一面。方力钧是一个控制力极强的人，你看他喝了很多酒都不会出乱子。我觉得朋友就是最大限度地接受对方吧，因为每个人都有自己的价值观，和自己的小气场。这么多年下来，无论在世界上任何一个角落，在情感上他对朋友始终有一种牵挂，他不会遗忘。方力钧在根上是一个善良的人。他不会主动伤害任何人，他为人很仗义。仅凭这点我认他。"
>
> —— 宋永红

我和方力钧相识30多年，其实我们1984年就认识了。1984年，我上浙江美院版画系的时候，他那时已经从河北轻工业学校毕业，想考浙江美院版画系。他早就认识李津，我哥宋永平和李津是天津美院的同学，我们是通过这样一个关系认识的，然后他就找到我们学校，跟我联系上了。

我第一次见方力钧，当时是在浙江美院的宿舍。他通过李津知道宋永平的弟弟在浙江美院读书。其实方力钧很早的时候就接触过我哥，因为他喜欢版画,当时他正在上中专,我哥曾经拿了一些他的木刻回来让我看,说这是河北的一个小伙子的木刻,也是一个喜欢画画的,他跟你年龄差不多。我比方力钧小3岁,我就这么开始知道有一个人叫方力钧,那是1982年、1983年的时候,我记不清具体时间,因为那个时候我还没怎么刻过木刻呢,他已经刻得很好了。我是1984年上的浙美,那时候我刚学画没几年,当时因为对木刻没有太明确的概念,刻得不好,所以觉得方力钧刻得还挺细的,感觉他刻的那种农民在地里干活,还有太阳,刻得密密麻麻的,都是小碎刀,刻得很细,我觉得挺有意思的。

后来1985年,他来浙江美院参加考试,我记得是杭州天气特别热的时候,他来了以后,我们一块吃过饭。第一眼看见他就觉得是一个普通考生,当时他留的是很正常的那种平头,我印象中他好像没留过长发。第一印象没有觉得他有什么特别的地方,平平常常的,非常普通的一个人。既然是我哥介绍来的朋友就是哥们儿,当一个好朋友来接待嘛,然后我陪着他去见老师。那时候,我其实有点优越感,因为我已经上了浙江美院。我陪他去见系里的老师,他带着作品让系里的老师给看看画什么的。

印象中第一次与他见面好像就是这样子,具体细节忘了,他应该比我记得清楚。那次他来浙江美院找我,什么时候要离开杭州并没说。后

1984年,方力钧在杭州

来我就去问另一个他也认识的同学,我问方力钧走了没有?那个同学说方力钧今天就坐船去苏州。我赶紧坐车追到码头去了,然后在码头与方力钧见了一面,挥手告别。送君千里,终有一别,当时就是那种感觉。

我和方力钧见过一面之后,也没有不了了之,我们还相互留了通信地址。他离开以后,我们之间还通信呢。你看他整理的个人文献资料,还有当年我给他写的信,他把那个信摘抄下来留着,然后印在书里面。我觉得方力钧这一点特别牛,你能看出他特别有心,特别仔细,是个有心之人。这么多年下来,他都是那种既能顾全大的东西,然后细节又比别人抠得细的人,这就厉害了,有谁还能跟他比呢?

第二年,听我哥说方力钧考上中央美院的版画系了,然后,我们就联系少了。第二次和他见面的时候我已经毕业到了北京,他快要毕业了。1988年底,我去中央美院找苏新平,苏新平跟我哥是天津美院版画专业同班同学。那时候,我1988年9月刚分到了北京工艺美校,在北京没有熟人。苏新平正在中央美院版画系读研究生呢,他正在画那一套石版,就是内蒙古族人的生活。我经常去苏新平那儿,也想找方力钧,但是那时候已经很长时间没通信了。

有一天下午,我在苏新平那儿玩,突然间方力钧出现了,特突然,我跟他四年没见面。在苏新平读研究生时的那个小画室,一人一个小隔断,我记得天气还挺热,工作室开着门,借着外面的那个光线,苏新平在那里画他的石版,我就在旁边看他画。突然一下子,方力钧出现了,他一看我在,说永红也在这儿呢?好几年没见了,我一看方力钧跟以前不太一样了,变得油嘴滑舌,哈哈。四年不见,他已经完全变了,一改以前的那个谦虚样子,说话特别痞。比如:你说上句他接下句,你接完下句他又接了一句,就整个说不过他了。后来我们就有点掰扯在那儿了,苏新平还调和了一下。第二次见面感觉人变了,说话特别不投缘,给我感觉就是他这个人怎么变得这么贫呢。现在不一样是在哪儿呢?那种贫跟那会儿还不一样，现在，我觉得方力钧变得好玩了，他不会对别人构成一种侵略性的伤害。第二次见完面，有过几句短暂的针锋相对的交集和对话，针尖对麦芒，因为话不投机，当时有点不欢而散，后来就不太跟他联系了。

再和方力钧有交集就是参加"'89美术大展"，我那个时候参展的是两张小油画，还有和宋永平合作的行为照片。他的参展作品是那套画光头的素描，画面就是农村的几个男的娶一个媳妇，他其实画的就是那个意思。在农村那种很落后的一个地方，大家过的也是这种生活，家里三个兄弟，娶不起媳妇，他没那么说，但是他实际上就是有那个意思隐含在画面里面。有那么一个叙事性，三个傻子跟一个女的在一块乐，后边是那个石头墙，他当时的作品是这样的。在这个展览上，我们没有交集，但是作品有交集。

1991年底，我跟王劲松做了一个联展。我们展览做完以后就跟老栗（栗宪庭）熟悉起来了，有时候去老栗家串门，就会偶尔碰到李津也在，然后李津就会谈起方力钧。方力钧那时候在北京辅仁大学有一个小工作室，就是艺术研究院旁边，可能是朋友借给他一间房子，他在里面画画。有一天下午，老栗、李津还有我们几个人，老栗说带我们去方力钧那儿看一看。然后，我们就跟着老栗一块去串门。过去以后，转到他画画的那间屋子，大概就是十平米那么大，好像窗户玻璃上用纸糊着。那时候大家都没什么钱，但是一看他还有自己的房子可以画画，太奢侈了。当时他不在，我们没能进到屋里。他画室在一个老楼的一层，借着窗缝看他的画。他当时画的就是那个"打哈欠"的系列，黄不拉叽，红不拉叽，蓝不拉叽的那个画，画的颜色特别整。我说这个画画得真有点意思，不像那会儿的画，有的人颜色画得比较暗，构造黑糊糊的。他画得很亮，就是蓝蓝的，桔红色。当时画得不是太大，就是一米左右，在那儿看完了，我模模糊糊有个印象，觉得画得很好。老栗说方力钧最近在画这个，他

1992年,万寿寺内(首都博物馆),方力钧与刘炜在的展览开幕式。
左前宋永红,右一徐仲敏,右二李海滨,右三杨东

们要过一段时间在万寿寺做一个展览,说到时候你们一块过来,我说行。后来再见面就是在万寿寺看他和刘炜联展。

当时去看展览的人特别多,现场有很多老外。那时候在展览上有很多老外,不完全是中国人,能把老外请来看你的展览,证明你这个展览是很成功的。来看他们展览的都是他的朋友,还有一些媒体的人,好像崔健也去了。

方力钧和刘炜,画一出来面貌就特别明确、特别整体,一出来就是一个完整的形象。我看了方力钧和刘炜的画,觉得画得真好,尤其方力钧那个画很强烈。方力钧画的大光脑袋,强烈的冷色调和暖色调放到一块,就是那种土得掉渣的那种颜色,放到一块特别强烈,印象特别深。刘炜的那个歪瓜裂枣的军人系列也画出来了。刘炜小细节画得真好,画的那个人形变得那么自然,而且把爹妈给画成那样。他画军人戴着军帽,翻着小白眼,让人印象深刻。

你写方力钧，也要写刘炜，这是一段真实的存在，千万不要回避历史。其实看完方力钧和刘炜的展览，觉得画得真棒，心里面暗暗地想，我得回去赶紧画画去。看他们画得太好了，还是挺受刺激的，觉得不服，反正都年轻嘛。其实年轻人那个阶段，那种感觉是非常珍贵的，非常真挚，然后动力也强大。动力是什么？动力就是想成功，想出头，不出头的话就会特压抑，日子过得苦。

这之后，因为老栗的原因，我和方力钧就开始有交集了。总能在一些聚会上碰到，有时在老栗家里，有时在外面饭局上。我们两个总是话锋不投机，不是太接气。因为我觉得方力钧是敏感的，我是属于比他应该迟钝一点的。他对你有一种戒备，就觉得你锋芒太锐、太尖，他怕扎着。他一看你出现了，就开始挡，在游走，在躲你。他就是太敏感了，超乎常人的敏感。艺术是一种天分，敏感也是一种天分，人的智慧也是一种天分。这种东西不是学来的，他天生就是这样的人。

通常，他一进到一个场子，就能感觉到张三李四是什么性格，是什么状态。他天生就有那种场面感，马上就能进入这种感觉，调动他的触角，这儿长点，那儿短点，这儿短点，那儿长点，这儿弄多一点，那儿弄少一点，他就是天生有这种敏感。有的人一进场就是收缩的，跟谁也不粘连，躲在一个角落，你就感觉那个气场不是开放型的，不是打开的状态。方力钧就跟一条大蛇一样，在这儿绕来绕去的，跟这儿缠一下桌子腿，跟那儿绕一下脖子，又在这儿勾一下灯，他始终处于一种运动状态。他不会停在那儿，他的思维跟他的动作都是连贯的。他不停地用触角在触动，一看这儿有点扎手，人没了，飞那边去了，永远是游走的，是动态的。在接触过程中，我对他是这种感觉。

后来，我觉得方力钧有一个最大的飞跃就是1993年参加"威尼斯双年展"，从那个展览以后，他这个人整个就变了。变化在哪儿？变化是因为他艺术那一部分的重要性越来越突显，那种重要性被国际认可，这个是可遇不可求的。这个东西可不是说你通过计划，或者是怎么样的安排能达到，他有很多机缘。而且当时方力钧的作品确实是非常准确地扣住了那个时代的精神，或者说是一种脉搏，他的表达是最准确的。时势造英雄，那个时代需要一个人，方力钧就应运而生，所以这个就是历史和个人的机缘，几方面促成的。

方力钧到后来有很多重要的展览和活动以及收藏，这对一个人的提升和历练，是最直接的。所以他在看事情的时候，那种界面就会越来越大，越来越宽，就是他看到的东西、知道的东西、了解的东西会越来越宽泛，容量也会越来越庞大，他会自身形成一种东西。除了这个以外，我们再看这个东西的时候，因为每个人在接触，每个人都有一个不同的命运，但是我觉得一个最根本的东西还是作品在生效。在作品生效的背后，这个人其实是关键。你这个人怎么去思考问题，你思考问题的角度和你的框架大小，都有关系，不是一个孤立地说你画了张好画你就偶然成功了，不是这样的。比如就像以前全国美展画一张写实的，画得很细的，拿一个金奖，那是没用的。其实最后真正的成功是一个人的成功，当人本身达到了一种对世界的认识和高度，有了这个视线以后，再加上一层一层地去推动，他就越来越成熟，越来越能去把握那个东西。

在我后来与方力钧的接触过程中，发现他一直在调整自己跟朋友之间的关系。这种调整是非常细腻的，他其实心里有一个非常清晰的认识，就是关于一个人的本性的感受力。比如这个人也许跟他有冲突，也许跟他没有冲突，但是他认为你是一个什么样的人，他会一眼就能把握住。他知道你这个人的程度，是属于哪个质地，是好的还是坏的，而不看外在的形式。你外在性格上可能会内向，或者是锋芒毕露，这都不影响他对朋友的判断，他不太看表面的东西。我觉得他有这个本事，他能挖掘、感受到这个人的内心，或者这个人的质地是什么。所以，你长得好看一点，或者你说话不好听，这都不重要，重要的是那个核心的东西，他能把握住。所以我跟他这么多年在某些点上的交集,最终都是很温暖的。比如说 1995 年,他已经在宋庄弄了一个小院了。他那时候已经很有钱了,买了车,在家里养了最高的那种大狗。我记得那会儿岳敏君也搬过去了,在宋庄也弄了一个小院,刘炜也弄了一个小院。我们一起在方力钧家吃饭,吃完饭以后去打牌,方力钧就在后面跟我嘀咕,他说永红给你拿点钱,我说干吗?他说打牌用。因为平时我也不玩,他就有这种意识,觉得你每天只知道画画,他担心我跟他们玩牌输了。我说等我输了再跟你拿,他就直接把一千块钱拿出来给我,我说不要不要,其实我也不玩,我就看他们玩牌。这是一个特别小的细节,能让你感觉他是特别有心的那种朋友。随着年龄的增长,就会越来越觉得他在不经意时的那种情意,让你感觉到很暖和。

1994 年至 1995 年,如果说好长时间不联系了,会突然半夜打一个电话,那时候大家都有座机,我那个时候还在工艺美校当老师呢。有时候晚上都准备睡觉了,他会开着车到工艺美校门口,打一个电话给我,说永红你干吗呢?我说准备睡觉呢。他说这么早就睡?快下楼啊,我说干吗?他说快下来喝酒啊,我就觉得哥们儿半夜骚扰你,特亲切。然后我们就去慧桥饭店大排挡通宵喝酒,一直喝到天亮。我们那时候交集很

1995 年,方力钧在宋庄工作室

多。我觉得方力钧心地是一个特别善意的人，这一点很重要。有的人聪明但不一定善，方力钧在根上是一个善良的人。他不会主动伤害任何人，他为人很仗义，仅凭这点我认他。所以后来这么多年，我们始终是断断续续地交往，因为他始终处在各种人群里游走，要么在云南待一段时间，要么在成都待一段时间，要不又到景德镇待一段时间，要不去天津待一段时间，要不在宋庄待一段时间，他始终是游走的。

其实我跟方力钧的交集密度一直都不是很大，但是我们那种近的感觉可能超越普通朋友。就是因为历史的原因，他和李津是朋友，李津和我哥是朋友，我们之间有这样一层关系，并且维持了这么久的一个跨度，30多年的一个跨度。你需要什么东西的时候，他会惦记你，比如说宋庄最早弄地的时候。当时3万块钱一亩地的时候，方力钧给我打电话。那是2006年吧，在宋庄买地建工作室，现在看一个是赚了，一个是稳定。所以方力钧看这个事情就看得特别清楚，我当时有点任性，不愿意扎堆，因为我不太喜欢那种人多的感觉。我也能静能动，人多的时候我就觉得好玩，一个人待的时候也没问题，而且实际上我更喜欢一个人待着，与人交往打打电话就行了。

2006年，他叫我去宋庄弄工作室，我没有去，只有这么近的朋友他会惦记你，觉得这是个千载难逢的机会。我拒绝他，他也不会说强拉你去，他也不会说你傻呀，或者你赶紧弄这个地儿，他不会说这个话。他尊重你，你愿意在一个安静的地方那你就待在一个安静的地方。他会在很关键的时候站出来，为你着想，这就够了。

我觉得方力钧还有一点很牛，他老有一种超越感。首先在意识上他有一种超越感，尤其是在这种人情世故上，他非常超越，很潇洒。艺术是艺术，人是人，有的时候他分得很清楚。这一点我觉得确实不是一般人能跟他比的。他能超越这种东西，这不是装出来的，这真是一种本事。我们这一拨人我觉得有意思在哪儿呢？就是大家都从开始那种状态到慢慢去成长，是一个很原生态的生长过程。这个过程就特别有意思，很完整。

1998年，我女儿4月1日出生，然后5月1日过满月。我住在地安门帽儿胡同，那个时候有点钱，90年代初也都挣了点钱，但是到了90年代末期的时候，其实有一点萧条，展览也不是那么频繁了。5月1日是我女儿过满月，在地安门"毛家菜"，来了将近两百号人。王劲松提前过来，帮我列菜单子，点好菜，大概要摆多少桌酒，反正一桌坐10个人，将近20桌，一大摊子事，由王劲松帮忙安排。方力钧也来了，那天挺热闹的。热闹完了以后呢，我正要准备结帐，结果发现方力钧已经结了帐。我当时心里边一热，我说这哥们儿，真的是不一样，他总是在关键的时候帮你一把。弄完了以后还调侃你，然后我们俩再吵两句，反正我们就是这样一种关系。

我和方力钧，实际上到现在也一样。如果我要做一个展览，不通知他都没事，他肯定会出现的。有一次在798白盒子画廊做一个关于水彩和木刻的小展览，他自己就来了，我都没想到。我说这是一个小展览，我不通知大家，而且现在大家都挺忙的，结果方力钧自己晃进来了。然后晚上一块吃饭，吃完饭以后，喝多了以后还弄个研讨会，哈哈。喝多了那天，也挺有意思的，他说大家谈一下宋永红的这些水彩和木刻，让每个人都谈一句，你坐在那儿听着就觉得特温暖，我觉得这个挺有意思。

你让我讲方力钧的故事，还有一个细节是去年在他工作室举办的春节晚会。因为事先说好要交换作品，我画了水彩画带过去。他工作室现场有笔会，准备了一摞小纸。方力钧看了我的画悄悄地拿起来，他说画得挺好的，看别人在那里弄墨，怕弄坏了，把我画好的那两张水墨赶紧拿到特远的地方。我一看那小细节，就是特精心对待的那种感觉，后来我把水墨送给他了。方力钧说永红，咱们今天除了交换画还要笔会，一张大宣纸，每人画一个东西。那张大画捐给了湖南美术出版社的美仑美术馆。

与方力钧认识30多年，我觉得有一点，他是特别清晰的，就是始

2016年1月13日，在方力钧宋庄工作室的新年聚会

终把握文化跟土地有关系的一种感觉，他一直没偏离。从最早是画农民、光头、农村里面那种叙事，带有一种批判色彩的素描。那个铅笔画，当时画得很土，土得掉渣，画出了中国人的一种气质，很有内容。他不会画成西方的那种素描来，他始终围绕他跟土地的关系，包括他画周围的一些朋友，都是因为在这个地方生长出来的一些东西，跟他构成一种有机关系。这个东西是结实的、可信的，不是编造出来的，这是很重要的。不是生造出来的一个东西，或者是生拼凑的一个东西。他还是比较注意跟自己的呼吸和血液相通的一些东西，包括他烧的那个瓷器，那种坍塌的感觉，他其实是跟某种现场感有一种互动。同时那个小瓷器烧得很民间，不是说让人一看，这个东西很洋气，他不是；同时又很精巧，又很细腻，始终保持一种很民间的那种气息，就是他的画里边始终有的这个东西。包括他画的大光头，那种很艳俗的色彩，那种对比，颜色都很艳俗，很亮，始终保持那种接地气的感觉，所以他的画一点都不洋气，但是又特别强烈。我觉得这个东西始终是跟他的生活有关系的，因为他觉得朋友在他生命里应该是很重要的一个环节。其实在中国的文化里面，这是一个核心的

东西，也就是中国人的那种核心的价值体系。这种文化生成这样的人际关系和这样的艺术、这样的人。先不谈是改变或者是能不能改变，就说这是一种真实存在的一个价值观，方力钧是游走于其中，也乐在其中。他是真懂，不是浮浅的了解的懂，而是在身体力行的过程中，让大家也能感受到这种影响，是那种来自于传统气息里面的一种温度。

从这一点，我觉得方力钧是一个集感性和理性于一身的人。我甚至觉得他的理性强大的程度，甚至超过他感性的一面。方力钧是一个控制力极强的人，你看他喝了很多酒都不会出乱子。他在掌控自己的时候，可能获得的感受会更加的准确和丰富。当你老沉浸在个人的喜怒哀乐的时候，你关注的是自己。方力钧属于内心强大的一个人。这一点我觉得不是夸他，确实是他过人的地方，没有一个强大的内心，很难把事情做到今天这一步。

我和方力钧的不同之处很多，相对于方力钧来讲，我是比较单一的。我觉得把艺术或者是自己的画画好就完了，不断地想如何在画上面能找到一种新的感觉和新的可能性。而方力钧的艺术对他来说只是人生的一部分，并不是全部，这是一个最大的区别。

我们的相同之处就是大家都喜欢艺术，而且也认可在艺术上有才华的人，然后也可以从别人的才华里面去吸收对自己有用的东西，谦虚地向他人学习。虽然不服，但是心里边、私底下也还是服的，口不服心服。

方力钧是一个讲义气的人。他在为人处事这方面，有一种与生俱来的超级天分，不是说后天练出来的。与人打交道，这个没法练。我觉得朋友就是最大限度地接受对方吧，因为每个人都有自己的价值观，和自己的小气场。这么多年下来，无论在世界上任何一个角落，在情感上他始终有一种牵挂，他不会遗忘。

方力钧

020

求真打开了更广阔的天地

★ 人物采访：周旭君，北京民生现代美术馆馆长
★ 采访时间：2016年8月1日下午5点
★ 采访地点：北京民生现代美术馆咖啡厅

"方力钧是一个极其成功的艺术家，国际、国内的知名度很高，研究他及其艺术的文章、书藉不少，但我以为方力钧最打动人的是他的'真'。他生活的真实、表达情感的真实追求价值的真实我觉得他的成功逻辑当中核心是求真他是一个求真的人。在我看来，方力钧之所以成为方力钧，源自其对人性中'真'的坚守与执着。方力钧的'真'是有存在主义的哲学意味的，他不迷信任何教条和陈规，只相信作为个体的本人真实的生活感受，并将这种感受转化成艺术创作。从认真生活到用心创作，方力钧几十年的艺术生涯，始终将生活和艺术的关系置于相互滋养中。"

—— 周旭君

因为工作关系，我与方力钧相识是在他2010年今日美术馆举办的个展开幕上（那时我是炎黄艺术馆的执行馆长），当时是我的领导——民生艺术系总负责人何炬星邀我一起去参加的。这个展览给我的印象很深刻，极具个性风格的视觉图象，巨大的作品尺幅，气场和作品本身带来的那种视觉冲击，一下子就把我吸引了，带到了另一个新的艺术视界。你会去想他这个作品要表达什么？为什么会用这样的

2013年，周旭君在《方力钧文献展——南京大学》开幕式上致辞

语言图谱呈现？你会感受到方力钧每件作品的语言表达是有深刻内涵的、是有他的观点和问题在里面的。今日美术馆的那个展览我认为是很成功的。方力钧的作品，还有展览研究策划和呈现方式都是有张力、有创意的。

  2012年，我调去北京民生现代美术馆负责筹建工作，与方力钧开始有比较多的接触和交流。我们会围绕民生美术馆的定位、办馆理念以及当代艺术中的相关问题一起探讨，总能听到他的一些独到见解。方力钧大学文献展走进高校是北京民生文化艺术基金会资助的项目，我作为基金会的理事先后参加了南京大学、鲁迅美术学院等大学的文献展活动，从中感受到方力钧大学文献展系列活动是一个十分有价值的项目。它不仅仅将先锋艺术带进高校，更重要的是一个独立艺术家的成功历程，他对社会现实的关注和对时代担当的自觉，对青年人的成长很有意义。他用自己的艺术经历和行动告诉年轻人怎样面对生活、对待艺术，如何走出现实困境，努力成就自己，怎么样对社会更有意义。每到一个高校的展览,他都要投入大量的时间、精力和财力,除了展览,还会做一场极为生动的讲座。每次讲座现场学生爆满,反响非常热烈,可以说是人山人海,围得水泄不通,根本挤不进去。这种受欢迎本身就说明高校的需要,对青年大学生来说,他们其实对于现实,对于未来,对于自我的生活、就业、发展都有很多迷茫,未来的道路方向也不是很清晰。他们对于自我的人生规划和发展路径需要思考,需要启发。他们希望从方力钧这样的成功案例中取到一些真经。方力钧的谈话式的演讲朴实诚恳,现场提问非常活跃,方力钧回答学生的问题真诚而智慧。众粉丝对他投向一双双崇拜的眼神,纷纷簇拥着求合影,又一一如愿得到满足的景象深深扎在了我的记忆里。

己不所欲,勿施于人,是方力钧待人处事的态度。他重感情、讲义气,凡事协商,尊重理解对方。我们民间的力量开馆展、中国当代艺术年鉴展2015、《线索》展览等作品邀请展、艺术衍生品开发受权等等,均得到他的大力支持,与他合作相处你会觉得特别舒适。你让我评价方力钧是个什么样的人?我会说方力钧是一个极其成功的、中国当代艺术史绕不过去的艺术家,国际、国内的知名度很高。研究

2015年5月12日,北京民生现代美术馆《线索》展览开幕式现场

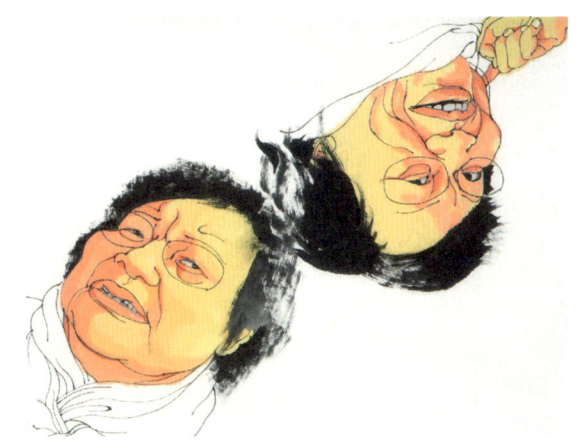

方力钧画周旭君（未完成）

35×44.5cm
纸本水墨
2016年

他及其艺术的文章、书籍不少，但我以为方力钧最打动人的是他的"真"。他生活的真实、表达情感的真实、追求价值的真实。我觉得他成功逻辑中的核心价值是求真，总的来说他是一个求真的人。而且方力钧的"真"是有存在主义哲学意味的，他不迷信任何教条和陈规，只相信作为个体的本人真实的生活感受，并将这种感受转化成艺术创作。从认真生活到用心创作，方力钧几十年的艺术生涯，始终将生活和艺术的关系置于相互滋养中。

在我看来，方力钧之所以成为方力钧，源自其对人性中"真"的坚守与执着。他从不拘泥于艺术家的身份，始终以一个普通人的状态置身于生活和红尘中去体验和感受，孜孜不倦地通过艺术介入现实生活和当下人的生存状态，不断展开创作实验，突破艺术边界，去提示人类遭遇的困境，启迪人们的思想。方力钧的生活是鲜活的，创作是真挚的，他拒绝聊胜于无的陈词滥调，讨厌装腔作势的高深莫测。

方力钧认为外界对他的作品是充满"误读"的，他同时又强调这种"误读"是很有意义的。实际上，"误读"的基础首先是"读"，是与作者以"在场"的状态进行深层次的交流，方力钧的艺术创作显然为观者提供了"读"的空间。究其原因，除了艺术形式上的魅力，我认为方力钧的"真"为他的画面打开了更广阔的天地。

021

朋友就是气味相投

★ 人物采访：杨茂源，艺术家
★ 采访时间：2016年5月6日下午1点
★ 采访地点：北京民生当代美术馆 VIP 室

> "朋友是什么？是你跟他在一起待着不说话待一天都不觉得难受。因为气味相投，在一起待着就觉得舒服，可能什么事也不做，什么结果也没有。我和方力钧肯定是这样的朋友。这就是哥们儿，有时候喝不动酒的时候，我说"别喝了"，他就不喝了，他是真喝多了，不是我劝的。朋友其实就是像我们这样，在一起待着不烦，我觉得这是最高境界了。朋友不是在一起共事，即使共事，就事论事都很愉快。真正的朋友，你没事的时候让两个人在一起待着，你能待得住，这是朋友。"
>
> —— 杨茂源

那是 1985 年 9 月，大学入学的时候，我和方力钧住在中央美院的同一个宿舍。第一天入学，我刚好碰到他，他比我晚来了一点，我睡了下铺，他睡在我上铺。我记得是他父亲送他来学校的，然后打一个招呼就走了。我一看是一个班的同学，这时候隐约感觉考试的时候我们似乎还见过面，就对他有点印象了。第一眼见到他，没感觉，就是一个很普通的一个孩子，很安分的样子。紧接着，我们班就下乡去盘山写生，在我们班，我跟方力钧、刘炜、崀海峰、洪浩的关系比较近。平时一起玩

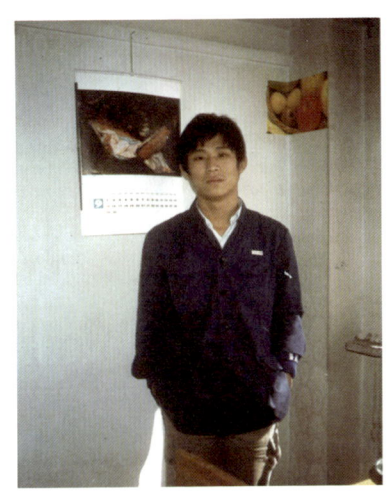

1985年，刚进中央美院的方力钧

儿的很多朋友都是相互交叉的，有时候我老乡来，但是我不在学校，方力钧就替我接待；有时候他老乡来，邯郸的或者是河北的朋友，正好他也不在，就由我就来接待。

　　大学时期，第一次见方力钧是有头发的，没头发是后来的事。好像是三年级之后，突然剃光了头，我估计可能跟失恋有关系。我印象比较深的是方力钧比较勤奋，比如说他有早起的习惯，通常在老师起来之前他就已经起来了，老师去画室总会看到他在扫地。一般老师来画室是早上8点来钟，他会去的比8点还早，而且他还很正常地吃完早餐了。我们班那时候只有方力钧一看是标准的好学生的感觉。大早上扫扫地、撒撒水，因为我们的教室是老楼，地板撒撒水特别明显，反正每次老师都能看到，我觉得这个挺聪明。所以老师每次来教室就见方力钧在扫地，老师总说："小方，今天又是你扫地了，你辛苦了"。而我那时候几乎刚睡下，总是喜欢晚上在版画系的画室里瞎折腾，通常天快亮的时候我才回宿舍睡觉。每天基本上是上午10点多钟进教室，进教室没画两笔就拿饭盒上食堂吃饭了。老师一看我来了就给打对勾。那时候孩子少，版画系的老先生管着我们，有时候拍个马屁，嘴甜一点，老师说"这孩子挺好，画得不错，继续努力啊"。[1]

老师很喜欢方力钧，因为他比较周全，这种周全体现在他是工作之后入学的。我们班一共有九个人，有两个人是这样，班长扈海峰也是年龄比我们大一点。方力钧比我大三岁，我是属于高中毕业直接就去大学，上学的时候，这样的学生背景在学校差别很大。

我们俩怎么能成为朋友？可能因为住得近，我们俩还去照相馆拍过合影照片呢，而且经常一起出去看电影。那时候，我们中央美院多文艺啊，去小西天电影资料馆看电影、去音乐厅听四重奏和交响乐，那是必修的。我们经常约着一块去，就骑自行车，老是约在一块玩儿。后来，李津从天津跑来中央美院找方力钧，他们之间熟嘛，半夜进去胡子拉碴的带着霜。我说："你干吗呢？"他说："明天早上去小西天看电影。"我们都爱去小西天电影资料馆看电影，因为那时候国内没有那种电影，就是比较文艺的片子。那会儿看文艺片是很洋气的事，就是瑞典电影或者是伯格曼的电影，很多类似这样的电影。那时候一块玩儿的次数比较多，而且很多朋友，像萧昱，我们虽然不是一个班的同学，但是我跟萧昱比跟我们班很多人都熟。

那时候读书，我们在学校住了一段时间后就搬到外面去住了。我

---

[1] 《方力钧：编年纪事》（吕澎、刘淳主编，文化艺术出版社 2010 年出版，p182-183）

方力钧自述：每天都要跑步。冬天的时候穿着短裤、背心在大雪地里跑步，冬天洗凉水澡的人就是我和易英老师。穿着短裤、背心，肩上披一件绒衣去吃早点，那时候整个美院早能起来吃早点的大概不超过 10 个人。所以食堂的大师傅特别没有成就感，觉得很窝囊，有人去捧场的时候这些人都特高兴，包括值班看门的，经常有的人回来晚了，看门的就不耐烦，训斥，或者不给开门。但这些人对我特好，经常拿两块钱的菜票对方找回来好几块，菜也是加倍的。我每天跑完步回到教室里没什么事儿，就把教室的各个角落扫一遍，干干净净的，然后再把水都泼好，大家来上课很舒服。张亚杰有一天来得早，就把地扫了，正好周建夫上课，说小方你又把值日做了，我诚恳地说：老师今天不是我做的，今天是张亚杰做的。老师说：做好事就做好事吧，还客气什么，张亚杰在旁边给气得直哆嗦。一次邓柏上课迟到 40 分钟被周老师给记上旷课，那时学校的规定是晚来半个小时算是旷课，邓柏就不干，说方力钧不来你怎么不记，周老师连看都不看，说小方怎么可能会旷课呢，他不能旷课，邓柏急了说，那你看他在哪儿呢，周老师就说他就不可以去厕所啊，他不可以出去一下。其实那时候我可能在天津在什么地方玩儿呢，真的是旷课，但老师不管。

也不知道为什么，就喜欢住在外面，一会儿租大栅栏的房子，一会儿在东单那里租一个房子。我的宿舍基本就成公用了，专为外地来京考试的那种人提供住处。

我跟方力钧上下铺住了一年多，后来我们俩都搬到工作室去住了，隔壁挨着隋建国。在那住了差不多两年时间，这两年我们有时候在外面租院子，那时候也瞎胡闹，为了玩儿方便，都租住过北京第二外国语大学那边的院子，就是现在传媒大学那边。我们以画画的名义租院子，但是我估计他一张画没画，我也一张画没画。我们在工作室不画画，就是玩儿。同学多，一帮人，折腾两天，各自就算了。

那时候在学校比较有趣，方力钧是一个比较用功而且是比较投入用心画画的学生。那会儿的他跟现在也没什么区别，人一辈子不会有太大的变化，小时候什么样长大了还是什么样。只不过他在某些领域里面会放大，比如说交往的人多了，责任感多了，承担的东西自然就多了，读书的时候没有这些。读书时期，他就是一个孩子，品质好、有诚心、比较用功、对别人充满善意，就是这样。

我们俩读书的时候喜欢游泳，尤其到夏天，从夏天一直游到秋天。记得是大学三年级的时候，我们骑着自行车从王府井到后海，他一猛子下去，就游到很远。我们不是锻炼，就是觉得游泳挺爽。尤其看我们同一届的同学正在上体育课，跑来跑去，我对方力钧说："咱俩别让体育老师看见，赶快走吧"，然后逃课游泳去了。那时候中央美院，尤其是我们班学生都很叛逆，上大学二年级的时候，体育老师才认识我。我几乎没上过体育课，有一次上课老师说："你站错队了，这不是你的"，我一看既然老师说我站错队我就不去了。后来老师说："原来你一年都没来上课啊"。

我印象深的还有一件事，有一次我们去圆明园，好像也是刚入学不久。圆明园一片废墟，比现在好一万倍，看着圆明园的青草有一人多

1986年夏,方力钧在圆明园内的色彩写生课

高,走过去有水声,一看底下有巨大的雕花石柱,就觉得很神奇,那是真废墟。现在弄得像公园了,那时候多好啊。老师带我们去写生就在清华,那时候写生一件作品都没留下。写生待了一周时间,我们就在圆明园瞎溜达。当时,我对圆明园第一印象太好了,方力钧那时候也觉得这地方真是好。我记得好像是1985年还是1986年,应该是入学没多长时间,等后来我们到大学三年级的时候就几乎不太能上课了。我们一帮人,年纪差不多的,有工艺美院的,有自己学校的,骑自行车去圆明园转一天,然后就到现在的福源门村,后来的圆明园画家村那里玩儿。我说这里怎么盖了一排新房子,面积还挺大。方力钧就爬到墙头往里看,说这当画室特别好,大玻璃窗的什么都特别好。然后就去问一个月出租多少钱,好像是100块钱,我一看太贵了,这对当时的我们确实是天价,后来我们就回来了。可以说那是方力钧去圆明园的一个引子,在心里隐隐约约的有这么一个东西,他有这样一个可以画画的地方。所以后来方力

钧会去圆明园画家村。²

　　在中央美院读书，感受最深的体现在教学改革上。一方面，老师希望你接受特别传统、特别严格的训练；另一方面，老师又找不到未来的方向。我们上学的时候非常叛逆，严重到可以把老师关在门外面，比如老师有三个星期的课，过了两星期，连教室都进不来。学生把门锁上，老师在外面敲门，学生就听崔健的摇滚，音乐放得很大声，假装听

2　《方力钧：编年纪事》（吕澎、刘淳主编，文化艺术出版社 2010 年出版，p182-183）

寇：你大学期间会不会跑到圆明园、北大清华那边去？
方：经常去。
寇：经常去，那是去干嘛？去北大听讲座？
方：有各种各样的。最早呢，是爱国主义教育嘛，那时候爱国主义教育都是在圆明园，就必须去的，学校大轿车拉着过去。那是一个既有历史感又有田园风光的地方，非常漂亮，而且它介于清华北大等高校之间，当时还是在被废弃的状态，对读书人和画家是非常有吸引力的。大学的时候是我们经常郊游的地方。那时候圆明园非常漂亮，就全部是那种稻田啊、芦苇啊，也没有垃圾，也没有人，现在的那些什么西洋楼的石雕都是散落着的，没有垒起来，然后圆明园里面的那些水沟啊，都很清，流着水，里面还有鱼什么的。基本上只有北大或清华的学生，或者是那些画家在里面，可能天气好的时候在里面写生，画一些桦树林子啊，画那些东西，然后其他的人到那儿去读书啊。
寇：你们从王府井跑过去其实挺远的。
方：去了一次之后差不多就爱上这地方了，然后就常去。
我们班有一段时间写生，上色彩课的时候，老师就让我们去联系，联系到清华附中，去住到清华附中里面，平常吃饭就在清华大学里面的教工食堂，就是清华的西北有个小门，正好附中从那里面可以进去，离"荷塘月色"很近，然后每天就骑自行车到圆明园里面画画。
然后再后来呢，就是到了快毕业的时候，大学四年级的时候，就有一帮画家在圆明园的东南角的这个门，就是去农大的这个边上的这条路，离附中很近的这个地方，租了一个院子。当时有我们的师兄啊，就是莫保平、张念、康木这些人，租了一个大的农民的院子。然后大家就经常地到那边去玩。
在这个过程里面呢，因为那时候认识了北大杜英姿、于天宏、张薇，还认识清华的、北大的一些，比如说有英语系的啊，有法律系的啊，就经常跑去玩。一大帮人骑自行车，因为年轻嘛，就从王府井骑车到那边，有时候就住在那边。那时候比较随便，就在教师宿舍或者学生宿舍里随便一挤，那时候通常都是这样。所以那时候去那边的频率特别高。
等到大学三年级的下半段，快到四年级的时候自己开始去到圆明园那儿找房子，到处转，想租工作室，就直奔自己的梦想去了。找到房子才发现自己其实根本就租不起。（笑）后来，'89 以后，才把这个梦又圆回来，然后就搬到一亩园那边去。所以说那个阶段呢，在北大、圆明园活动很多。
寇：所以主要是因为圆明园风景好，不是因为北大的文化氛围，是吧？
方：它是一个综合的吧。第一个就是说，圆明园的历史，这可能是中国人最常规最经常的一个情感，对历史的这种情感；然后就是北大、清华，包括颐和园，这一带整个的这种气氛。也具体到我们去那边吃饭很方便，每天就在北大的食堂吃饭，这样的话就省得自己每天要做饭啊什么之类的。而且学校里面差不多同龄的人又多，每天可以玩儿。有意愿运动的就去北大啊，或者国际关系学院啊，去清华啊，去运动——愿意打羽毛球的，愿意打篮球的。甚至包括像洗澡也方便，就包括你搬家的话租个三轮车——从北大租三轮车也很方便，要在别的地方就都不会那么方便。

不见。老师气得就不来了。好长时间就变成完全的放任自流，主要是靠自己跑去看展览、看美术馆、翻图书馆、看画册，同学之间喝酒、聊天等，这样交流更有利于学习。当时有一些好展览，看完之后觉得，这个世界比我们现在知道的世界大很多、宽阔很多，上学是这样的一种感觉。等到了1989年的时候，就隐隐约约觉得这个世界好像大得没边了。当时感觉到再大的世界，总得有个地儿是你呆的地方、你立脚的地方。可是该怎么办呢？没有依据告诉你靠什么来选择。可能是本能，回到最原始。准备一大把6B到6H铅笔，全部削尖了，削得特别尖，磨得特别光，用6B的铅笔开始起稿，然后慢慢地到5B、4B……一直到6H，等于说，在上另外一个台阶的时候，起点还是回到了最原始的状态，从最原始的状态再往前进行。

1989年毕业，我就直接跑回家去了。我是9月份回学校领的毕业证，当时北京找不到工作，我就直接回大连。在家待了一年半，那时候我就不想工作，后来老在家里面待着混来混去，我说那算了，我就在大连一个学校当老师。

方力钧跟我妈挺熟的。我们关系近嘛，我们俩住一块，他父亲来北京，给他带一饭盒鱼，他不在，我说："我吃了"，他爸说："你吃吧"，我说："我给他留两条"。有一回全吃了，他回来就剩一个空饭盒。他爸爸做鱼做得特别好吃。我说："对不起，我正在吃的时候来了几个别的人，没留住"。我们之间是这样的关系，毕业之后，他给我妈写信，让我回北京去。那时候只能通过我妈单位收信，通信都不发达，都没有敲门往家里送信的习惯，基本上要么单位，要么街道，要么居委会。

偶尔会有个电话，碰到别人家有电话的，可能就给我妈单位拨个电话。我妈经常回来说"方力钧来信了，让你去北京，你到底怎么想的，去不去？"

有一年，回忆里应该是1990年，方力钧来大连了。那时候他在北京实在过不下去了，买了一张船票就一分钱没有了，那些画卷一卷全放在萧昱那里了。

　　他的行李据他说就一个简易的塑料袋，还是洗过的塑料袋。以前的塑料袋比现在好一点，一摸就响的那种，都旧了，他洗干净了，装上两件换洗的衣服。夏天嘛，穿了一双拖鞋，直奔天津坐船来了大连。当时我妈就跟他说，你赶快来大连吧，这边包了一个活，能挣很多钱。我们家一个朋友在部队里，有一个坦克基地需要画一些坦克教学图，量挺大的，我肯定画不过来。我妈说"你弄不过来，干脆让方力钧过来画吧"，我说"行"，然后再叫上另外一个叫田彬的艺术家，他们俩去画的这个活，我那时候已经在师范学院艺术系当老师了。

　　方力钧在大连可能画了有一个月，反正待了一段时间，挣没挣到钱我不太清楚了。他说他拿了钱就走的，我都没印象了。有他在我整天有小酒喝，我住在村子里面，我学校的地方是日军占领时期的别墅区，我在那里租了一栋日本的房子，离海边步行几十米远就是沙滩。那个沙滩跟泰国的沙滩一样，就跟青岛的细沙的沙滩很像，很好的沙滩，没人。

　　方力钧在那住了一个月。他整天起来就画那个东西，我都想跑，我受不了那个东西，这就看出一个人的毅力。他为了赚钱就天天画，就是画一些绿线、红线。我实在画伤了，后来就画不动了，他要不去，这个活我就画不完了。结果他在这待了一个月就回北京了，据他说回北京经济情况就有转机了。他兜里就有闲钱了，有几百块钱就是闲钱。[3]

---

3 《方力钧：编年纪事》（吕澎、刘淳主编，文化艺术出版社2010年出版，p212-213）
方力钧自述：杨茂源在大连催促我们。他在那边儿找到了两笔生意；对我们来说，这无疑是雪中送炭。我同田彬轻装上路。也没有旅行包，临走时找到一个满是洞的手提塑料袋，幸亏还有胶带，就一小块一小块地将几十个洞粘起来，试一试，还结实，放了些零碎，直奔海运售票站。在大连码头，杨茂源等人在台阶上排队；左边那个叫老六，右边那个叫潘强；老六头上太阳穴处，不知何故贴了十字形白膏药，茂源长头发，皱的麻西装，脚下一双大牛皮鞋，老六和潘强留着小平头；正是盛夏，三人一律戴着黑太阳镜，一副黑帮打手的作派。摆足了派头，大摇大摆地挤上了公共汽车。

1993年,在张惠平工作室。左下角起:刘炜、孙光华、岳敏君、刘伟、朱蓉、于天宏、张惠平、杨茂源等

那时候几十块钱可以过一个月,其实我们上学的时候,一发钱下

活儿有两种;一是种给坦克部队画教学用的坦克结构图;一是种给号称画商的人画光屁股的安格尔。部队派了一辆军用大卡车,接到了驻地。此时的心情与大学三年级军训时完全不同;明知是人家有求于我们,心里总觉得怕。领导明白我们的心情,就此打住;反倒加倍关怀我们。我们每日同团营领导一起用餐,质量及规格不是普通士兵所能相比;每当去厕所碰到一般士兵,总觉得内疚。生活在兵营里,除了跟领导们喝口酒,再就是到操场上玩玩双杠;其它时间只有画图,进度自然不慢。我们没有幻灯机、投影仪,甚至没有比例尺,所有描绘全凭感觉目测;画到一半,心里早腻烦了;又被这儿一颗螺丝这儿一颗帽钉搞的头晕脑涨;睁只眼闭只眼交了差。部队不比地方;领导看了,相当满意。当即付了钱。又问我们还有什么要求;茂源半开玩笑半当真地试探说,想到下面实战训练的部队去打炮。政委竟当即写了信,介绍我们去黄龙尾。

茂源满脸严肃地介绍说;黄龙尾是专门军训的半岛,普通老百姓根本无法进入;所以,那儿的海里海参特别多,我们得带着麻袋去。等麻袋拿来了,茂源端详了良久,说一个不够,应再多一个。并郑重其事地教我们:抓到海参,扔到岸上,千万得用最大力气使劲往地下摔,要不然,好不容易抓一麻袋海参,却都化成水,漏了。部队派了勤务兵陪着我们;怕实战演习的部队不明情况,冷淡了我们。一路上勤务兵比我们更兴奋,比我们更渴望放几炮。一看到前线首长看信的表情,我们就知事情不妙。首长显然强压了心头的怒火,叫自己的勤务兵安排我们住下和晚餐。第二天,陪同来的勤务兵向我们灰溜溜地道别,说是领导指挥他赶紧返回部队。我们又混了一天;白天部队打炮的时候,我们到旁边海岸,试图摸到海参。等部队演习完了,士兵们集体下海洗澡的时候,我们也跟着跑去,还是没有海参。第二天,我们扔了麻袋,甩着手,沿着簇簇荆棘类植物点缀的丘岭土路,嘻嘻哈哈,像三个流浪汉,重回了茂源在海边的工作室。(后来部队的同志反映,教员在讲解坦克结构时,常发现图上缺少关键的零部件,大为头疼。)那七十多幅光屁股安格尔是个苦差事,田彬没有经过系统的写实训练,基本上是个废人;我和茂源咬着牙,一边儿填颜色一边算时间,好歹按日子把画弄完了。留给茂源,由他去最后完成这笔生意,我们回北京等他汇钱。

来第一件事都是买饭票，买半个月的饭票，因为买一个月的饭票买不起。那会儿是家里资助，系里每个月还给 19 块钱补助。买完饭票，买一箱挂面，买一袋固体酱油，放在箱子底下。我估计你没听说过，那酱油像大酱似的，你掰一块往锅里一扔就变酱油了。预备半个月，之后真的断粮的时候就拿出挂面，掰一块固体酱油往锅里一扔，再去食堂偷两根葱，往里一扔就是一顿饭。

　　方力钧在圆明园的时候也过的是这样的日子。那时他从大连回北京之后就辗转搬到圆明园去了，就是我们上大学去看的地方，也就是后来圆明园画家村。那时候他经常打个电话骚扰我。我在学校当老师的时候系里已经有电话，他就给我往系里打。他说："赶快来北京吧，有展览什么的，你不来不行。"因为大连太舒服了，我每天拿厚厚一摞书，那时候看俄罗斯文学，在海滩上当枕头睡觉，一睡睡半天，火车一过，能听到火车声音，然后回家把衣服一脱，换一身衣服上课了。常年就是这样，太舒服了。周末回来的时候，我的门前都会放点酒、肉、新鲜蔬菜，因为很多学生都是来自乡下，他们送我新鲜蔬菜，也有很多当官的，家里是局长，要么就是书记的那种，就把肉和酒搁在门口。

　　那一年正好赶上快放假了，我是教研室主任。大连没有几个北京的学生，我跟我们书记说："我要请假去北京。"他问："多长时间"，我说："最少得两个月。"他说："课堂的课怎么办？"因为我上课是主力老师，推不掉。我说："你让别人代一下课。"他说："坚决不行"，我说："我必须得去"，他说："这假肯定没有，只能给你矿工了。"我说："这样吧，我就辞职了。"他以为我开玩笑呢，然后就过去了。回家我就收拾行李，跟我爹说我就去北京了，我爹也知道我已经成年了，他也不会怎么说，然后我就来北京了。那是 1992 年下半年。来北京我也没跟方力钧说，我就知道肯定是在我们读书看好的那条街，直接就到圆明园，在村里转了一圈，我就奔西村的方向走。我记得骑车应该是往那个方向走，但是已经跟读书时候不一样了，人逐渐有点多了。走在那条街上，迎面过来几个骑自行车的，我一看头发长长的，心想没准就是画画的。正好旁边有一个推板车的人走过来，正在搬家，车上有一些画。我走近一看是田彬，就是跟方力钧一块去大连画画的艺术家，是我们特别好的哥们儿。

他知道我要来北京，但是哪一天到北京他不知道，也不知道我已经来了，那时候他也没电话。好像我来的时候，方力钧还不在北京，他可能是在成都，过了几天回来，我们才见面了。我住在他那里，他的工作室没人，我就在那里住了几天。他回来之后就开始张罗，跟我说："你弄一间画室吧。"我那时候还没真想辞职，在圆明园待了一个星期，一看身边都是熟人，王音也在那里。我是去圆明园之后认识的王音，邻居嘛，都挨着。在圆明园待了一年多将近两年，方力钧就已经出道了。他和刘炜出道都比较早。那时候，我印象中在圆明园周围的人，每个人有困难的时候方力钧都主动帮助，包括帮助我。因为当时不可能卖画，没有人买，没有展览，也没有画廊。

我来圆明园之后，就把铁饭碗辞了，学校把学籍给我保留了好几年。我对学校说："你们别占用名额了，给我扔了吧，爱扔哪扔哪吧。"所以一直到现在扔在哪我都不知道，反正就这样了。

在圆明园，我和方力钧交集很多。很多时候都在他那儿吃饭，有很多朋友，像祁志龙、岳敏君、杨少斌等等，反正到点吃饭了，就习惯性地去方力钧的工作室。他也主动请大家吃饭，来个人，买条鱼，再多买点黄瓜，这个钱他有了。那时候很多艺术家的钱是盘算着用，他对人也不拒绝了，时间一长就变成一个习惯了。反正习惯性地去他那喝酒、吃饭是很正常的事，没有人问为什么。我们那时候经常去，一会儿在我那儿，一会儿在王音那儿，一会儿在他那儿，就是一条街，大家都很熟，在圆明园画家村时基本上是那样的状态。所以，圆明园现在讲起来对一

021 - 朋友就是气味相投

1993—1994年冬，寻找新工作室时的杨茂源、方力钧

个人的一生是特好的一段时间。那时候因为没人管你，靠自律，你对自己的修行、修为、诚信，你的习惯是好还是不好，大家在一起一目了然。你勤奋、正直、善良，有时候会有一点懒惰，有点小心眼。在这样的生活中，每个人都会互相调整。

那时候，方力钧的展览已经比较国际化了，我记得是他参加威尼斯双年展之后，他在欧洲有一些展览。那年代的中国社会，你出门坐车都不敢跟人家说我是艺术家，因为没有艺术家这个职业。什么是艺术家，你在别人眼里是盲流。

我们经常睡着觉，半夜2点来人了，门被人一脚给踹开了。不是公安局，就是协管，拿着大手电直接就往床上照，他觉得你们这些人不是正经人。对他们来说好好的大学老师不干，辞职到这里来，要么脑子进水了，要么神经病，要么你就对社会不满，他们就有这种错觉。我那房东就是安全局的，每个月收我的房钱，说："不着急"，我说："有钱。"那时候300块钱一个月，给了钱之后，他就老想跟我聊天，那个人很好。他说："我不管这事，我是安全局的编制，但是我不管这事，我知道你们是谁谁,你没事。"他特别清楚。我刚刚说的一脚把门踹开的情节不是我,是我们画家村其他的画家,因为这个故事很有名,经常一脚把门踹开看看你有没有不轨行为。看看你的学生证、身份证,要是没有的话就地遣送回去。

我还记得第一次去圆明园方力钧工作室看他作品的时候,感觉比较震惊,发现他的面貌不一样了,经历"89"后的心情无法排解,他用最强烈的方法表达他的那种心情。当时我就知道,方力钧这个人,包括他所有的工作,我觉得他可能是最不受别人影响的艺术家。这一点对他来说,我现在看是感觉最强烈的一点。你看他在大学举办的文献展,他小的时候画的画,跟他上美院时候画的画没有本质的区别,美院的时候画的画,跟现在画的画也没什么区别。现在改画水墨,他画的所有人,你就知道这个人是跟自己贴得特别紧的人。他特别在意呈现自己特殊的一种形态,他是一个什么人,他生存的艺术就一定是,而且只能是他生成的,很难参杂别的。比如说你要看别的艺术家,比如可以看到这个德国人的影子,那个美国人的影子,或者是韩国人的影子,反正任何人的影子你都知道。他在躲避、强化。他会在自己的声音里面强求找到这种元素。方力钧一丁点都没有,我觉得画画是他的强项。

1993年,圆明园以方力钧为首的好多人想走,因为不安定,天天有人骚扰,很不舒服。那时候方力钧是有能力走的,他不像别人需要扎堆才能吸引人来注意,那时候他已经很有名了。当时选择宋庄是因为我们有一个邻居也是画家,他的一个学生是小堡村的人。有一天方力钧说咱们去那儿看一看,我们一行人就开着车去通州了。那时候通州没有高速路,只是国道,两边都是老柳树。柳树上跳下一个戴着草帽子的老头,拦住我们都觉得不奇怪,当年是那样一条路。到了小堡以后感觉就是典型的河北农村,我很不喜欢,我说宋庄太土了,我对这个地方没兴趣。我觉得圆明园很好,废墟、森林、香山、有水。

方力钧很快就在宋庄订了一个院子。他订了院子之后，有几个人也都订了，我想都订了我也订吧。就这样找了一个院子，好像也挺大的，有一亩多地，房东是兄弟俩，院子里有很多树，但是房子快倒了。我说就要这样的，拆还不可惜，重新盖更省事，于是从城里拿钱，第二天准备来交钱。返回北京城里，然后喝酒，接到王音给我打的电话。他在十三陵玩儿，他说："我发现了一个院子，这个院子太牛了，太好了，但是太大，我觉得就你能住"。我说去看看吧，然后我就直奔那边去了。我一看太喜欢了，明代的院子，院子里面有十几棵上百年的柿子树，柏树有好几棵，院墙都是明代一米厚的墙，西面是一条河，远处可以看到泰陵，特别好的地方，我说不走了，就在这儿吧。而且粮铺有十个粮仓，空的，每个粮仓都有200平米以上。最大的粮仓，我开车可以开进去。于是我放弃去宋庄。方力钧看了之后就说你弄了那块破地方。那时候也不像现在这么忙，1994年和1995年前后，他经常开着车从宋庄到我这里来说："你陪我进山溜达溜达"。

那两年时间，就我们两个，老开车去山林找路。那段时间从怀柔到昌平，往张家口那边，延庆，几百条路，凡是车能开进去的我们全走过。我们找风水好的地方，像十三陵那个地方在全北京可能是独一无二的，我说："你别再找了，你要再翻八达岭往那边去，冬天北京下点雪你就回不来了，因为得翻山。"

王音很早搬来宋庄，是1996年还是1997年。我很晚，我是奥运会前后来的宋庄，因为我在昌平那个地方的工作室到期了。再续租只能一年年的续，那么大的院子，每年维修费都那么贵，一年一续没法弄。我那个周围前后吸引了很多人，后来有做高尔夫球的、做葡萄酒的、做引擎开发的等等。那个地方的风景太好了。

工作室搬到宋庄是因为老栗（栗宪庭）他们做的那块地。老栗跟我说："你来村里盖房子，起码保证你20年没问题"，我想也是，后

杨茂源、王音、
萧昱、方力钧
2016 春

———

71×71cm
纸本水墨
2016 年

来绕了一大圈又去宋庄了。现在宋庄的工作室不到 2 亩。我原来租的房子是 12 亩,就当库房了。

  方力钧在宋庄盖了工作室,他特希望招很多艺术家去他那边,大家都是朋友嘛,每人分了一个屋。我后来理解他为什么在哪儿都能画画。他在加油站都能画画,去加油站吃个煮鸡蛋,挺高兴的,在车上他也能画一张画。他一定是这样,他是不分场合画画的那种,我们坐在一起吃饭,喝着尽兴的时候,发现他不见了,等找过去一看他正画头发呢。然后笔一放下接着喝,一会儿再画另外一张。我问他:"你是什么脑子?"

每个人的形态都不一样，每个人的差别都很大。

方力钧是一个重情重义的人，你知道他为什么老是约着老哥们儿一块喝酒，一起聊天，他就是醉了也觉得很舒坦。他就是这样的一个人。如今，30多年过去了，他身高没变，酒量变了，真奇怪。有一天，我对他说："你小时候不喝酒，现在酒量这么大。"

还有一件事情告诉你，方力钧从不抽烟。虽然他是不抽烟的人，但是他身边的酒友全抽烟。每次抽烟都是无节制的，很没有节操地抽。有一段时间我戒过烟，戒了两年，是在2002年。为什么要戒烟？有一天我在工作，因为昌平的工作室特别大，从外面溜完狗回来，我一进工作室就闻到一股烟灰缸的味儿。这么大的屋子怎么会有那么大的味道？我看满地的烟头，扪心自问怎么抽那么多烟。突然对这个东西产生了一种厌恶感，我觉得这样太过分了，就开始打电话跟所有人说我要戒烟了。别人以为我开玩笑，我把剩下的烟送给我们家阿姨的老公。真的下决心戒烟后，我就开始喝酒，我们家有很多的各种酒，喝了好几箱。我画画的时候手里喜欢拿东西，以前拿的是烟，后来就变成酒盅了。一天喝好几瓶，喝完了以后感觉不太对，但是把抽烟的事给忘了。

戒烟之后，我第一反感烟雾，第二特别反感抽烟的人，对他们身上的味道特别难以忍受，尤其在车里抽烟，不抽烟的人进去感觉车里的味道太难受了。我突然想起方力钧，我说这么多年他怎么忍的。他是一个从不抽烟的人，但我从来没有听过他说抽烟不好，偶尔他实在咳嗽不行了，就出去躲躲，他也不会把身边抽烟的人给轰走。我想要是有人在我们家抽烟，我会这样说："你们去那屋抽，别在这屋抽。"但是他没准自己跑厨房去或者到外面躲躲，他不会说这种话。这个细节给我的印象比较深。

后来，我又开始吸烟了。因为过敏，我戒烟一个月，皮肤变好了，别人看我脸色也变好了，所有都好，但这期间开始过敏，莫名其妙地打喷嚏、流眼泪，眼圈总是红的，特别讨厌，这种情形持续了长达两年的时间。有一年，我从机场打车回昌平，一路不停地打喷嚏，那个司机直接给我送到医院去了，连说都没说，直接就送医院。我说这毛病医院治不了，协和医院都治不了，过敏是跟我身体的免疫系统有关系，就是休息、调养，把身体弄好了，这个状态才能消失。后来我分析干脆还是回到原来的状态好，又开始抽烟，过敏就好了。我见了一个中医，他就给我分析，说这跟你抽烟有关系，原来你抽烟的时候身体是健康的，虽然身体好像有毒，但是是平衡的，突然把这个东西拿掉了，身体不平衡了，虽然没有以前那么多毒了，但是你身体是失衡的，在这个状态当中过敏是很正常的事情。所以，我就又开始抽烟了。另外，不抽烟时吸二手烟也很多，还是主动点最好。

方力钧跟我说过他痛风。他第一次痛风，我不知道，他也不知道是痛风。开始只是关节有点酸胀，过一段时间他突然脚疼，疼得难以忍受，就一个人哼唧。有天夜里，他实在忍不了，熬到凌晨3点多，晚上一个人在工作室，然后给老栗打电话，说："老栗我实在受不了了，你给我点药。"老栗有痛风，马上给他点药，说："你疼多长时间了，出了一身汗。"方力钧说："今天下午就觉得疼"，老栗说："你挺那么长时间不跟我说一声"，他说："我不确定是痛风。"老栗说："绝对是痛风，吃完药就好了。"痛风最忌讳吃腥的东西，比如海鲜、肉这类东西，忌讳喝大酒。他痛风就是熬夜熬的，免疫系统下降，身体各方面出了问题。

后来，方力钧在广州美术馆做展览，当时王璜生还在，我去的时候正好赶上他被人从屋里架出来。展览开幕式，他得出来见人，人都站齐了，我说："你怎么了？"他说："没事，痛风。"我看他疼得真不能走路，一出了门就不让人搀扶，非要自己一拖一拐站在那儿，说完两句话又一拖一拐自己回来了，晚上还是熬到半夜喝大酒。我说："你有病，还要不要命了。"我偶尔去他那里，看见桌上放着切的柠檬片，酸性体制的人容易得痛风，柠檬是碱性食品，当药用的。我说："你又犯病了。"

　　伟大的人不会说自己痛风的，这要是在古代，医生早给按在旁边放血了。他总是把自己藏起来，就把悲伤的东西忘掉了，这是一种生存观。在社会上生存，这是第一堂课，第一不是说你好，是你怎么能生存，通常这样的人都会想得很开，想得很明白，至少他有强烈的精神。比如说有的人很感性，一下就不行了，但是有的人在那一刻会想，这个大小左右是可以权衡的。方力钧属于后者，但是你说他不动情是不可能的，但是几乎没有人见过他真正的悲伤。他几乎不说，他这个人能力足够强大，我估计没有一个艺术家像他那样交往那么广，而且他又不累。

　　朋友是什么？是你跟他在一起待着不说话，待一天都不觉得难受。因为气味相投，在一起待着就觉得舒服，可能什么事也不做，什么结果也没有。我和方力钧肯定是这样的朋友。这就是哥们儿，有时候喝不动酒的时候，我说："别喝了"，他就不喝了。他是真喝多了，不是我劝的。朋友其实就是像我们这样，在一起待着不烦，我觉得这是最高境界了。朋友不是在一起共事，即使共事，就事论事都很愉快。真正的朋友，你没事的时候让两个人在一起待着，你能待得住，这是朋友。

022 他是有诚意的人

★ 人物采访：舒可文，策展人，原《三联生活周刊》副主编
★ 采访时间：2016年5月20日下午2点
★ 采访地点：望京小区家中

> "方力钧其实是特别柔软的人。他对人的关照和他在对各种事情的理解上特别柔软。我们曾经聊到过'柔软'这个概念，他说柔软就不会伤着别人，别人也不会伤着我，一个软的东西碰了谁都不会伤着谁，自己也不会被伤着。和他认识多少年？差不多20年吧。他变化好像不大，你不会感受到他因为展览多了还是少了，拍卖排行榜高了还是低了有什么变化，在他那里感觉不到他的起伏。他不表现为强，也不表现为弱。"
>
> —— 舒可文

1996年认识方力钧，跟我在《三联生活周刊》的工作有关系。1995年《三联生活周刊》刚刚复刊，我被叫去负责文化版面的内容。因为刚复刊，我也不确定文化版面的内容到底应该怎么做？当时《三联生活周刊》的社长，还有我们主编朱伟都在说我们这个杂志要有一定的文化判断，同时又要和我们社会生活的现场有关。

《三联生活周刊》文化栏目能够跟文化现场有一个呼应，首先对现场是什么状况做点功课。艺术当然是一个活跃的现场，我从80年代开始读现代艺术的书，"85新潮"之后，我一直作为读者在读《中国美术报》

《江苏画刊》等等，1985年劳森伯格来北京举办展览引发的那种轩然大波，自然会带动你去观察。"'89大展"的时候我们都去看，因为当时认识中央美院做理论的朋友，他们会跟我念叨艺术现场发生的事情。我一直作为读者和观众，当然也是因为很多文化观念在其中有所呈现。

去了《三联生活周刊》之后，也被朋友拉去看一些展览，很多展览属于"流窜犯"状态，一会儿在地下室，一会儿又跑到一个废弃的工厂。同时，我有一个观感，就像和公共展览空间的关系一样，艺术和公共媒体之间有一个隔绝，在公共媒体上基本没有，或者说很少。不像现在关于当代艺术的报道、评论在公共媒体上有很多。但是那时候如果做这些题目，用什么样的方式？1995年对杂志认识的开放度或者是写作的方式，其实都是在一个尝试和变动之中。我不是记者出身，我也不会采访，反正这一行对我来说完全就是隔膜的东西，那就聊天呗。我认识了邱志杰，就从邱志杰开始，试着写写现场的艺术家。然后，邱志杰又给我介绍了方力钧，就是这样认识的方力钧。

那是1996年，我跟方力钧做了一个简单的对话。那个对话的基础就是我看过老栗在国内给他们做的展览，又在《美术新潮》杂志上看到过关于方力钧的介绍。我对他没有什么研究，基本上是根据看他作品的印象对他做的采访，其实是很泛泛的采访，但是那个采访给我的印象和看他展览形成的印象非常不一样。因为当时他有"玩世现实主义"这样一个符号，他的作品确实呈现出跟"玩世现实主义"很相符的形态。那次采访是在北大门口的一个咖啡店里面进行的，第一次见面，就改变了读来的印象，当然我原来对他的印象也不值一提，完全是根据各种信息拼凑形成的印象。

怎么说呢？首先他似乎是一个有足够诚意的人，待人诚恳，但是这种诚恳又不是那种特别会寒暄、特别外交式的很周到的诚恳。他的周到不是大面上的，是一种细枝末节的周到。我觉得他是待人有诚意的人，这是 1996 年第一个印象。在那次采访之后不久，方力钧还开车带我去圆明园画家村他们当年住的地方转过。

后来，他有一些展览或者是活动就会告诉我，我当然也非常愿意去观察、去看，逐渐我们交往就比较多了。我们会聊到我们共同关心的朋友，无论是和工作有没有关系的朋友。对有些事情也会有一些不同的判断，比如说对中国历史的判断，可能我的阅读和他的阅读范围不一样，对有些事情的判断会不一样。当然也不会是特别较真的争论，是属于朋友之间交换看法，你的心得说给朋友听，朋友的心得说给你听，至于各自在多大程度上对自己的认知做调整，那是另一回事了。最开始出于纯粹的工作，因为有越来越多的共同的朋友，所以交集就变得多起来了，他给我介绍了很多他的朋友，比如这个《线索》展中的王音、杨茂源、萧昱，还有好多，差不多是同时期认识的。

跟他们能成朋友，没有什么特别的原因，就是相处得非常好。这种好当然不仅是有关工作的，就是互相之间能够关心这个人的状态，包括工作状态。这可能是他们四个人对于我来说相同的地方。

说到他们的性格，那肯定是很不一样了。性格上的不一样也能够折射到或者说反映在他们对艺术的方式、创作的思路、甚至包括对自己工作的反省，诸如此类，都不一样。在《线索》展上，为什么我说方力钧的关注重点不在艺术，当年老栗写的《重要的不是艺术》对我也是一个提示，他真正的敏感可能并不投射到艺术上，而是投射到人的一种生存感受上，对这方面的观察特别细腻、也特别敏感，你能够感受到他的敏感。所以他对一个人的生存轨迹，不管是碰到沟沟坎坎，还是获得某种赞誉，就是成功、失败这种东西，甚至尴尬、愚蠢，他认为在一个人的生活轨迹中都应该被同等地给予确认。这可能是之所以当年他愿意做《线索》展览的一个原因。他不会因为一个人状态特别不好而认为这是不重要的，或者是一个人觉得自己的作品太牛了就觉得特别重要，可能这两个对于他来说是同等重要的。

当然，如果我们按照艺术市场、艺术史，或者是美学来衡量的话，这两个的差别就很大，如果你把它当成方力钧，作为一个人的生存状态的话，这两者就同等重要。所以在这个意义上，我比较理解他说的做《线索》的原因，也可能是因为这个，所以他们愿意让我来做这个《线索》。

这件事情最开始说起来是 2002 年，有一次在一个小展览上，他们四个人都在。方力钧跟我说："我给你说个故事"，然后就把我领到了小展览的办公室，萧昱、王音、茂源都在，他们就跟我说了这个事情。当然没有说故事，就说怎么能够做这样一种展览，怎么把艺术家的工作脉络呈现出来，而不是群展。在那个阶段，这些年轻艺术家大多还是属于往出拱的状态，肯定要拿出特别好的作品来展，或者是有一个可叙述的概念。我不知道他们四个是怎么商量的，但能够这么想，我觉得有意义。一个艺术家的思路，这个思路中所裹挟的文化元素、现实的经验，包括一个人受教育时所形成的个人经验如何能够形成最终的作品，以及对做这个作品的解释，都比艺术这个概念大。我当时的理解是这样的。

这个事情说完之后就搁下来了，中间也有几次说到这个展览，一直到 2005 年在"空白空间"才做了展览。做个展览没那么容易，我也不是作为严格的策展人来做《线索》展，而是他们先跟"空白空间"有一个协调，说好了之后我才进来。但是第一本《线索》的书做得比较艰难，因为当时这个《线索》除了他们个人的线索，还包括四个人的关系，关键是这些线索抛不开外部的环境。当时也跟他们一起讨论过，方力钧说我们个人的成长经历不能离开大的中国、社会，包括他出生的地方邯郸，不能离开这块土壤，跟这个土壤分割之后个人线索就无所着落。所以，当时我们就想怎么把大背景纳入到叙述的过程里面来。

方力钧是 1963 年出生，我们就从 1963 年开始罗列中国的大事小情。那时候找了《解放军画报》《人民画报》《人民日报》《北京日报》《红旗》杂志等等各种可能的资料，就从1963年这些资料里面找，一年一年，每月都有什么大事小情，能够在我们的经验当中感受到对我们后来形成经验有作用的大事小情，就这样罗列，一直罗列到2005年。我先把这些罗列出来，然后还找了一个好朋友帮我，因为我一个人实在是弄不下来，那个工作量特别大，我找了一个闺蜜帮我弄。弄出来之后在排版的时候，就干脆四个人一起裹着做。让他们四个人分别把自己的履历各自梳理一遍做成流水账，然后把他们的流水账跟大事记做了一个特别粗疏的梳理。

这个工作量很大，同时我在《三联生活周刊》特别忙，从来是把那边的事干完再干这个，所以特别粗疏，我都不好意思看。还有他们四个人做的流水账，其实跟那个大事记如果做得细的话，应该在某种程度上做一个关联，而当时这些细致的工作都没有做。但是，这个思路展示提出来了，就这样过去了。

其实《线索》真的不应该算我策划的展览，因为策展人要提出你的展览观念、思路、主题，在这里面我都没有承担这些。当然，在组织展览的时候，根据空间和每个艺术家提供的作品量，我在布展现场会做一些调整，但这是现场的工作。我真的只是一个故事的转述者，把他们的故事转述出来，我给它安排在一个大致的地方让它能够呈现。其实每次的《线索》展都是五个人一起做的。

我觉得他们找我策展，除了因为我跟他们比较熟识，当然也有很多策展人跟他们四个人同样熟识，我猜可能的原因就是因为我在《三联生活周刊》上写类似于艺术评论的专栏吧。我是从1996年开始做艺术评论的展览，那个专栏做了5年，到2002年的时候，就是他们开始跟我说《线索》这个想法的时候，我已经不做这个专栏了。那时候我的关注点从艺术上又偏了一点，当时是中国房地产的高潮，我做了差不多5年的跟城市有关的题目。这个考察线索和艺术是一样的，就是在这种现

2005年,《线索》展览前。左起:萧昱、杨茂源、舒可文、王音、方力钧

代城市当中人的观念和状态,只不过当代艺术以一种与艺术史相关的方式呈现。改革开放之后,中国要和世界接轨,经济上的开放、思想上的开放,在这样一种状态下,城市当中所发生的人们的思想意识的变化,以及欲望的倾诉方式等等。到后来2002年、2003年,这种欲望、观念和意识在城市建设当中又大面积地铺展开。所以,我在做艺术评论之后又做了差不多四五年的跟城市建设有关的题目。其实对我来说,这和做艺评的思路是一样的。

做《线索1》的时候,至少现在我不敢说当时我有什么确切的认识。确实是《线索》这种方式更吸引我,因为我做这个艺术评论专栏的时候,只是出于对中国文化现场的关注,艺术只不过是其中一种表达方式而已。做《线索》展也是一样的,我更关心他们作为一个文化人表达思路的来龙去脉,并没有把重点放在对他们作品的评价上。

做《线索2》展览的时候,确实与第一次有点不一样了,但是也没有刻意显示这种不一样。其实一直到今天做《线索3》,我都很难说它成型了。每一次的《线索》展览都非常不一样,这种不一样其实是从根上就不一样,从他们每一个人对这个世界的感受方式上就很不一样。只不过在工作没有足够深入的时候,这种不一样并不能充分地显示和表达出来。但是随着他们工作越来越深入,这种不同就会比较充分地呈现出来。我觉得越不一样,越会显示出他们各自工作不一样的深度。

我在展览的前言上也说,展览的基础,不是所谓的共同的艺术理念,或者是一个艺术小组,而是基于一种日常伦理。这似乎可以回答你刚才提的问题,为什么要找我策划《线索》展。它不是一种典型的工作关系,因为所有人的工作都会有各种交集的地方,就如几个朋友他们可能以旅游的方式交集,也可以以逛商店的方式交集,也可以以吃饭的方式交集,可以以各种方式交集。对于这几个人来说,同样可以以艺术展览的方式交集。我觉得这种交集方式挺珍贵的,我自己在整理他们东西的时候,确实觉得挺珍贵的,因为他们的艺术理念那么不一样,不管他们之间有多大的差异,但是他们在最大程度上对对方的工作给予关心,这个是特别珍贵的一点。

交往时间太久了,有点像兄弟姐妹的那种。说到他们的区别,我也没那么仔细思量过。刚说了方力钧,他会把人的起起伏伏当成完整的脉络。

王音,是因为我后来搬到望京以后,王音也住在附近,所以有一些日常的交往,一起做做饭什么的。王音对自己做的饭也会非常的认真,好像他对待一盘菜跟对待一张画一样认真。每个人的工作和谈话需要的氛围不一样,可能超过五个人他就不善谈了。如果是三五个人的范围之内,他还是能够比较充分地谈出自己的想法,但是人一多他像是被什么堵住了,就说不出来了。包括对这个展览的处理上,王音会觉得他贸然做出来的东西,或者是凭灵感画出来的,就不愿意展览,不管作品好不好,须是自己通得过的才拿出来。他说,好不好他自己也没法判断,至少他画出来这张，他有充分理由了，别人当然可以说这个理由不充分，不成立，这个大家可以一块商量。他老说，至少对于他来说它是有充分理由的、是可信的，才展览。这跟方力钧就不一样，方力钧觉得自己做失败的，哪怕是错的也不要藏拙，应该拿出来。对于艺术家来说，可能要找到某种方式去安置别人的评价，既不是抵制，也不是迎合。

刚才我们说到方力钧真正感兴趣的焦点是人的种种生存状态，一个作品可能在他的衡量里面是有另外的意义，不是作为一个作品成功还是失败的意义，而是在一个人心路历程的形成过程当中起到了什么作用。这是不一样的。

萧昱是一个特别好的艺术家，他的思维特别的活跃、敏锐，但是萧昱跟王音和方力钧比较起来，就比较任性。比如说这段时间想得多，他就老说，就不做。他的作品少不意味着懒惰，他自己设问一下，自己打自己一下，自己再反问，再打一下自己，他在自己脑子里面已经形成了战场。对于一个艺术家来说这并不是坏事，所以在他的作品当中，你能够感受到这种交锋的力量。这是萧昱任性的地方，这种任性会让他的思路比方力钧和王音开阔，碰到什么他都要开发一下里面可能有的空间，而王音好像总是尽量地减少。王音一根筋，就想着这件事，别的没精力了。对于萧昱来说，他看到一个，或者说他脑子碰到什么东西，就会用一段时间去开发这个事情到底有哪种可能的空间，所以他有时候会显得比较任性，但是也会显得更敏感和活跃。

杨茂源，像是个野人。因为要凭感觉生存的话，他的感觉系统超级强大，这不就是野人吗？野人的感受系统得超级强大，不然活不下来。在一种非文明状态下的生命怎么活下来，肯定每一根毛细血孔都得张着，不然就死了。他愿意把自己置于带引号的"旷野"之中，什么资源都没有，什么可借的劲都没有，什么交通工具都没有，就是这种一片戈壁，周围全是死了的。他让自己处在无所着落的状况下置之死地而后生，在

这种无所着落的过程中他能够抓到什么，看他的作品就是这种感觉。但是不好说凭感觉这句话，其实每个人都会有凭感觉的成分。杨茂源有点不一样，他要让日头给晒得半死，处在这样一种野人状态，再去想我应该把我感受到的光怎么转换成一个作品。你看他用手机拍的东西，也是这种，与拍摄对象有一种直达感，零距离。

2015年10月份，我给方力钧在"泉空间"做了个展。本来我想给他做一个尽量充分的访谈，我们聊了很多次，断断续续地瞎聊，最终在那个访谈当中他说出"疼"这个概念，可能挺有说明性。在这个意义上，我觉得方力钧其实是特别柔软的人。他对别人的关照和他在对各种事情的理解上特别柔软。这也是和我第一次见他的时候，至少是我当时粗粗看他的那种感觉和跟他第一次聊天的感觉形成的那种反差。第一次我就

舒可文、龙伟里、冀少峰、王广义、刘淳、谭国斌、邓箭今、李津、杨超、郭伟
2015.10.29

32.5×70cm
纸本水墨
2015 年

方力钧画舒可文

60×50cm
布面油画
2007 年

  感受到他有一种随和，虽然他爱调侃，爱胡说八道，但是这种胡说八道和调侃非常有分寸。

  与方力钧认识 20 年，他变化好像不大。相貌上的变化肯定是有的，但你不会感受到他因为展览多了还是少了，拍卖排行榜高了还是低了有什么变化，在他那里我没有看到明显的起伏。他不表现为强，也不表现为弱。这与他的文化观念、艺术观念是相通的吧。

023

他是一个格局很大的人

★ 人物采访：鲁虹，艺术评论家，策展人，合美术馆执行馆长
★ 采访时间：2016年4月22日下午2点
★ 采访地点：湖北美术馆咖啡厅

> "与方力钧合作，让我感到他既是一个格局很大、也是一个很有公益心的人，其情商也特别高。方力钧跟许多艺术家都不一样，他画画就是为了把对人生的体验表现出来，而不是一个为了满足于纯粹视觉的形式主义者。"
>
> —— 鲁虹

我跟方力钧只能说是平淡的君子之交，虽然很早就知道他，但与他是很晚才认识的。在今天来见你的路上，我就一直在想如何面对你的采访。因为你告诉我要讲关于方力钧的故事，但我并不像杨茂源、杨少斌等人和他一起长大，所以彼此之间有许多许多的故事，我和他之间好像没有什么生动的故事可讲，我们只有在工作中的合作。今天接受你的采访，也许我讲述的角度会与很多人都不太一样。

"另类生存"是我为方力钧策划的第一个展览。在一定程度上，合美术馆举办的这个展览只是拉开了方力钧"湖北年"展览的序幕，因为真正的大戏是在今年11月份分别在湖北美术馆和武汉大学万林艺术博物馆举办的综合展与文献展。

其实，当年在广东美术馆看方力钧文献展的时候，我就产生了想给他办手稿展的想法。但办事情需要水到渠成才行，也就是说，越是想做的事情，越是需要机缘。一般来说，只要我觉得机缘到了，就会尽最大的力量去认真地做好。当然，除了等机会降临外，还要去创造机会、制造机缘，从而为实现这个想法做好准备，这也是我一向的做事方式。

合美术馆建馆之初定位非常明确，那就是要从梳理30年来的当代艺术史出发，为优秀的中国当代艺术家做手稿研究展。应该说，这在中国眼下还比较少的。第一个展览"构物思迹——傅中望手稿研究展"开幕时，我们特别请了方力钧出席开幕式。借这个机会，我也向他谈了办手稿展一事，于是，"另类生存--方力钧手稿研究展"就成了合美术馆举办的第二个关于当代艺术名家的手稿研究展。

需要说明一下，我们之所以想给方力钧做手稿展，一方面因为他是中国当代艺术界十分优秀的一线艺术家，另一方面也因为他藏有大量的创作手稿与相关文献资料，很利于我们做好这一展览。

与方力钧合作，让我感到他既是一个格局很大的人，也是情商特别高的人。当涉及一些想法他不同意时，他从不给予正面否认或者拒绝。比如，展览原本打算命名"光头是这样炼成的"。因为当时我认为，相对于方力钧常用的艺术符号，如"水""花""太阳""云彩""蓝天"等等，"光头"显然具有更大的影响力与辐射力，在与方力钧的另外几个符号混用时，也往往会使后几者于无形中成为辅助性因素。曾经主编过《方力钧编年纪事》的批评家刘淳深知"光头"对于方力钧的特殊意义。他在得知这个展览的命名后极为认可，发来了短信说"'光头是这样炼成的'题目很好，因为光头无论从艺术本体的意义，还是社会学的意义看，都是一种固守。而固守是一种文化态度，它需要艺术家持之以恒。"你也知道，关于这个展览的名称，我曾经在"开悟"群里征求过大家的意见。有意思的是，大家都在议论纷纷，只有方力钧保持沉默。不过，由于我后来得知，有一本书叫《王石是这样炼成的》,就将名字更改为了"另类生存",当他得知后也马上给予了认可。

之所以想到这个标题,主要有三层含义:第一是指方力钧在成长期间与许多同代人有着完全不同的生存方式;第二是指他当初作品中人物生存状态的"另类"性,即一种"玩世不恭"与"泼皮"的内在气质。另外是指他创作方法的"另类"性。事实上,他创作的绘画已经完全不同于传统写实绘画的创作规范。在很大程度上,这三方面都包含着"叛逆"的内在含义,它们共同构成了方力钧的基本艺术风貌与视觉思维逻辑,不仅包括对题材、观念,也包括对表现方式如造型、构图、用色等的选择与运用。所以我感到"另类生存"这个展名是穿透整个展览的核心概念。

"另类生存——方力钧手稿研究展"是方力钧在武汉举办的第一个个展,在此之前,他的作品曾经参加了合美术馆于2014年10月11日举办的开馆展"西云东语——中国当代艺术研究展"。我猜想,他更多是出于人情因素参加的,所以我也很感激他。

为了策划"另类生存——方力钧手稿研究展",合馆的策展团队和方力钧以及他的助手一起做了大量工作。2016年4月8日,这个展览终于开幕,展期为三个月,我们从五大部分系统地梳理了方力钧近四十年的创作实践和思考,展有从他早期学艺时期至2015年所画的二百多件手稿作品,其中的许多作品人们是第一次看到。在设计宣传海报时,设计师还有意将方力钧读书时恶作剧的照片与他的手稿叠印在一起,而这与他的创作很有关系。此外,我们还出版了同名画册与图录。前巴塞尔艺博会主席皮埃尔专程到馆看了这个展览,赞不绝口。方力钧说,皮埃尔看了国内好多展览都是批评,有时是大骂,对国内的展览这样好评还是少见的。

现在回想起来,与方力钧合作这个手稿展的过程甚为顺利。为了做他的展览,合美术馆的工作团队在2016年春节后就到了他在成都的工作室去与他讨论,还带上了我们的策展方案、海报等等一系列资料。我们进行

2016年3月,合美术馆工作团队访问在方力钧工作室讨论个展方案

了非常深入的、愉快的交流,他出于对大家的尊重,基本上都同意我们的想法。大家都觉得与他合作是很愉快的事情。

记得在成都的方力钧工作室中,我曾经看到了一些非常有意思的细节,那就是他和他的妈妈之间常常用开玩笑的口气讲话,而且两个人都很富于幽默感。我想,也许他妈妈的性格对他有一定的影响。他们母子俩之间可以互相开玩笑,不像我们跟父母的关系,是规规矩矩、一板一眼的,这在我看来更显亲密、更有意思。

还有一点,方力钧跟许多艺术家都不一样,他画画就是为了把对人生的体验表现出来,而不是一个满足于纯粹视觉的形式主义者。我感到,"另类生存"展出的那些手稿,有不少都包含着十分重要的文献信息。比如,从2010年到现在,他常用水墨的方式为朋友画像。而之所以这样做,一是因为他经常奔走于各地,选用易于携带的水墨媒材有利于他用空闲的时间作画;二是他希望以这样的方式与朋友们进行交流,并展开一些必要的回忆。在这类作品中,有的是以纯粹白描的方式画出的;有的是在白描的方式上施以明暗;有的还上了色彩。虽然手法不一,但都很传神地表达了对象。与传统的写生不同,这类肖像多是他根据相机与手机拍摄的图像画出的，构图极为随意——有的甚至是从不同方向画出；造型则具有特写、夸张与略带变形的特点。其中一些带组合的图像，还携带着特定的故事、信息与经历，是我们研究艺术史的重要文献。比如《栗宪庭、张颂仁、方力钧像》就与著名的"后89展"的举办有关。而且，他的好多相关作品的后面都有很多的故事，像他画王广义、画李津、画卢昊、画冀少峰、画杜坚等等无不如此。这些人都是与他很熟的人，在长期的交往中，彼此产生了一些感情和故事，所以这类作品中也很自然的包含了很多文化信息。

真的，做这个手稿展览之前，我对方力钧的认识还不是很深。但通过这次合作，我从他那里学了很多东西，包括他对一些事情或一些问题的处理方式等等，让我受益非浅。

还要跟你讲一个小事，我曾经出版过五本关于艺术史方面的书，每本书的封面都是方力钧画的打哈欠的那件作品。其中，《越界》是第一版，于2006年出版，定价也最高，每本书要卖268元。过了很久，我才从出版社方面得知，为了支持我的写作，他从出版社买了100本书。但那时我与他并不认识，所以我非常感动！

此外，方力钧也是一个很细心的人。比如他的《像野狗一样生存》这本书，我看了以后觉得很好便推荐给我儿子看，儿子看了也很喜欢，很想要我找方力钧在书上签个名。在我对他说了后，他说了声好。但过了很长时间也没见他将签名的书给我，我也不好意思问他，只以为他忘了。没想到有一天他拿出一本书给我，不但签了名，还在上面画了几只小蜜蜂，并写了祝贺鲁杨小朋友之类的文字，其实他当时签个名送本书就完了。可见即使是这样的小事情，他想得也是很细的。

最后我想再介绍一下在办方力钧手稿展过程中出现的一件事，即在合美术馆挂牌"中国国家艺术档案库合美术馆中心"的事。要说明一下，在举办方力钧手稿展开幕前，合美术馆已经定下了要办艺术档案库的目标，即一方面重在收集我们办过展览的艺术家资料——含画册、书籍与电子文

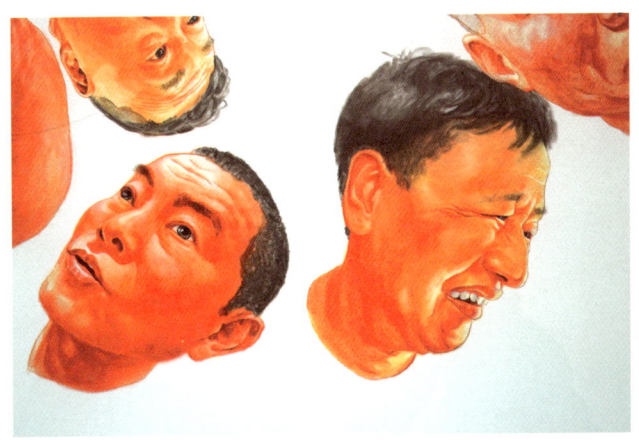
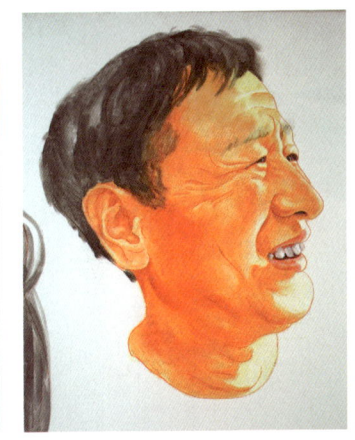

方力钧画鲁虹
作品局部

纸本水墨
2016 年

件等等；另一方面重在收集湖北重要艺术家、机构与事件的资料。在这样的过程中，不少艺术家与机构都给我们寄来了书籍与画册，我们也对外发了微信宣传。方力钧得知后就在举办手稿展开幕式之时与我们谈了挂牌的事，并且在展览开幕式前与多方代表开会商谈了成立"中国国家艺术档案库"的事。其实，2014 年他去深圳的时候，就常与我谈论此事，也许他的想法与条件都成熟了，所以现在才开始正式工作。相关文件还在酝酿之中，过不久就会对外公布。我想，一个艺术家如果只是关心自己的创作已经够忙了，而操心这类事显然会扯去他不少的精力。从中我体会到了方力钧的公益心与大格局。再后来，你也知道，在方力钧来合馆举办讲座的时候，由他与黄立平先生一同举办了隆重的挂牌仪式，这可是全国第一家挂牌的呵。

目前，合馆已经将档案中心进行了装修，相关人员的调动事宜也正在进行中。在这里，我想说的是，目前已经有多家机构，如民生美术馆、西安美术馆、四川美院等单位将要举行相关档案库的挂牌仪式，而这对中国当代艺术的研究无疑具有重要的意义。毫无疑问，方力钧在这当中起的作用是非常大的，所以历史也会记住他的这一特殊贡献。

024 没有抑郁症就不会当艺术家

★ 人物采访：尹在甲，韩国策展人
★ 采访时间：2016年6月12日晚9点半
★ 采访地点：北京丽都户外酒吧

> "我认为，无论是评论家、策展人还是艺术家，其实他们都差不多，没有抑郁症就不会当艺术家和策展人。方力钧是时代的抑郁症？他的作品反映了这个时代的那种病痛感。他戳的是这个时代的痛点。这些年，他从来没有过变化，一直是冷笑主义。现在的陶瓷和那时候的绘画都是一样的，玩世不恭的玩世现实主义。"
>
> —— 尹在甲

我是1995年来的中国，最初是在中央美院学习中国美术史，因为我在韩国学的就是美术史。来中国继续进修，我对亚洲的美学和艺术比较感兴趣。来北京之后，我认识了一个中国朋友，他说和我一起开酒吧，然后我们就在通县那边开了一个酒吧，那个酒吧的名字叫"通道"。

在这个酒吧里，我认识了宋庄很多艺术家，先认识了杨少斌、岳敏君，他们一群艺术家都常来我的酒吧喝酒，然后我们在一起喝酒时就认识了方力钧。我见他的时候，他只有32岁，他给我感觉的是一个非常有才华和思想自由的人。那会儿，他们老去泡我的酒吧，我的酒吧位于北京第二外国语学院和北京传媒大学中间。那时候，只有岳敏君有车，他开一辆北京吉普。岳敏君就变成了我们"老大"，因为只要我们出去就要坐他的车。

1995年我就去过方力钧在宋庄的工作室，就是那个特别大的老工作室，我至少去过两三次。他的工作态度非常认真，这一点我比较喜欢他。除了这一点，我还喜欢他的性格和作品。

方力钧的作品给我什么感觉？他的作品是自由的、奔放的。他的作品和抑郁症是有关系的，像游泳啊、打哈欠啊，还有一个在飞的小孩，画面里的那个形象是一个很奇怪的形象，其实有我说的这种抑郁的、疯癫的感觉。他一直在画小宝宝，但是他所有作品里面的小宝宝看起来都不是很开心，然后就有一点冷的感觉，所以说他得抑郁症还是有道理的。

方力钧后来的陶瓷系列作品也不是一个简单的陶瓷，而是给人一种爆炸的、很不稳定的感觉。他的陶瓷作品都不是很正常的陶瓷，是破坏性的陶瓷和雕塑。他的作品不是那种看着美美的感觉，所以他的作品表面上看着是开心的，其实并不是这样。后来当我去他景德镇的工作室看他的作品，这样"爆炸"的作品，我看了心里极其不舒服，因为他的作品是破坏性的。你说我能开心吗？我不开心，因为我看见了不开心。

从这些作品来看，其实方力钧是一个很不稳定的人。他天天很痛苦，所以，他的作品也很痛苦，没有一个正常的那种感觉。抑郁症就是这样的，他的作品表面上看似很美好，其实它就是一种隐喻和讽刺。这些年，他从来没有过变化，一直是冷笑主义。现在的陶瓷和那时候的绘画都是一样的，玩世不恭的玩世现实主义。从根本上，他要表现的东西是一样的。方力钧是时代的抑郁症？他的作品反映了这个时代的那种病痛感。他戳的是这个时代的痛点。

我认为，无论是评论家、策展人还是艺术家，其实他们都差不多，没有抑郁症就不会当艺术家和策展人。我的抑郁症表现在我可以一个星期或者两个星期不说话，只是持续地喝酒，也不工作，就用酒精麻痹自己。

我1995年来中国，1997年1月份我又突然去了印度，在印度待了三年半。这三年我和方力钧断了联系。直到2000年我回到韩国，在韩国一家画廊开始了工作，然后，我认识了张晓刚，并且在韩国给张晓刚，还有方力钧、岳敏君、曾梵志都做过展览。方力钧在韩国展出的是他的"游泳"系列作品。

2000年我又来到中国，再去方力钧工作室的时候，感觉他的作品非常好。第一次来中国的时候，其实我当时不懂方力钧的艺术是什么样的，因为我是外国人，没有学习过中国当代艺术，不是很了解中国当代艺术。后来，我在韩国画廊开始工作，频繁出差来中国。我在韩国画廊开幕展的时候，第一次看到13个左右的艺术家作品，当时参展的有方力钧、张晓刚……还有很多其他艺术家，后面我一直和他们一起合作。通过这个展览，我了解到原来中国风格的艺术家是这样的，然后就慢慢了解了方力钧的作品。

2005年，有一个韩国集团老板投资我开画廊，我一共开了四个画廊，在韩国首尔有一个、韩国天安有一个、纽约有一个、北京有一个，都叫"阿拉里奥"。在中国做的第一个展览是联展，一共有七个中国艺术家，七个德国艺术家，中国参展艺术家有方力钧、张晓刚、刘建华、曾浩、王广义、岳敏君、杨少斌。

对前卫艺术家来说，从1995年到2005年，这十年是他们在艺术发展方面最重要的一个时间段，他们的表达方式越来越丰富。然后，2000年到2010年，中国艺术市场发展得非常快。2005年，全世界的中国艺术市场还没到百分之一，但是，2008年、2009年、2010年，这三年的艺术市场占到了全世界美术市场的百分之四十左右。所以，1995年到2005年这十年，中国艺术市场还没发展起来。然后，2005年到2010年这五年的时间，中国艺术品市场内部成长得太快了，膨胀得太厉害，自己还没有消化好，就形成了恶性循环。方力钧很聪明，他的价格一直是比较稳定的，不是虚高的。

中国的美术界，没有见过艺术市场发展得这么快，所以，艺术市场的问题和艺术本身的问题有点不一样。以前，艺术市场的影响力很大，但是方力钧很清醒。可以说，方力钧是市场最稳定的艺术家。

你让我讲述这些年和方力钧的故事，我和他太熟了，每件事都融入了平时的生活里，并没有特别记得的事，因为关系太亲近了。以前我、赵旭、方力钧，三个人会去卡拉OK玩儿，那是2005年、2006年。我们天天在一起喝酒。我们晚上没什么事就去唱卡拉OK。我看过他醉了、哭了。那是2007年，第一届"艺术长沙"，方力钧在展览开幕当天晚上，他喝醉了，我看他哭了，但那是喜极而泣，那是高兴地哭，我没有没看过他悲伤地哭。我理解他的状态，我们互相欣赏，互相尊重。

这20多年里，我们合作过多次，2007年和2008年，我在纽约给方力钧做过个展。2009年，在台北和德国美术馆也给他做过个展。2006年，方力钧在今日美术馆的开馆展和2009年在广东美术馆做的个展，都是我做的策展人。2018年，我会在上海昊美术馆给方力钧做一个大型展览，因为他是中国非常有代表性的艺术家。

接触了这么多的艺术家，每个艺术家都不一样。我特别喜欢方力钧的作品，因为他和其他艺术家不一样，他给人特别自由的感觉，绘画也做，雕塑也做，还有版画、水墨、陶瓷等等他都在做。这些年一直变化着，特别自由的那种，材料也特别自由。他在画面上的表现风格也是特别自由。我们俩的共同点就是两个人都爱自由，不同点是方力钧是老大，这是他和我有些不一样的地方。每次和他吃饭或者开会的时候，总有十几个人或二十几个人在一起，因为他是老大，而我就喜欢一个人吃饭。方力钧和朋友们一起吃饭喝酒的时候还是很开心的，但是有时候，他看起来很孤独。因为饭桌上那个是反面嘛，太开心的人肯定是有孤独的感觉。我不喜欢很多人在一起开会，有很多人发言的会议效果不好，

方力钧画尹在甲

40×30cm
布面油画
2011年

但几个决策性的人在一起开会就行。为开会我批评过他,他接受不接受我无所谓,反正我们是20年的朋友,相互之间也不计较。

从1995年到现在,我和方力钧是认识20多年的朋友,当年的他和现在的他没有很大的区别,只是20年前,他是比较瘦的样子,现在身材比较胖了。我和他认识20年来说的话,都不及今天接受你采访说的这么多。因为我们之间不用深谈,我们在一起就是喝酒,喝酒就是交流。

025 圆明园画家村的一面旗帜

* 人物采访：伊灵，艺术家，圆明园画家村村长
* 采访时间：2016年5月5日上午10点
* 采访地点：宋庄伊灵工作室

"方力钧是一个有格局的人，格局就是能从更大的范围之内来看当代艺术。方力钧能够把写实主义的技巧和浪漫主义相结合，这是一件挺不容易的事情。按照我的标准来看，一个成功的作品既要有民族的个性，还要有艺术的个性。我认为方力钧作品是批判现实的浪漫主义，或者说是浪漫的批判现实主义。方力钧能够以一个光头形象，赢得各方面的赞美和批评，成为一个标志性的人物，这一点和他生活的时代、个人的努力以及人的丰富性都有关系。与方力钧相识20多年，他是一个勤劳、内心不太外露的人。"

—— 伊灵

我原名叫郭新平，后来取笔名叫伊灵。这个名字是从1989年开始使用，那年是我人生的最低谷。摄影器材被盗、女朋友自杀未遂、事业的合作伙伴告吹，家父（58岁）突然去世，我顿时感觉一无所有。唯一陪伴的是我从贵州收集的木瓢，我在上面画画，用它来换大白菜和二锅头，帮助我度过了最艰难的日子。为了纪念重生，我给自己取笔名伊灵（根据木瓢的形状1和0，取其谐音）。

与方力钧第一次见面是在1989年冬天圣诞节，我正好有一个展览在北京"蒂香艺术沙龙"，他和田彬在一块儿。乍一看以为这个人好像不好交往，但慢慢接触后会发现他很心细，待人很慷慨。方力钧给我的第一印象是说话挺幽默，而且爱开玩笑。剃着光头、穿着很随便、拖拖拉拉的，一副很散漫的样子，有点像"流氓"一样给人玩世不恭的感觉。其实圆明园画家村的画家大多都是这样随性。

那个时候方力钧住在圆明园"福缘门"那一带。当时做这个展览的时候，我是住在北京大学西门对面的"篓斗桥"。1990年，田彬来我这玩的时候给我介绍了"福缘门"他的工作室。因为我租的是一间农民的院子，那里都是一些到北大读书的研究生、走读生住的地方，面积很小。所以1990年我也搬到了"福缘门"。有一天晚上，方力钧的哥哥用卡车把方力钧画的那些2米乘2米的"打哈欠的大头像"全部拉过来。方力钧正好不在，就临时放到我那个工作室。那是我第一次和王音看到方力钧的画，我们觉得挺奇怪的，怎么会画那么大的画。那个时候画成2米乘2米的大画，而且画的是大头像，感觉这种画很奇怪。王音当时也觉得很震惊，觉得这个哥们儿挺有意思的，怎么画这种像肖像又不像肖像的画。

后来，方力钧正巧就住在我对门。在这之前，我听说他和田彬在圆明园里面租过一个房子。那个时候我们的境遇都差不多，他当时刚从中央美院毕业，大家经济上都很艰难，而且圆明园就这么几个人，所以房子住得也还比较近，经常互相串门。

近距离接触方力钧，他给我的印象和第一次不一样。有一个细节是1991年，我正好过30岁生日。我叫了丁方两口子，还有张惠平、王音、田彬、方力钧一块来我工作室吃饭。方力钧挺认真的，拿了一瓶红葡萄酒，还亲自动手炒了一个菜。我当时觉得这哥们儿还挺把我的生日当回事儿，因为大家当时都挺困难的，如果有一瓶红葡萄酒是挺奢侈的。我们在圆明园都喜欢喝酒，那时候觉得喝啤酒都是挺贵的，一般都喝二锅头。所以当方力钧拿来一瓶红葡萄酒，我觉得那就是一件很尊重你的事。这个小细节让人感觉方力钧是个挺认真的人。

还有一次，我去到他工作室，正好看到他在画画，那么大的画居然用一支很小的笔，调色板上就只有一点点颜料，在画布上一点点蹭一点点画。给我感觉他挺节约或者挺拮据的，想不通他怎么会用这种方式画这么大的一张画。他对画的态度很认真。一般的画家会很浪费，挤了很多颜料在调色板用不完就干掉了，他的调色板一般会很干净，挤一个颜色。那段时间他的画面上都是黑白灰，可能也是觉得被生活所迫，或者是有意识地画黑白。反正他的调色板总是很干净，要挤也是挤一点点颜料。从这点可以看出他很节约，他个人生活挺朴素，但他对朋友挺好，出手很大方。

方力钧很注意生活上的细节，他细的地方特别细，对待自己的画和对待朋友特别细致。相反，对待自己有时候可能会大大咧咧的，经济上挺拮据的他也不说，我们也看不出来，可能他觉得也无所谓。朋友来了他也挺爱面子的，会豪请大家一起吃饭。记得有一次，方力钧请老栗（栗宪庭）他们一帮人吃饭，那天正好他过生日，来了很多很多的人，其中还有老外。我们俩的工作室因为正对着门，我一看他朋友交往面还挺广，人缘挺好。方力钧不仅朋友多，喝酒也很厉害。有一次我过生日，杨卫喝过头了，非要和他干杯，他拿起一瓶二锅头酒就一下喝完，很干脆也很豪爽。当年方力钧在圆明园很勤奋地画画，偶尔也和大家一起玩儿，他也是圆明园发起象棋比赛的人之一，每人输了放十块钱，积多了以后大家拿出来吃饭。

我觉得不同的人看方力钧的画评论有很多。我看他早期画的孩子，黑白素描，读美院时期画的作品，甚至我在他工作室看到的早期的80厘米乘1米的这批表现苦难的孩子的作品，我觉得并不"泼皮"，方力钧的画很现实地反映了当时中国的现状。后来老栗评论他画的那批"玩世泼皮"的画，其实画的都是周围的同学和朋友（最早的素材都是身边的于天宏、萧昱等朋友的照片），再反映到周围的一种生活状况，我觉得很现实主义。

他后来从画水到画云之间，云中那些儿童时期的形象是一种记忆，具有浪漫主义情怀。包括小孩趴在云上，都和他的生活有关系。方力钧喜欢养鱼，他在家里养了各种各样的鱼，所以为什么他画水画的好呢，他天天看着那些水。另外，他还特别喜欢游泳，所以我觉得方力钧的画和他的生活有密切的关系。当方力钧成名以后，经常在天上飞来飞去，在云空当中他就开始想象，一个人的时候浪漫主义情怀就开始出来了。

我认为方力钧的作品是批判现实的浪漫主义，或者说是浪漫的批判现实主义。我们不能单一地去看他很现实很泼皮，或者看他很政治化，就像外国人评价他"打哈欠"的画是一种呐喊。我认为这方面的评论有些局限，用这几方面来评他的作品才是比较完整的。当然作为当代艺术，我认为一个成功的标志就是一件作品多种意见。这才是成功的标志，或者是有益的。因为当代艺术就是要引起别人的讨论，引起别人对这种现象的关注。方力钧能够以一个光头形象，赢得各方面的赞美和批评，成为一个标志性的人物，这一点和他生活的时代、个人的努力以及人的丰富性都有关系。

方力钧能够把写实主义的技巧和浪漫主义相结合，这是一件挺不容易的事情。按照我的标准来看，一个成功的作品既要有民族的（所谓民族就是当代社会环境的时代性，而不是过去的），还要有艺术的个性（这种个性要能影响一代人）。

你问我为什么方力钧的"光头"会成为标志？我认为他很经典，有生活气息，有时代精神。还有一个很重要的价值在于他影响了很多人。首先是替光头形象有了一个更正，以前我们中国人都认为光头是监狱里出来的，是不好的概念，但后来北京老年人，包括小孩都喜欢剃光头。从光头的意义来说，其不单单是反叛的，更多的是代表脱俗、看破红尘等等，当然还有另外积极的意义。比方力钧画光头早的艺术家也有，但没有形成像他这种影响，就是"画光头的画家"这种概念，这也是他成功的一个标志。早期耿建翌也画过光头，我也画过，但没他画得经典（所谓经典就是画了很长时间,有延续性并能引起共鸣)。

方力钧最大的勇气是他从中央美院毕业后不要学校安排的工作,敢于破釜沉舟,为了追求自己的艺术而选择这样的生活进行创作,并且结合得那么完整,成为一个成功的模式,这一点很不容易。尤其是当他经历过苦难,从贫穷到富裕,之后又关注苦难(指他作品中的边缘个体生命反映出的荒诞的精神特征)。当然,他的艺术作品对许多人是有影响的,有些艺术家学他画了类似的画,也可以卖一些钱,这是有目共睹的现象。

方力钧为人仗义,他买了很多朋友的画,基本上都是资助性的。虽然这和他的收藏爱好也有关系,但我觉得更多地是出于情义。黄燎原写过一篇文章说方力钧是有情有义的人,他的饭馆放的都是朋友们的画,他为朋友吃饭的环境创造了一个豪华的餐厅。什么是豪华?豪华就在于有艺术作品,而不是说装修得怎么样。方力钧从自己的生活和经济起了变化以后,一直关注贫穷的艺术家。

20世纪90年代中期,当方力钧入住宋庄以后,建了大工作室。当时我去看的时候,老栗也在。我问老栗这是不是中国最大的工作室?老栗说至少在亚洲也是最大的工作室。无论有钱还是没钱,方力钧都在画大画。很多艺术家,房子很小的时候他画大画,一有大的工作室反而画小画了。在这一点上我觉得方力钧在人格上是比较一致,在没有房子的时候就开始画2米乘2米的大画,有了钱以后盖更大的工作室画更大的画。德国黑白空间的老板说方力钧老在做"number one",方力钧就是在做第一(最大的版画作品和工作室)。我觉得这和他内心的博大很有关系。有些画家是画不好大画的,我画过荷兰机场壁画,深知画大画是一件很难的事。比如他在今日美术馆个展上首次展出的长度为35米的巨型油画,在整个一面墙上画一幅黑白灰的画,像这样的大画是很难把握的,我身边的艺术家朋友只有他能做到。我应该向方力钧学习,在我50岁的生日之前,我也要画一张50米的大画。后来徐星拍纪录片的时候,有一次他更正说:"你忘了,不

2006年，方力钧今日美术馆个展现场

是50米，你当时喝完酒是要画100米，在伊灵后面再加一个0，你要展出100米的画。"他的意思就是说要超越，我说方力钧是一座山，是一个标杆，作为有拼搏精神、有超越精神的人，不单要认识自我，最后还要超越自我。这种超越我觉得应该是把所有成功的，包括西方的、中国的都要当成是一座山，他们都已经成为一座山了，你要去翻越他（阅读的"阅"）。

　　与方力钧相识20多年，他是一个勤劳、内心不太外露的人。其实我知道他对圆明园时期的那段生活挺有感情的。有一次，他叫我和王音、王强做圆明园时期的艺术文献筹备，他很仔细地掏出笔记本一条一条做记录，而且马上要把这件事落实。当时就是由方力钧负责起头，才把圆明园的文献最终整理出来，后来杨卫总负责，同天津泰达当代艺术中心的马惠东做过一些圆明园艺术文献展。

　　你好奇为什么我是圆明园画家村"村长"？从年龄上，我和方力钧都是 60 年代出生，他是 1963 年出生，比我小两岁。圆明园"村长"的起因主要是酒后的一句话，媒体报道圆明园是画家村，总要有一个"村长"。另外一个原因，是我"好管闲事"，什么事情都喜欢去张罗一下。这和我在圆明园之前骑单车环国旅行也有关系。我沿途走的时候，得到过很多人的帮助，我在圆明园的时候，如果能帮助别人的话也想去帮助一下。还有一原因是我爱打抱不平，去解决一些问题。另外我对全国边远地区，像贵州、新疆来的画家，虽然他们和我非亲非故，但我觉得他们来到圆明园挺不容易的。当时我考察的时候走的都是边远地区，对那里的人我有一种特殊的情感，我报答不了原来帮助过我的人，但我可以去尽力帮助从那里来的人。后来外面的一些机构和媒体都来找我，别人以为我是搞行政的了，我画画这一块就这样被忽视了。

所以后来有一次喝酒，杨少斌开玩笑说同时买过我的画和他的画的藏家说伊灵的画一直没有涨，我说我也涨只是涨得慢。可能就是从 50 块钱到 500 块钱，那个时候没有市场，都是靠画换一些生活必须品。这和我的性格也有关系，我这个人什么样的朋友都喜欢交往，后来有了圆明园画家村"村长"的头衔，什么样的人也都来找我。就像老栗现在在宋庄小堡村一样，画家盖房子，夫妻两口子吵架都要找老栗摆平。当时我家的院子门从来不关，走进走出的人也特多。

从历史客观的角度来说，方力钧的成功和他小时候的生活，包括考进中央美院，到圆明园，包括后来参加威尼斯双年展，还有老栗推荐他，商人喜欢收藏他的画，这都有综合性的原因。方力钧成功的原因不是那么单一的，如果他不到圆明园就不能取得成功，这个不能这么说。历史不能去假设。

任何人的成功和各个时期的经历都有关系。一个人不但要把画画好，还要有能推广你的媒体，能收藏你画的人。有的艺术家要等死了好多年以后历史才把他挖出来，给他一个高度。所以我们经常开玩笑，外国人说方力钧是"Lucky Chicken"(幸运鸡)。他自己可能有时候也会认为机遇比较好,那么年轻就出名了,各方面的发展还都挺顺利。我觉得这些都是由命运所决定的,有的人能承受住,有的人不能承受。方力钧就是方力钧,他不能和任何人去比较。像没有去过圆明园的画家,比如刘小东,他也是中央美院毕业,他和方力钧之间就没办法比较。尤其是艺术,价值当然是标准之一,但也只能是之一。

　　老栗说过一句名言——重要的不是艺术。那么重要的是什么呢?我认为重要的是评价艺术的标准。其实任何时代都没有评价艺术的标准,尤其是当代艺术。一百个人至少有一百零一个评价标准。从技术上讲肯定有很多标准,比如怎么把素描画得细,还有怎么样把版画刻得好。从艺术市场角度上讲,拍卖、媒体宣传、知名度等等,这也是目前批评界在探讨的当代艺术的标准。当然就像你说的每个人都有一个审美标准,价格卖得高的也不一定是好东西,不能以拍卖纪录来评判。当然有时候这又是一个标准,一般普通人没有这个标准也看不懂,只有艺术品值多少钱了他们才开始关注你。

　　如果没有方力钧、岳敏君、刘小东、曾梵志这批当代艺术家,通过拍卖行确立了一个经济上的价值标准,很多人也不会关注当代艺术。只有卖得这么贵才会关注你,只有通过这个价格才会关注当代艺术。如果艺术作品永远只能换一瓶二锅头的话,他就会认为艺术的价值只值一瓶二锅头,该扔垃圾箱的话就扔掉了。所以,他们的起航,是在中国当代艺术理解能力比较弱的的情况下,中国普遍的审美还停留在写实的基础上。他们真的很不容易,就像飞机起飞需要一个加速度,到一定的高度才会平稳。所以说当代艺术市场有泡沫,我认为是很片面的,要看到中国实际情况:第一,很多人是不关注当代艺术的;第二,没有认识到中国当代艺术的价值;第三,中国当代艺术的整体还是处在一个非常弱小的圈子里;第四,目前中国当代艺术品的价格还远远落后于西方。

方力钧是最早从圆明园画家村搬到宋庄小堡村的艺术家。1993年，方力钧参加完威尼斯双年展后，他的创作量比较多，邀请他的展览也比较多，他急于埋头创作，我也曾经去看过他的房子。我去宋庄比较晚了，2005年，宋庄正式定名为"文化造镇"，或者按照中央的说法叫"创意产业基地"以后，我才搬到宋庄来。

　　方力钧曾经帮我出过一本画册，那本画册的封面就是他画的我。这是2008年出版的一本画册，也是我唯一正式出版的一本画册。记得那是2006年，他问我为什么不参加拍卖，我说我不熟悉，他问我有画册没有，我说没有，他就联系今日美术馆当时的馆长张子康出版画册事宜。像我做事是比较慢的风格，就像我的画一样要一遍遍慢慢画。过了两个月再聚会的时候，方力钧问："你的画册出来了没有？"我说还在准备。过了半年画册还没有出来，他又问："怎么回事？出画册很简单，你就把资料和你所有的画的图片给他们，如果有困难，我可以帮助你。"最后这本画册从2006年拖到2008年，用了两年的时间编辑，精选每一张图片和每一篇文章，2008年5月份才正式出版。我觉得我追求的东西肯定跟别人不一样，后来听说出版社为了出我的画册，主编都换了三个。这本画册完全是在方力钧的推动下做出来的。

　　这本画册里一些朋友写我的文字，也是方力钧出的主意。他当时要做自己的文献，意思是说我们做圆明园文献的时候也应该是这样，我们要把我们的原始资料提供给他们，我们不能对自己做自我评价，要让别人来评价你，这才是真正有价值的。确确实实，后来我才明白，作为一个艺术家，你不能自己说自己是艺术家，要让别人说你是艺术家。你明白我的意思吗？这个人真正是一个画画的人，这个人真的不错，要让别人来说，自己不能说，其实方力钧就是这样一个人。

　　现在，我和方力钧聚在一块的时间比较少了，大家都各忙各的。有时候我做梦都能梦见圆明园时期的艺术家们。最近一次和方力钧见面是英国

方力钧画伊灵

60×50cm
布面油画
2007 年

BBC 电视台来我工作室拍摄方力钧、栗宪庭和我的采访，BBC 电视台提出一定要拍我们三个人在一起吃涮羊肉的场景。BBC 电视台工作人员做事很认真，老栗特地从澳门专门坐飞机赶回来拍摄这个节目。老栗来得晚，方力钧先到的我工作室，接受 BBC 电视台采访。这个节目大部分都是方力钧在谈，后来我发现方力钧现在的口才变得非常好。你在采访中一直追问现在的方力钧和过去的方力钧有什么区别？要说有区别的话，在口才表达上有区别，他现在口才比以前好了，这可能跟他在各个大学去做文献展的时候经常办讲座有关系。所以我觉得他现在讲话非常精确到位，已经滴水不漏了。

方力钧是一个有格局的人，格局就是能从更大的范围之内来看当代艺术，我相信他去接受中国国家画院当代艺术研究中心主任的时候，已经有自己的想法了。

作为圆明园时期（1989 - 1995 年）的经历者和见证者，在我看来，方力钧就是圆明园画家村的一面旗帜。若没有方力钧、岳敏君、杨少斌、王音、杨茂源以及祁志龙等一批画家后来的大红大紫，这个群体将毫无意义。

026

嘲笑崇高，崇尚尊严

★ 人物采访：杨卫，艺术评论家，策展人
★ 采访时间：2016年5月15日下午1点
★ 采访地点：丽都星巴克

"方力钧这个人，第一是懂得感恩，也就是说他的情商和智商都很高。他会把握机会，把握机会以后又不会停留在这个机会，还会更高地攀岩。我不知道这是他天生有这个素质，还是在后来培养出来的，但我感觉有些东西是他后天练出来的。他经常满世界跑，结识各种各样的人，加上他好学，又善于学习，海纳百川，所以，便有了他现在的状态。其实，做一个大艺术家，都得有这样的素质，如果仅仅停留在本能的状态，肯定成不了大艺术家。像方力钧这种人物，已经是一个时代的标志了，他必然会这样丰盈自己。这里面会有一些先天因素，比如勤奋、聪明等等，但后天的因素，如经验、机遇等等更重要，是造就今天方力钧的前提。我记得方力钧说过一句很有意思的话，给我的印象很深，他说我嘲笑崇高，但是我崇尚尊严。"

—— 杨卫

关于方力钧，我在《历史的后花园》一书里写过，我去圆明园画家村第一个看到的人就是方力钧，但是那会儿还不认识他。那是1993年春天，那时候我住在魏公村，听说有个圆明园画家村，有还有很多画家，我就去找。具体位置其实我也不知道，就是瞎找，找到圆明园旁的达园宾馆门口,这是去圆明园画家村的必经之路。我走到这时看到有两个人,一个长头发,一个光头,两个人一起往巷子里面走。我一看他们的气质,感觉很像艺术家,就在他们后面跟着,我想他们去的地方,肯定就是传说中的画家村了。我跟着他们后面走,走到里面以后,才发现那里面有个小村子。这时候他们俩就准备散了,我一看散了以后我就找不到人了,得赶紧问哪儿有画家。我也不知道他们是谁,走上前去就问方力钧,我说这哪有画家?他说这里都是画家呀,然后就走了。这是他给我留下的第一印象,这个细节我还写到《历史的后花园》里面了。

那时候光头还不多,但是方力钧这个光头却是很有画家的气质,一看就是艺术家。那个长头发的是杨茂源,他的头发很长,但是前面却很短,只有后面长,长到快到腰间了,一看也是艺术家嘛。这是他俩给我的最初印象。后来,我在那里认识了一个叫黑同的画家,然后通过他就搬到圆明园了。搬到圆明园以后,听的最多的名字就是方力钧。当时我还不知道他是谁,那时候他也是刚出名,但圆明园的很多人都说方力钧怎么怎么厉害。那年春天,我住进圆明园的时候,方力钧已经开始参加一些国际展览了。圆明园的人不多,所以到处传嘛。我就想方力钧是谁呢?虽然圆明园小,但也有上百号人,1993年左右已经有一两百号人了,这么多人,那么到底谁又是方力钧呢?虽然都在一个村里,但其实不容易见到。那会儿的圆明园也有点像现在的宋庄,大家都是呆在自己房间里画画。

后来是通过一个叫刘峰的艺术家,他要在中央美院画廊办展览。他认识方力钧,所以准备去请方力钧,我就说那我也跟你一块去吧,这样我就跟着刘峰去见了方力钧。

方力钧他们在西村,西村是圆明园比较好的位置,都是不错的院子。我们那时候都住在后面,后面就稍微差一点。刚好那天方力钧从他的工作室出来,骑着自行车,那时已经是冬天了,天气有点冷,他带着一顶遮住耳朵的冬帽。因为是光头，冷嘛，圆明园很冷的。刘峰说他就是方力钧，我一看，这不是我进圆明园问路时的那个人吗，怎么一点也看不出来像什么名人嘛。那时候确实看不出来，方力钧就像个坏小孩一样，戴着一顶冬帽，那种冬帽我们已经很多年不戴了，是很土的那种。他就戴着冬帽骑着自行车，也不知道要去哪儿，打了一声招呼说了两句话，他就走了。这样我们就算认识了，但我们在圆明园时期，其实没什么什么交往，每次只是见面点个头，淡淡的。

我在圆明园时期跟伊灵交集最多。圆明园的艺术家分三个层次。第一拨像方力钧他们，都是埋头在画画，基本上不太跟外面交往；第二拨像伊灵、鹿林等等，则天天在喝酒，花天酒地的，那时我也好几口，所以跟喝酒的人关系比较好；第三拨是介于两者之间的，就像我这样的吧。后来，我们就开始搞"艳俗艺术"了，那是1994年的事情。1993年将近一年，我几乎天天在喝酒，因为要熟悉情况嘛。起先我谁也不认识，就花了近一年时间把圆明园这些人大概认识了一遍，也大概知道画家村是怎么回事了。到了1994年，我才意识到要做点事情，后来就开始搞"艳俗"。在搞"艳俗"的过程中，就开始和方力钧他们发生一些关系了。毕竟都在这个大的艺术潮流里，不像伊灵、鹿林他们那些"散仙"，完全"野路子"，光是自己画画，不管艺术史是怎么回事，也不管别人怎么评论，他们是属于这种类型的艺术家。但我还是喜欢思考，觉得应该在艺术史的逻辑里面做工作，虽然我刚到圆明园时并没有画画，但心里还是在想这些问题。

我是1993年春天搬到圆明园的。1993年到1994年夏天，整整一年时间我什么都没干，除了喝酒、认识人，就是看些杂书，思考些问题。曾经也在这个期间写过一点东西，反正是在做积累吧。这期间我开始比较清晰地知道艺术史的逻辑了，原来只是朦胧地知道"85"是怎么回事，但并不很清晰。尤其是方力钧这些人刚出来，我开始还有点接受不了，最早我从1992年广州双年展上看到王广义的"大批判",感觉很奇怪,这也是艺术吗?我还是心存疑问。后来在圆明园看到方力钧画的这种东西,我也很不理解。因为我们原来受的影响,还是80年代那种特别厚重,特别有力量,特别有悲剧情怀的作品。现在突然看到方力钧画的这种画,调侃加嬉戏、轻飘飘的,包括王广义画的"波普",都跟我们80年代所理解的艺术观念相违背。这就需要做大量的工作来清理自己的思想,至少对我来说是有这方面的困境。所以,我花了一年多时间来自我清理,后来慢慢地也就逐渐接受这种类型的艺术了。但接受也是基于1989年之后的现实背景,假设没有这个背景的话,可能中国的艺术还是会按照80年代的轨迹在走。在这种情况下,像方力钧这些人,是重新开始以个体人的状态来审视现实。这是我在圆明园花了一年时间慢慢搞清楚的,搞清楚以后,就跟徐一晖等人一起开始做"艳俗艺术"了。做"艳俗"也是有针对性的,一方面继承了"玩世""波普"的系统,想和"玩世现实主义""政治波普"形成三足鼎立的局面,当时有这样的野心。另外,我们做"艳俗"也是反对"85"时期的悲剧、苦难、宏大叙事,消解一切意义。那么这个立场和态度,显然是受了方力钧的影响。

  方力钧是1993年底才开始到宋庄买房子的,这期间他并没有离开圆明园。真正离开是1994年,这时期也正好是他事业的旺盛期,他需要出大量的作品。他在出大量作品的时候,正是我们开始搞"艳俗"的时候。方力钧彻底离开圆明园,应该是1994年夏天,偏秋天了。之前,他在圆明园关起门来画画,宋庄的房子买了后尽管要打理和装修,但他交给他哥哥去弄了,因为他哥哥懂建筑。另外,他父亲也很能干,可以帮他打理很多事情。所以,他可以抽开身来专心画画,不像有些人所有杂事都要自己打理,因此分散了很多精力。

  自从1993年底方力钧在宋庄买了房子以后,又有不少圆明园画家陆陆续续迁移到宋庄。这个对我们的冲击也很大。我记得应该是1994年夏天,偏向于秋天那会吧,突然间感觉搬走了一大批人。当时,圆明园天天有人说,要走了,要散了,就是因为方力钧他们搬走了。其实真正走了的人也不多。就是方力钧、岳敏君他们几个人先离开了,当时杨少斌也在宋庄买了房子,但是杨少斌一直到1995年初才走,也是一直在收拾房子。这一阶段我和方力钧并没有直接的交集,唯一的一两次见面是在老栗(栗宪庭)家里面。

那应该是1995年左右吧。我们到老栗的家里玩儿,每次老栗都会把方力钧喊上。1994年到1995年初,我们的"艳俗艺术"也已经成型了,也有一帮人在搞,我们偶尔也会跑到宋庄去找老栗,那时候老栗的房子也是刚刚收拾出来。每次我们去的时候,老栗都会把方力钧等人叫上一起吃饭。这时候,我和方力钧才开始有直接的交往。这时候,他已经出名了,1995年以后他就很有名了。

还有一次,我记得是王广义的房子落成。1995年王广义在大兴买了一个别墅,他是中国当代艺术家里第一个在北京买别墅的。1995年左右,大部分搞当代艺术的,就像我们连房子都租不起。另外,我记得王广义也是很早买车的,反正那时候王广义的车是艺术家中最好的,因为他自己不会开车,所以还雇了司机。他的房子落成的时候,搞了一个庆祝仪式,约了很多人去玩儿。我也去了,还打了一辆黄面的,好像是在建国门那里与一群人集合,好大一个车队,那时候就明显有贫富差距了。方力钧当时也有车了,是一辆切诺基。岳敏君也有车。他们都开着车,所以一排车队全是那种吉普,只有王广义开的是一辆黑颜色的高级轿车,具体什么牌子我忘了,总之是很好的车。

在我当时的印象中,艺术还是80年代的记忆,最牛的艺术家肯定是王广义、丁方等等。与丁方和王广义他们这些50后相比,方力钧是60后,他虽然比我大几岁,但在那些人50后面前,他还算小弟,那些人是早在"85"时期就已经出名了。所以,王广义总是给人一幅大哥的样子,而方力钧跟我们年龄比较接近,所以,没觉得他有多么重要,尽管他那会也已经出名了。

那次聚会我印象很深。其实,王广义的别墅并不大,可能也就两三百平米,但在那个年代已经不得了啦,我们才租十几平米的房子。那时候,王广义确实很牛,他也是第一个走上国际舞台的中国当代艺术家。1993 年,他的作品就已跟安迪·沃霍尔一起展出了,那是可口可乐公司赞助的一个展览,就是把世界上画过可口可乐的作品一起拿出来展出,刚好王广义画的"大批判"里有可口可乐,安迪·沃霍尔也画过可口可乐,所以他们也就同时展出了。这个展览某种意义上比威尼斯双年展还重要,为什么?因为这是中国艺术家跟世界大师一起展出,过去只是在书本上看到安迪·沃霍尔这些人,如今王广义却能跟他们一起展览了。所以,我们都很羡慕,也有点崇拜。只有方力钧那天很轻松,随便转了一圈就走了,不像我们一直留在那里。因为王广义在别墅搞了一个西式的 party,有很多酒和不少西点。那时候,我们都还没体会过这种西洋式的 party,在王广义的大别墅里面做 party,有吃的,又有酒喝。所以,我们这些从圆明园来的人,都赖在王广义那里没走,喝得很尽兴,反正也不用开车。但方力钧却不像我们,他转了一圈后,就开车离开了。感觉他没有把这些看在眼里,这个也给我留下了很深刻的印象。

后来,方力钧到宋庄以后,我去过几次宋庄,也去看过他在宋庄买的房子,确实跟王广义不太一样。方力钧的房子有点过去老地主的味道,比较接地气,也很舒服。面积虽然不是很大,两进院,但是收拾得很舒服,有阳光房,感觉既便于工作,又有生活的节奏。这个也给我很深的印象。

真正在什么时候发现方力钧很厉害呢,是在 1995 年的时候,他盖新的大工作室。原来只是感觉他有点玩世不恭,出名也很早,应该有点钱,但是不至于有那么多钱,我想他可能就是卖过几张画而已。但是 1996 年他在宋庄盖的大工作室,完全超出了我的想象。原来我想象能够有个一

2000年，方力钧在宋庄工作室

　　两百平米的空间已经不得了了，因为过去我租房子顶多也就几十平米，结果方力钧盖了六百平米的大房子。那应该是当时中国当代艺术家里面最大的工作室，一下子就把我们惊呆了。让我们感觉到他的实力，原来他有这么多的钱。另外，就是感觉到他有很大的气魄。在我们原来的想象中，王广义似乎已经顶头了，两三百平米的别墅，而方力钧的房子却超出了一倍，这样一下子就让我们刮目相看了。毕竟王广义比方力钧年龄大不少，积累肯定要比方力钧多。方力钧1996年盖工作室的时候也就30岁出头，出道也没几年，钱不至于有这么多，但他竟然敢这样做，确实让我们刮目相看，我当时就觉得，他有可能会引领一个时代。在我们原来的印象里，一直是把王广义放在前面的，但1996年开始发生一点变化，方力钧慢慢排在前面了。这是在我的记忆里，印象比较深的一个细节。

　　更重要的，是后来看到方力钧的大版画出来。在此之前，他有两类作品是比较有代表性的，一类是"玩世现实主义"的光头咧嘴笑的那个系列，还有一类是游泳的系列。这些都是1996年以前的作品，相对来说也比较写实，属于那种概括性的写实。但是从1996年以后，他在大工作室搞出来一大批巨幅的版画,大概有十几米高,这没有一定的大空间是做不出来,因为它超出了比例,一个脑袋可能就有两三米那么高,超出了人的想象。这批作品是方力钧非常重要的作品,一方面他的语言更简练,更有力了。另外,这批作品比他原来的东西也更深刻,虽然仍是消解,仍是那种玩世不恭,但这批版画作品却有了很多苦涩的感觉,尽管表面上还是在嘲笑,但里面隐含了挣扎、呐喊和苦涩的东西。也就是说他作品里的信息量开始多了,不再是简单的"玩世现实主义"。其实也是在1996年、1997年以后,方力钧开始慢慢有意识地远离这个称呼,把这个标签有意识地往外摘。实际上,他已经意识到了自己的这个问题,如果仅仅只是停留在"玩世"阶段的话,走不长。显然,方力钧还是希望自己的艺术生命能够更加长远。所以,这是他有意识地改变。一方面,他做出了这批新的版画作品,另一方面,他也很有意识地远离"玩世现实主义"的概念。大概是在1998年和1999年,他说过一句很有意思的话,给我的印象很深。他说:"我嘲笑崇高,但是我崇尚尊严。"这句话让我一下子找到他脱离"玩世"的有力证据,不然,如果他仅仅只是停留在"玩世"的阶段,那么艺术生命可能早就结束了。因为那个东西只是消解,如果不往深里延伸的话,他可能只有几年的生命。

从这个角度看,在90年代中后期,方力钧就已经让我们开始刮目相看了,也是在这个期间,我放弃了做艺术,转向了艺术批评。我为什么会对方力钧这个转型很有兴趣呢?因为我开始做批评了,所以我更敏感一个艺术家的转型,关注他为何转型?要转到哪里去?我更关注这些东西带给我的思考。我曾专门为方力钧写过四五篇文章,比如在《通州艺术家演义》里面写过他、在《历史的后花园》里面写过他、在《41个人》里面也写过他,另外我还在《传记文学》杂志上写过他,近期的文章也在写他。

我是1996年搬到宋庄的,我搬到宋庄的时候,这里已经有一二十个艺术家了。这期间，我和方力钧交往也不多，只是偶尔会一起吃个饭，我跟王音住得很近，而王音却是方力钧的好友，他们一起吃饭的时候也会偶尔喊着我。我印象中每次吃饭，几乎都是方力钧买单。在这样的过程中，他很自然就变成大哥了，其实他的年龄比很多人都小。他比王音大一点点，比杨少斌、岳敏君都小，但是无形中他却变成了大哥，而且他给人的感觉很会照顾人，往往每个人都会照顾到。他有截然不同的两面性，怎么说呢，他像一个刺头，争论问题他永远要跟你不一样，但是他在生活上又很会照顾你，他是这样的人。所以我觉得他是情商、智商都非常高的人，尤其情商可能更高一些。

1990年之后，大概有三四年时间，很多人都无心创作，心是乱的。有的人有心创作，但是又没条件。像我们在圆明园的时候，都不知道明天该怎么办，为生计发愁，谁还有心思坐下来踏踏实实地做作品。所以我们看到圆明园的大部分作品都是表现性的，很狂躁，不像方力钧的作品那么完整，画得那么深入。我想这跟他当时的处境肯定是有关系，方力钧那时就有一定的经济保障，而且他在圆明园租的工作室是独院，他经常把院子从外面锁了，假装里面没人，而躲在里面画画。那时候他就有这样的心计，已经料定自己要出一批经典作品。第二，他也有这个条件，这两方面他都得具备，这两点构成了方力钧成为"89"后代表人物的前提。当然加上自己的智慧，再加上老栗的推动。他和老栗又是老乡，可以说是各种机缘巧合，促成了方力钧这样一个人物的诞生。这些元素是缺一不可的，缺一个都没有今天的方力钧。

我在1999年左右，就彻底放弃创作转入批评了。这之后，我跟方力钧略微多了一点接触，因为要做批评，就有了更多的接触。2000年以后，有一段时间我搬到通州住了，这个阶段偶尔会去宋庄。那时候也是方力钧比较勤奋的阶段，那时他面临第三个创作高峰。第一个创作高峰是在1992至1993年，第二个创作高峰是在1996至1997年，第三创作高峰是在2001至2002年左右。从2000年以后，他一方面画画，另一方面开始做餐厅。大概是2002年左右他做了个餐厅，在朝阳公园附近，名叫"茶马古道"，是个很大的餐厅。他的人生状态也由此发生了变化，就是说他已经不再局限于美术界了，我们过去还在混美术界，他却通过几年时间的积累和运作，迅速地成为了当代艺术界的明星。到了2002年，当美术界还在折腾的时候，他突然间打开另外一扇大门，走到时尚里去了。

做餐厅的话，就要接触各种各样的人，明星、官员、企业家以及各种领域的艺术家。这时候方力钧的作品也发生了一些变化，但是这期间他的作品还是次要的，并没有太大变化，无非是比过去画得更轻松一点，更游刃有余一些了。而他的人生却发生了重大变化，他在这期间完成了一系列重要的事情。他开始经商、结婚、生子，把个人事业进入到产业化的生产，全是在那几年完成的。这之后，方力钧变成了一个产业，变成了一个文化品牌。

40岁左右，是他生命中最重要的时期，进入中年了。后来到2005年我就和方力钧发生了最为直接的联系，促成这个联系的原因，就是整理关于圆明园十年的文献。这个事情最早是王音提的建议。他找了我，那时候我已经开始做批评了，我是圆明园的艺术家里唯一转向做艺术批评的。后来王音又找了方力钧，开始是我们三个人商议，因为2005年是圆明园解散的第十年，当时就想做一个圆明园的文献展，将那段历史保留下来。这个想法有了以后，通过方力钧的号召力，岳敏君、杨少斌、祁志龙、张洪菠、摩根、伊灵，还有迟耐等等，圆明园这些有头有脸有钱的人，就每个人拿了1万块钱直接交给我，委托我来做这个事情。这期间我开始跟方力钧发生实质性的工作关系，包括招助手，开始文献展的工作，都是由他牵头我来实施的。这个事情做了有一年多，到2006年的时候，他又引见了天津泰达美术馆的馆长马惠东，并把圆明园资料的整理工作委托给泰达来做，马惠东就把原来每个人拿的1万块钱给退还了。委托给泰达以后，我就没再做了，就去做别的了。

在这期间，有几个事情让我印象很深，第一是方力钧参加了我最早做的展览，即跟范迪安、殷双喜和高岭合作做的"2005年中国首届当代艺术年鉴展"。这个展览的要求，就是每个艺术家的作品都要拿出来拍卖。当时，方力钧他们已经是明星艺术家了，一般不会愿意拿出来拍卖。于是，我就去找方力钧，他就给了我一系列的小画，好几张。当时给的价格还非常低，等于是给我们这些批评家捧场。这个细节给我印象很深。还有就是泰达接手圆明园这个事情以后，购买了大量的作品。2005年艺术市场还没兴起，火是火，但是价格没起来，真正艺术品价格起来是2006年夏天以后。2005年的时候，一张作品卖到几万都算是不错的价格。按照2005年的行情，当时通州的房子才三四千一平米，那么一张画卖十万块钱，卖几张就能买一套房子。而当时泰达就以这样的价格买了不少作品，有杨茂源的，有王音的，有刘彦的，有伊灵的等等，反正买了不少作品。一方面我也出了一点主意，但背后主要还是方力钧在推动这个事情。也就是说，他在自己出名以后，不单是考虑自己的事情，还一直在关照周围的朋友，在背后帮助这些人。这个细节给我印象也是蛮深的。

我跟方力钧交往一直不是很密，始终是那种淡淡的君子之交。这几年，他偶尔回宋庄会打电话约我喝一次酒。我去他的工作室也是因为有事情，有时候是别人找我联系方力钧，都是谈工作。去了他的工作室，也就是待一会儿。最近去他工作室，看了他画了大量的水墨。我还说了一句，好像到现在是他艺术上的第三个阶段，2002年以后虽然是第三个阶段，但是那个期间的作品我并不看好，不典型。现在这个第三个阶段，他开始回归于中国文人的状态了，就是由心而走，随性而为，不再刻意，而是看到什么东西就画什么，又回到游刃有余的状态了。而且越来越重视人的情感，人与人之间的关系，这些都是中国传统文人的追求和品质。跟早年的过于激烈、过于对抗的那种情绪有不一样的地方。他的人也是这样,变得越来越随和。他原来总喜欢挑刺,跟谁说话都会带一点调侃,现在越来越随和了。

方力钧的生命力和源生力比较强,身上一直有一个东西在拱。另外一类人,比如像我这样的,就要文气一些,有时候需要外力触动才往前走,要是外力没有了,自己很容易就塌下来,但方力钧属于源生力。所以有时候方力钧头一天喝酒,喝到半夜两三点,早上6点钟就起来了,像我们永远都做不到。他这种能力一方面是身体素质,另外一方面是炼成的。第一届"艺术长沙"我印象很深,方力钧参加了第一届"艺术长沙"。那是2007年,开幕当晚的筵席,有将近100桌,他到每一桌都拿白酒敬了酒。那一年除了他,还有李路明、毛焰和王音参加"艺术长沙",那三个人都没有他这么大的量。他基本上是每一桌,甚至每个人都喝到,虽然酒杯小,但也架不住人多呀。所以,他在酒桌上就醉了,半夜又去酒吧,到酒吧更是醉得不行了,后来是杨少斌他们好几个人把他抬走的。第二天一早,因为我要回老家,有朋友来车接我,所以,我起了个早,这对我来说是迫不得已。但是,当我从酒店出来时,却看到方力钧已经在酒店门口迎来送往了,这跟他醉得不醒人事,才刚刚过去几个小时。这是方力钧跟别的艺术家不一样的地方。

方力钧这个人,第一是懂得感恩,也就是说他的情商和智商都很高。他会把握机会,把握机会以后又不会停留在这个机会,还会更高地攀岩。我不知道这是他天生有这个素质,还是在后来培养出来的。但我感觉有些东西是他后天练出来的。他经常满世界跑,结识各种各样的人,加上他好学,又善于学习,海纳百川,所以,便有了他现在的状态。其实,做一个大艺术家,都得有这样的素质,如果仅仅停留在本能的状态,肯定成不了大艺术家。像方力钧这种人物,已经是一个时代的标志了,他必然会这样丰盈自己。这里面会有一些先天因素,比如勤奋、聪明等等,但后天的因素,如经验、机遇等等更重要,是造就今日方力钧的前提。

027

"度"是一种分寸

★ 人物采访：刘淳，《黄河》杂志社社长、艺术评论家、策展人
★ 采访时间：2016年5月4日下午3点，电话采访

"方力钧的成功不是天时、地利、人和与运气所致，而是他懂得，每一次的成功或者挫折，都将使生命变得强大而饱满。重要的是，在不同的经历中，使生命变得更有意义，那是一种千锤百炼之后的舒展与壮阔。方力钧在艺术上取得的成果，与他过去30多年来的一种坚守密切相关，其中还包含着鲜明的思想、态度和立场，还有一种对分寸的把握。"

—— 刘淳

认识方力钧大概是在1992年前后，那时候他居住在圆明园画家村，过着"野狗"一样的生活。但是很快，他笔下的光头就产生了影响，他在中国的前卫艺术圈就有了一定的知名度。那时候，很多记者、画商都到村里找他，于是，他就成为圆明园画家村一道金色的光环，一块金色的招牌。他的黑白油画和那些傻乎乎的光头形象就开始在各类报刊上登载，他的一些人生经历也成为种种传奇，被编成各种版本的故事广为流传。我记不清与他在什么时间、什么地点和什么场合相识，但我感觉他是我生命中必须遇到的一位朋友。

方力钧 —— 100个人口述实录
方力钧的艺术历程

Fang LiJun

100 interviews about
Fang Lijun's art history

　　20世纪80年代的最后一年，方力钧走出中央美术学院的校园。他本来应该有一个非常体面的工作，好像是在北京造币厂搞设计，但被他拒绝了。据说那一年中央美院的毕业生几乎没有分配工作的，大概是他的人缘好，老师就把仅有的分配指标给了这个邯郸小子。我不知道它为什么拒绝这样一个让很多人羡慕的工作，关键是还可以解决北京户口，还可以分到住房。我想他不会不知道一个外地人留在首都的种种好处，但他就是拒绝了。在常人看来，这家伙脑袋进水了或者被女朋友甩了，否则一个健康的小伙子怎么会把自己往绝路上逼呢！也许他自己也不知道下一步何去何从，但他一定明白，自己除了画画什么都干不了，什么也不会干。于是他走进了圆明园画家村，应该说，那是一种坚定而义无反顾的选择。那时候北京大学西门外的福缘门西村已经聚集了很多来自全国各地的年轻艺术家，方力钧也混入其中，从此开始了一种盲流式的职业艺术家生涯。但是，短短的几年之后，方力钧获得了成功，之后不断走出国门，参加一系列的国际性艺术展，名声爆响，一路走红，成为中国当代艺术领域中一个杰出的代表性人物。从那时开始，他就不用为钱而苦恼，不用为生存而发愁。很多年之后，当我的儿子大学毕业走进国家某新闻单位的大门而我还有几分得意时，我突然明白，当年只有26岁的方力钧为什么果断地拒绝了一份在首都的工作，其实他拒绝的并不是工作本身，而是拒绝体制内的一种依赖和惰性，拒绝一种被豢养、被捆绑的被动生存状态。正如后来他自己所说：我的理想就是像"野狗"一样生存，最好不要变成"家狗"。虽然他的理想与在现实生活中有些距离，但总是不断地调整和修正。唯一不变的是，在一个人的精神世界和艺术世界中，他始终坚持做一条坚持独立于自由的"野狗"。这就是他与众不同的地方，也是他的高度。这是别人无法取代的一个高度。

　　方力钧这个人以及他的艺术是让很多人产生浓厚兴趣的一件事情。要了解他的艺术，首先要了解这个人，正如了解一个人，一定要弄明白他的艺术一样。隐藏在方力钧平淡的日常生活背后，是一串串富有传奇色彩的故事，有些故事甚至脱离了现实，如虚构一般奇妙，如小说一般神奇。但是他从不宣扬，从不声张，也从不卖弄，而是将其深深埋藏在日常生活的尘埃之中，就像他对个体生命与现实世界的关注与思考，深深镶嵌在作品的背后一样。所以，了解他的艺术，一定要从他那最普通甚至平庸的生活开始，在那里，你才能认识一个鲜活的方力钧。

在生活中，方力钧是一个闲散的人，有时候闲散到只知道吃饭和睡觉的地步。他喜欢四处游走，足迹遍布大江南北。他的游走内容丰富，是对历史的回望，也是对现实的反思，细到穿针引线，粗到电闪雷鸣。每到一个地方，他都大有收获，日久天长，他的积累就丰厚，视野就开阔，思维就活跃，画面就宽广。每次与他聊天，我都感觉自己大有收获，其中有很多是在大学书本中无法学到的。也让我体会到他对世界的理解方式，还有认识世界的全新途径。

我与方力钧的父母都很熟，尤其是和他的父亲更熟，我总是称呼他"老爷子"。老爷子似乎很喜欢这个称呼，于是他称呼我为"刘干部"。老爷子很善良，年近八十的老人，身上透出一种北方人的朴实、憨厚、勤劳以及多年养成的自我保护意识。特别是朴素的目光背后，流淌出一种不屑一顾的神态——那是一种只有在成功者的眼中才能流露出的神情。老爷子培养出一个那么优秀的儿子，而且是一个在全球影响广泛的优秀艺术家，人家有资格摆谱，有资格骄傲，有资格不屑一顾。老爷子有时说话直率，有时幽默，有时还故意绕个小弯儿。显示出一个从"文革"过来的人的生存智慧。老爷子对方力钧的成长影响很大，方力钧很多地方像老爷子，善于动脑子，顾及左右，察言观色，自我保护意识特别强，这也是一种多年养成的习惯，是生存所致。老爷子是个细心人，他把方力钧小时候涂抹的东西一张一张精心保留下来，后来成为研究方力钧的重要文献资料，也成为中国当代艺术史的一笔宝贵财富。这可不是所有的家长都能做到的。

方力钧是一位善于观察、善于思考的艺术家，在他看来，生命最大的特征就是每一个生命都是不一样的。所以，生命是不可以被规定的。从这个意义上说，在生命的漫长过程中，每一次的痛苦或挫折，每一次的成功或者失败，都会使生命变得饱满而强壮。在经历了人生的风雨和沧桑之后，方力钧能将与生俱来的弱点转化成一种生存的智慧，转化为一种人生哲学与生活态度，转化为一种对生命的滋养。方力钧是一个热爱生活的人，在生活中他对朋友充满了热情，大度而放纵，细心而周全。给我印象最深的是，每当他走出工作室，走进阳光下或者夜色中，他就改变了自己原有的身份，变得适应而快活。有些人，因为进入一个社会化和生活化的空间之后，变得什么都不能适应。方力钧恰恰相反，在现实生活中，他很少流露出烦恼，因为他懂得一个人的生命要靠生活的滋养和补充。所以多少年来，无论做什么事，无论面对什么，他都有自己的底线，这就是我们常说的"度"。"度"是一种分寸，是一个人在江湖上必须把握的分寸。没有"度"或不懂得"度"，就会处处碰壁，就会头破血流。

方力钧是一个懂得"度"的人，看似随心随性，但极有分寸，而那种分寸又是恰到好处而不露声色。在生活中，方力钧喜欢"调侃"人，但他的"调侃"还是很有分寸。有时候，他会在一种友善的氛围中挑逗你、忽悠你、取笑你甚至拿你开涮……他还会在人多的场合毫不留情地气你、挖苦你甚至揭你的"短"让你当面出丑……他还会不遗余力地在"糟蹋"你，拿你"取笑"然后自己洋洋得意，一种孩子般的获胜感从铮亮的光头顶上溢出。但是，他的行为和举动很有分寸，他的分寸就在于他不会伤害你。他在捉弄你时，还仔细观察你的情绪变化以及承受能力，如果你心胸狭窄，他马上转变一种态度，在"受伤者"周围不停地走动，在安抚你的同时，还与你一起分享他的胜利果实。

方力钧是一个情感丰富内心浪漫的人，他会将自己的很多东西深藏在内心而永不流露。在现实生活中，他也是一位善于观察和思考的人。他总是把一些不相干的事情联系在一起，时间久了，就会生出许多新鲜的东西。我知道他小时候因为家庭的出身和成分受过很多委屈，但是他却能在这种委屈中找到生命的本质，然后变成一种蓬勃的力量，像一面旗帜，在蓝天下飘扬。

　　方力钧是一个饱满却不张扬的人，也是一个内心健康的人。他的健康就像蓝天下有飞机划过，留下清晰又明显的白色痕迹，那痕迹在慢慢的扩散中饱满而蓬勃。在他的身上，我们永远看不到曾经受过委屈的影子，也听不到那些委屈在他内心中的哀嚎。他的脸上，总是堆起灿烂的笑容，而那种灿烂中还流淌着妩媚与狂放，那是一种内心辽阔的豪迈，与天地相连，与日月相通。所以反映在他的作品中，就是一种饱满和张扬，那是一种饱满之后的张扬，是一种排山倒海般的宣泄。他终于在20世纪最后一个十年的开始，把憋在内心的种种委屈和烦恼，还有体内的毒素，一股脑地倾泻出来。那是一种接天连地的快乐，阳光下欢欣鼓舞，大海边歌声嘹亮。从此，他的那颗铮亮的光头以及他笔下的光头频频亮相，不断深入人心，终于成为中国当代艺术最具标志性的符号。

　　在过去的20多年中，方力钧笔下的光头和他那颗铮亮的光头曾遭遇到千百次询问。他总是不厌其烦地解释，他剃光头是年轻时的一种心里叛逆行为所致，而画光头是因为光头本身耀眼夺目。突然有一天，他对光头的解释增加了一种浪漫主义色彩，他说春天到来的时候，我在第一时间感受到春的雨露，雪花飘落时，我同样在第一时间感受寒冷的降临。方力钧的表述使一颗极其普通的光头鲜活起来并充满诗意。于是，光头成为这个男人脸上一道引人注目的风景。在人们的潜意识里，它与艺术、不羁、沧桑、自由和高深莫测等密切相关。在女性的眼光中，其蓬勃和外向的特质，还意味着成熟、深情和性感。至少，在我们今天这个时代，它具有特立独行的标志和品牌意义。

　　2009年的春天，我和方力钧等人有过一次合作。那时准备着手编一套关于方力钧的书籍，开始大家都很迷茫，不知朝哪个方向行走，困惑了很长时间。那些日子，我们几乎每天在今日美术馆的会议室开会。开始时，张子康、吕澎、方力钧、郭晓彦和我是这套书的主要参与者。每天都在讨论，但是没有任何结果，大家很着急，一些零零碎碎的想法不断被方力钧否定。我清楚记得，那时候他的《像野狗一样生存》一书刚刚由文化艺术出版社出版。我在招待所用了整整一个下午把这本书看完，感觉这是一本非常好的艺术类图书，都是方力钧平时的日记和笔记，表达了一个艺术家对生命、对艺术、对生活以及对人的理解和认识，个别地方非常精辟，应该说是一本难得的好书。

　　记得有一天晚上，我和方力钧等人一起喝酒，话题还是围绕这本书。在他海阔天空、漫无边际和滔滔不绝的话语中，我听到一句话：一个人的经历是非常重要的，经历能给人平添很多认识世界的不同感觉。这句话一下子打开了我思考的天窗，我试探性地跟了一句：这本书如果用年谱的方式展开，应该是一个不错的选择。这句话得到方力钧的肯定，他说就是这个意思，就朝着这个方向往前走。大方向就在这几句话中敲定了，于是大家心里都敞亮了，总算松了一口气——那是一种连日来没有的轻松与快乐。那是2009年春天的一个晚上，我们喝了很多酒，喝得很晚才散去。

　　在以后的几天中，经过反复的谈论，逐渐确定了工作的体例和基本方向。吕澎将他的两位学生高松寅和杨琳琳从成都抽调到北京，还有今日美术馆和文化艺术出版社的几个工作人员，由我主持编撰和文字整理工作。在一个多月的时间里，对方力钧进行了密集的采访，他清晰的记忆，把我们带回他的童年，带到太行山脚下，带到邯郸铁路家属宿舍一排排的平房，带到开往南方的列车上……那些日子，通过方力钧的口述，让我真正了解到他的人生经历和成长过程。特别是"文革"期间,由于家庭出身问题,他受到很多欺辱,使一个原本健康的身心遭受不该有的摧残。为了不再遭受外面孩子的欺负,他的父亲让他在家里学画画,因为学画画可以躲避别人的伤害。在以后的日子里,他在绘画的世界中度过了很多快乐时光,而绘画也逐渐成为他不可缺少的生活内容。学校的美术班和市里的少年宫,已经成为他必须学习的地方。他有一句话说得非常经典,他说:"所有的作品都是我的人生笔记"。

后来工作进展得非常顺利,条理清晰,方向明确,经过半年多紧张而有序的埋头苦干,两本砖头一般的《方力钧编年记事》和《方力钧批评文集》于2010年7月由文化艺术出版社正式出版,也为当年8月在今日美术馆举办的《方力钧》个展增添了一道靓丽的风景。

2010年10月13日,"走进大学——方力钧文献展"在具有百年历史的山西大学美术馆隆重开幕,这个"大学巡回展"项目是经过很长时间讨论而做出的决定。这个以视觉的方式呈现"编年记事"的文献展,系统地展示了方力钧自1963年以来的大量历史性文献资料、手稿以及重要的原作复件等,全方位、多视角展现艺术家的成长经历和艺术创作。

我是这个展览的策展人,这个展览也是"走进大学"的启航。金秋十月,北方大地被金黄色所覆盖,展览得到山西大学党委和校方的大力支持,山西大学美术学院作为承办单位也投入了大量的人力和物力,给这所百年老校带去一次当代艺术的视觉盛宴。尽管这个展览是在大学校园之内,但给封闭的山西带去了清新的空气,上千人参加了开幕式,省市重要领导出席开幕式的就有30多人,山西所有的媒体都做了不同规模的报道,多家报纸整版推出。在展览的27天中,观众达7万多人,有的从陕西、河南和内蒙古专程而来。一个只有4岁的儿童,在留言本上写下歪歪扭扭的"方力钧"三个字,很多观众看到这几个字,被感动得留下眼泪……

让我难以忘记的是，展览期间我接受山西电视台的采访。我记得那是一个细雨绵绵的下午，展厅内摆放了很多方力钧的画册及书籍，被固定在几张桌子上，也包括那两本厚厚的《编年记事》和《批评文集》。一个40左右岁的中年女人静静地坐在桌子前不停地阅读和抄写，从早上一直到傍晚。没有人知道她是谁，在美术馆值班的学生告诉我说，这个女人已经来了好几天了，总是在那个桌子上抄抄写写，自己带水，自己带饭，开馆而来，闭馆而去。我被这个至今不知道姓名的女人的行为深深感动，那个傍晚，我几次想上前与她说话，并且赠送她一套方力钧的《编年记事》和《批评文集》。但我没有勇气、也不忍心去打扰她。我至今为没有送她书而感到后悔。

　　方力钧是一个有温度、有情趣的人，他懂得自己该做什么不该做什么甚至远离什么。在他看来，作品并不重要，重要的是个体生命与现实社会之间的关系，这是一个值得永远思考的话题。因为他深知，作品是从生命中弥漫出来的，所以它必须和生命有关。因此，它是一个相当长的过程，是生命与现实密切相关的主题。所以，他能够在生命中发现艺术，也能够在生活之中发现艺术。这是当今很多艺术家根本想不到，也做不到的。

　　在艺术创作上，方力钧是一个懂得自省和自律的人，尤其在艺术创作上，他有着超人的掌控能力。因为他明白这也是一种分寸，把握分寸就是掌握一种"度"，这一点非常重要。在很多艺术家那里一些不起眼的事情，在他这里至关重要。或者在别的艺术家那里非常重要的东西，他却不屑一顾。我曾经问过他一句话，我说你为什么不画风景？他说：我都把风景当背景了。方力钧对自己的艺术有一个整体的思考和推进。他的每一个展览，都是要有新的突破，他的每一批作品，都是要有新的高度。在他看来，艺术的本质特征，是对世界本身的持续命名。人类其他的知识类型总是希望和世界之间有着某种假设、概念和解释，艺术就是对处境最鲜活的映照，是属于心灵的特殊知识。艺术所追求的是那些不可知与流动，所有概念化的僵死之物都与它无关。方力钧的艺术不是从艺术本体的层面上观赏，而是从整体的人文、社会、历史、政治和经济的大环境、大语境中去思考、去审视，只有这样才能获得非同一般的视觉感受和内心体验。

在所有的当代艺术家中，方力钧是"退回个人化立场"的意识觉醒得最早、最强烈和最鲜明的艺术家。他始终站在充分个人化的立场上发出属于自己的声音，被掌控、被捆绑、被束缚、被挤压等等。他的作品犹如一面面镜子，观众在作品中发现了自己，看到了自己。于是，观众开始在他的作品前反思并逐渐清醒。方力钧的作品永远跟人有关，永远跟生命有关。因为对他的影响来自现实，还有他自己的生活经验和生活环境。其实，人在现实社会中存在着许多误区，包括人生活的状态，以及人的种种能力和无限膨胀的欲望等等。所以，他的作品与生活是一个整体。但是我们很多人，作品是作品，生活是生活，我们在其作品中看不到生命与艺术的关系，更看不到生命与社会的关系。其实，不是方力钧比其他艺术家走得远，而是他很早就明白，艺术不只是艺术的问题。艺术与生命相关，艺术与生活密不可分。懂得这一点，他就能唱响天地，在创作道路上高歌猛进。

在艺术创作上，方力钧最大的特点是绝对不听取任何人的意见，他也不需要你提意见。所以，他的作品中总是洋溢着一种霸气，一种不和你说理且我行我素的霸气。他不考虑你是否喜欢他的作品，换句话说，他的创作从来不为观众考虑。因为他明白，艺术本身就是跟人的生存状态有关，艺术不再是技术和手艺的产物，艺术不在是一个好看的工艺品。所以，只有理解了人所创造出来的东西，才能被别人感兴趣。很多艺术家画了一辈子，但一生也没弄明白艺术到底是怎么回事，一生也没有搞清楚艺术从哪里来到哪里去。方力钧明白得早，也做到了他应该做的一切。

方力钧是一个喜欢动脑筋的人,也是一个善于琢磨事的人。2005年冬天,方力钧、岳敏君和栗宪庭三个人从北京驱车前往山西游玩,我在塞外大同迎接他们。那一次,方力钧驾驶着一辆崭新的日本进口的"斯巴鲁"旅行车,我们在前往悬空寺的路上,方力钧给我讲了很多我根本听不懂的这辆车的性能。他还说,驾车最关键的地方是刹车时的一刹一放。这样会保证汽车在高速行驶中不会因惯性而发生意外。人生和艺术的道路也一样,重要的是不要用一种"死"眼光看待不断发展和变化的当代社会,对待人生也要一收一放,这样才能把握生命的价值并且理解生命的意义。在艺术探索上,同样需要懂得"收"与"放"的道理,如果处处"收"得太紧,如同踩死刹车而酿成事故,造成不堪设想的后果。听着方力钧滔滔不绝的讲述,看着他熟练的驾驶技术,我感觉到一个出色的艺术家都是智者。讲人生、艺术与汽车联系在一起,体现出超人的智慧。于是我就想,这样的人,做艺术会成功,做商业或者从政也会获得成功。我一直在想,也许汽车改变了他的生活,改变了他的思维方式,他的艺术因此而不断发生变化。

方力钧对待朋友总是用一种包容和宽厚的态度,他善于帮助别人。他帮助人的办法很多,你没想到的他一定能够想到,方方面面,周到而完善。所有这一切,都是在不动声色中进行。那些早年与他一同在圆明园画家村经历甘苦与患难的人,至今依然受到他的友善与帮助。很多时候,帮助别人也是在完善自己,这是来自他的人生经历与生活经验。方力钧做得体面而不露声色,所以他在生活中如鱼得水,那是一个高度,他在那个高度上经久不衰。

方力钧是一个喜欢朋友的人,所到之处,总是聚集着一大群人,五花八门,干什么的都有。由于他的成功,也由于他的人格魅力,他的周围总是聚集着一大帮成功或者尚未成功的艺术家,他请所有人喝酒吃肉,玩儿或者指点迷津,把一些人介绍给另一些人。方力钧最难得的是他善于发现别人的长处，而且还善于夸大那些长处，让人在饱受赞扬之时平添自信。

方力钧有一句非常经典的话：像野狗一样生存。这倒不是说他想成为一条野狗，而是他懂得野狗不被人掌控，自由自在，四处觅食，吃饱了就睡。所以，他希望自己在现实社会和现实环境中不被规定，不被捆绑，不被束缚，更不能被管制。这是一个出发点，也是一个本质。因为他明白，生命一旦被规定或被约束，就会变得忍辱负重，结果只能苟且人生。他不愿意被套上枷锁。所以，在我看来，方力钧的成功不是天时、地利、人和的运气所致，而是他懂得每一次的成功或失败，都将使生命变得强大而饱满。换句话说，或许成功和失败都不重要，重要的是在每一次的经历中，使生命变得更有意义，变得更加顽强。那是一种千锤百炼之后的舒展和挺括。

方力钧是一个能够在现实中发现和找到艺术的人，重要的是他能够在历史与现实中找到一个结合点，然后用一种极其有效的方式将其呈现和表达出来。个人的思想、态度以及立场紧紧镶嵌在作品中。与上世纪90年代初相比，他的艺术创作发生了很大的变化,体现出他的关注与思考。我想说明的是，方力钧的作品从来不是阶段性的结果，而是一个整体——那是对个体生命与现实世界的关系的长久关注与不懈思考。他的作品总是有一条线索贯穿于其中，不停地讨论个体生命在现实社会中的动态关系。人性、人的生存状态和处境以及人的各种欲望等。他懂得一个艺术家的创作应该是从生命的需求出发而不是简单的命题创作。他找到了属于自己的角度与方法，这个出发点很高。比如你不能将方力钧的水和霍克尼的水相提并论，角度、认识都不同，方力钧笔下的水无边无际，让我们感受到一种前所未有的恐惧。

还有一件事情让我记忆犹新。前几年，中国国家画院研究决定，任命方力钧为中国国家画院当代艺术中心主任。消息传出，中国艺术界一片哗然，有人说他被招安与收编，还有人说他的进入就是中国当代艺术未来的希望等等。议论总是两极的，而方力钧对来自正反两极的说法不以为然，不予理睬，坦然面对各种声音。我说过他是一个做事有底线的人，所以他断然拒绝了中国国家画院的正式编制以及职务等种种待遇。他说他只是帮着做些事情，让中国当代艺术在这样的平台上得以充分展示。如今，在他的带动下，"中国国家当代艺术档案库"已经正式启动并展开工作，武汉合美术馆已经挂牌成立分支机构，武汉大学美术馆也成立了分支机构，西安美术馆也正式挂牌。不久，还将会有更多的分支机构在全国各地成立。这一点，又让我们看到这条"野狗"的感召力和人格魅力。

你不断问我方力钧是一个怎样的人？那么我告诉你，20 年前，我在《中国前卫艺术》这本书里曾经写过这样一段话来描述方力钧："他有一个尖尖的脑袋，一对儿竖起来的扇风耳和一双狼一样的眼睛。如果他做艺术，或者是做什么都会成功——因为，他懂得在今天必须谨慎行事，无知无才可以成功，但无度的张扬没有任何机会，必死无疑。"时过近 30 多年，我还是有这样的看法，而且，我的看法依然没有改变。

电话采访这么久了，最后我想说的是，方力钧是一个懂得个人主义价值观的艺术家，这一点他比任何人都想得明白，也走得更远。在当代中国，更多的人依然停留在集体意识的层面上，而没有理解和认识个人主义。所谓的"个人主义"，说到底就是一种道德的、政治的和社会的哲学，认为个人利益应该是决定行为的主要因素，强调个人的自由、生命的意义和个人权利的重要性，还有自我独立的美德。在过去近 30 年的艺术探索与实践上，方力钧以他的行动告诉我们，他是一位真正的个人主义者。

方力钧画刘淳
2013.11

37×43cm
纸本水墨
2013 年

027-"度"是一种分寸

方力钧画刘淳

60×50cm

布面油画

2007年

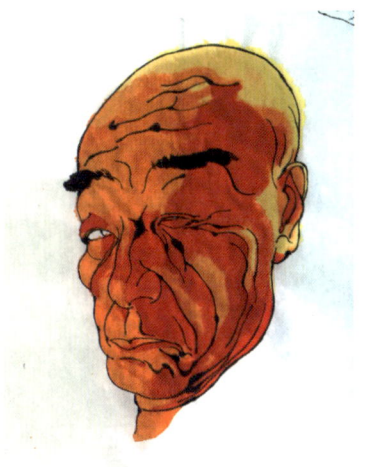

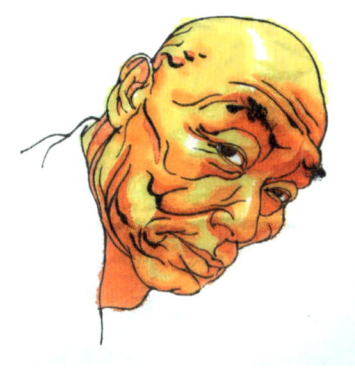

方力钧画刘淳
作品局部

纸本水墨
2015年

028

他是我的带路人

★ 人物采访：谭国斌，收藏家，谭国斌当代艺术博物馆馆长
★ 采访时间：2016年4月23日下午2点
★ 采访地点：湖北省美术馆咖啡厅

> "和方力钧接触，感觉他特别好，接人待物平易近人。最主要的是随和，我们可以做朋友，我们是平等的，可以摆在一个位置上。从2004年受方力钧影响，我开始接触当代艺术，后来，也是受他的影响，我开始做'艺术长沙'。方力钧这个人不是徒有虚名，他是一个绝对有真本事的人。"
>
> —— 谭国斌

　　认识方力钧，是因为李路明。2004年在北京，经李路明引荐，我认识了方力钧。在和方力钧见面之前，李路明与我约法三章。第一让我对方力钧不要提出买画要求，因为那个时候方力钧已经很成功了，随便带人到他工作室买画，对很成功的艺术家来说是一个负担。成功的艺术家是挑选收藏家的。毕竟他的画是有限的，对于作品收藏，他有他的选择，就是他想卖给谁，跟谁合作，他会有很多的选择。有的人买了他的画可能过两年就转手卖了，就简单地从中赚钱，这不是真正意义上的收藏。第二让我跟方力钧只谈古玩，因为我收藏古玩是行家，方力钧刚开始收藏古玩，买了很多假东西，上了很多当。第三如果以后我收藏方力

钧作品，必须答应他十年不许卖。李路明提出的这三个要求我都答应了，他才带我去见方力钧。

那天，我在北京刚参加完拍卖，在亚洲大酒店等方力钧来接我们。和他见面前，我上网查他的资料，知道因为他的影响力很大，包括他在国外的公共收藏领域影响非常大，蓬皮杜当代艺术博物馆也都收藏有方力钧的作品。

见到方力钧，给我的第一印象是他很客气，言谈举止之间没有架子，非常随和。他的人格魅力一下子就吸引了我。跟他接触多了之后，发现他确实对朋友很大方，是一个很讲义气的人。他见到我就说刚买了一个古玩，让我帮他看看。从这以后，在我们的交往当中，他教我玩当代艺术，我就教他收藏古玩。

我以前收藏国画，跟国画家打交道比较多。国画家是一副很牛的样子，方力钧给我的印象和国画家是两种截然不同的感觉，他非常平易近人。平日里，我经常跟有名的国画家打交道，他们价钱卖得特别高，一个个牛哄哄的，给人高高在上的感觉。和方力钧接触，感觉他特别随和，待人接物平易近人。最主要的是他尊重人，我们可以做朋友，而且是平等的，可以摆在一个位置上。

当时我还没有投资做当代艺术。从2004年受方力钧影响，我开始接触当代艺术，对当代艺术家印象特别好。后来，也是受他的影响，我开始做"艺术长沙"。因为和方力钧交情好，我就想让他在长沙做个展览。2005年，我邀请方力钧做展览，他没吭声。后来他跟我说做他一个人的展览没意思，要做就多做几个人，我们一起商量做五个人：毛焰、李路明、李津、王音和方力钧。我们在一起决定起个名字，用五个人的个展做成一个艺术活动，就叫"艺术长沙"。

事实上，经过2004年、2005年对方力钧的了解，我发现当代艺术家都没有在博物馆做过展览，中国的博物馆没有人认识当代艺术。我当

2007年9月19日,第一届艺术长沙开幕式现场

时查了他们的展览记录,没有一家国家博物馆做过当代艺术家的展览,我觉得这是不对的。我觉得当代艺术应该进博物馆,因为在西方,博物馆很早就开始收藏在世艺术家的当代艺术,恰恰是中国所有的博物馆没有收藏。中国博物馆认为只有死去的艺术家,或者时间很久的艺术作品才能进博物馆,这种理念是错误的。我觉得方力钧是非常不错的当代艺术家,他的艺术作品肯定能进博物馆。

第一届"艺术长沙"非常成功,超出了我的预想,于是,我想把这个展览继续做下去。现在"艺术长沙"连续举办5届,已经走过9年的历程,"2007艺术长沙""2009艺术长沙""2011艺术长沙""2013艺术长沙""2015艺术长沙",在海内外产生重大影响,并形成品牌效应。

通过"艺术长沙"展览之后,我对这几个艺术家有了更加充分的认识,现在李津和毛焰都是我们非常好的哥们儿。方力钧介绍非常好的艺术家给我认识,让我对当代艺术有了很深入的了解,包括美术史的线索。他毫无保留地帮助我,绝对没有私心,从来没有对我提过任何要求。我非常感谢李路明把方力钧介绍给我,可以说李路明是我的引路人,方力钧是我的带路人。

028 - 他是我的带路人

方力钧画老谭
60×50cm
布面油画
2007 年

李路明、毛焰、龙伟里、
李津、谭国斌、陈建明
2016 春
71×72cm
纸本水墨
2016 年

和方力钧认识已有 12 年，在我看来，方力钧是一个外表很泼皮，内心很"狡猾"的人。跟他打交道之后，有一个特别好的事情。当时有很多不火的艺术家是他推荐我去买他们的作品，比如王音、李津、冯国栋等。包括很多现在很棒的艺术家，都是方力钧推荐给我。我在当代艺术收藏上没有走什么弯路，就是因为有方力钧的帮助。

我们 60 年以后出生的这些人，见证了中国这几十年急剧的变化，我们这一代人是最深有体会的。这些年，不管市场的价钱是高还是低，方力钧的创作心态一直都非常好，这一点大家都有目共睹。

方力钧这个人不是徒有虚名，他是一个绝对有真本事的人。从收藏家的角度来看，可以说方力钧是幸运的，他是 60 后，我也是 60 后。他比我大几岁，我们经历的这些东西不是 70 后、80 后、90 后能经历的。方力钧比我经历更多的是"89"，这是任何 80 后、90 后都没有可能经历过的历史。他的画是只有亲身经历的人才能画出来的，特别是 1990 年初画的作品。他的艺术成就是非常高的，也是不可超越的。

029 情商不高不能做艺术家

★ 人物采访：李超，艺术家，景德镇陶瓷大学老师
★ 采访时间：2016年4月11日下午2点
★ 采访地点：景德镇工作室

> "方力钧是一个纯粹的艺术家。在我看来，他是一个绝顶聪慧的、有强大气场和有迷人的人格魅力的人，要不然为什么愿意跟他交朋友，为什么愿意跟他做哥们儿、兄弟。他这么勤奋，这么努力，这么有才气，这么有人格魅力的人，取得这个成绩都算小了。大家都说他情商高，你说情商不高的人能做艺术家吗？我觉得情商不高不能做艺术家。"
>
> —— 李超

我在景德镇陶瓷大学当老师，真正认识方力钧是在景德镇。那年他到景德镇来玩，我们一个共同的朋友李玉端说方力钧来了，我是被李玉端拉着一起去接他的，我们就在陶院门口等他。一路上，他跟上海的赵建平，从上海开车到黄山，然后又开到了景德镇。在此之前，对他的作品，包括他这个人，我肯定早就知道了，但是真正打交道是从那个时候开始的。

第一次见方力钧，从作品到人，我一下就对上号了，因为他的辨识度太高了。景德镇是一个保守的地方，他是当代艺术领军人物，有他这

样的人到这儿来,对我们来说是一个大事件。说得不谦虚一点,同行来了,说得谦虚一点,这个行业的老大来了。他的影响力,我们都清楚。

他是 60 年代的人,我是 70 年代的人,从年龄跨度来说,我叫他方哥,他是老大哥。但我们是一见如故,不能说惺惺相惜,但就是那种一见如故的感觉,没有隔阂,没有隔膜,没有觉得我们有年龄差,这是因为我们有共同语言,艺术啊,陶瓷啊。后来,他路上所有做当代艺术的,来景德镇做陶瓷基本上都会约上我们聚一下,因为各种机缘都会聚在一块,物以类聚嘛。

景德镇这个地方很现实,到处是传统陶瓷工匠的那种干完活结钱的感觉,你很难找到有共同话语和可以对话的人。在景德镇,谈吃饭谈生活可以;谈当代艺术,所有人都会觉得你就是个傻子,他们就觉得自己活着就是当代了。对于大众而言,你不要看我们天天谈艺术,大众对当代艺术的容忍度是非常之低的。在景德镇这样一个传统的手工业城市,做瓷器、画瓷器是一门养家糊口甚至可以扬名立腕的手艺,大家都与瓷器有关。这里的瓷器大师们靠着前些年的礼品市场腰包满是钞票,他们的人生自然成为其他千百个陶瓷工艺师的人生向往。其实这些大师最被人诟病的就是自己不会做设计也不做成型,他们把传统国画的东西变通变通,甚至不变通地直接抄到瓷器上。但景德镇又特别有意思,古玩啊,作坊啊,周围的山水啊,它很包容。自古工匠八方来,依靠匠人精神成就了千年的历史辉煌。所以景德镇是一个注重传统的,不是当代的这样一个语境。方力钧刚来景德镇就玩上了,玩得很牛,玩得不亦乐乎。对陶瓷,他有自己的理解和创作角度。他也学过陶瓷,有这个情结。

方力钧说:"我希望到死的时候能把自己身体的每一个器官的功能都用尽"。他希望他自己活成这样的一个状态,活在这个世上,活到能把自己身上的每一个细胞分子全部都耗尽般的淋漓尽致,你说这是得多有激情的人才能这样说。

029 - 情商不高不能做艺术家

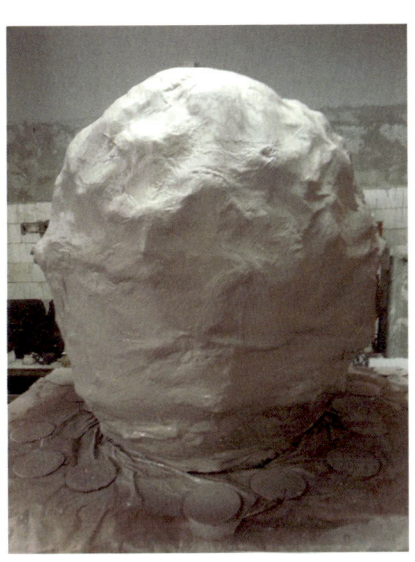

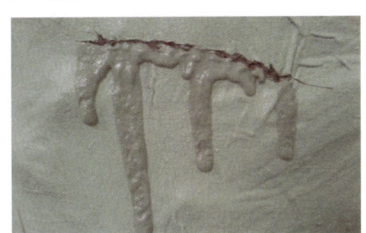

2013年9月28日,失败的试验作品

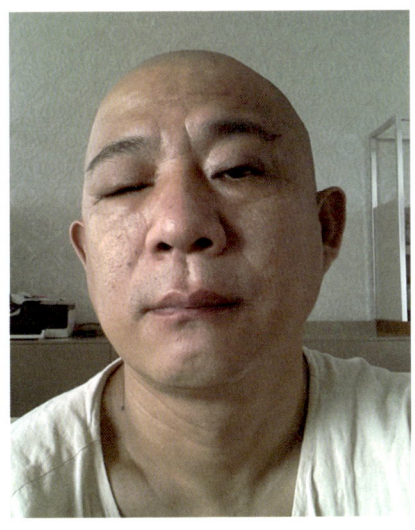

2013年9月29日,试验的后果

我觉得他这个人，首先做艺术家，抛掉他所有的艺术天分，所有的成绩，所有的过往都不管，这个人是个勤奋的人。你不要看他整天喝酒啊，天天到处转，看哪儿好玩就去哪儿，但他做艺术是一刻都不偷懒的一个人，甚至可以说非常勤奋，满脑子想法。他来景德镇前两年的作品都是在我工作室完成的，我见证了他的勤奋与执着。记得2013年夏天做特殊材料烧成试验，烧窑出了点儿状况。当时浓烟滚滚，连烧窑的师傅都吓得往外跑，他还在里面打赤膊搬个凳子坐在观火孔盯着1000多度的窑里看，拉都拉不走……第二天发来张照片，双眼充满血丝，被毒气熏得猩红，眼皮周围都肿胀变形了，搞得我们哭笑不得。

我看到的方力钧从不让自己闲着，他跑到哪儿就工作在哪儿。忙完各种展览，晚上不管喝多少酒，他回到工作室，经常看他一个人坐在那儿勾勾画画。他是一个为艺术而生的人，但是如果他不做艺术，他也是一个成功的人。我相信他在任何一个行当，绝对是一个出类拔萃的人。

方力钧是一个纯粹的艺术家。我更多的是说他现在的作品，你看看他最近这两年的作品，已经完全超越了以前的条条框框的概念。特别是他做的陶瓷，所有在景德镇做陶瓷的都是要做一个形，还要考虑工艺，就他敢这样玩，也就他可以打破这些形式，打破了材料，打破了基本上你对陶瓷工艺的所有的理解。方力钧在景德镇，他的作品打破了传统意义上对陶瓷、对工艺、对形式的所有理解，包括审美。所以我说他的智慧就体现在这儿。

和他接触多了，我觉得他做的很多事让人很感动。平常喝大酒，喝完之后大家稀里哗啦就走了，可他喝完酒会很细地说，路上要小心点，他会一直送出来，然后你回到家以后，他会发个微信关心你到家没有。他会很细心地去关注朋友们的这些事情，事无巨细。同时，他又是一个如此不羁的人，不受任何条条框框的约束。其实作为一个优秀的艺术家，首先要勇于挑战自己，勇于挑战所有的条条框框。同时这也是当代艺术概念中间的一部分，能做到这样，你才能够自由地不受束缚地去表达，在艺术上完善你的艺术语言吧。

他思考问题的时候，有一个习惯性的小动作，一思考他就抓脑袋。有好多次，我看到他在动脑筋的时候，或者他比较疲劳的时候，开车开累了，开了几个小时，他为了保持自己的精力，就使劲地弄脑袋。有一次，我们开车到南京，路上他开得挺累了，后面同行的人都在打瞌睡，我看他摸着方向盘挠头，自己搓头皮，人马上就能清醒。他就是在很疲劳或者思考问题的时候抓脑袋。

我们做朋友可以说君子之交，君子和而不同。我觉得我们有一个相同点，就是对很多事儿都不是那么地刻意和在意，对朋友非常坦荡、坦诚。只是我们绝大部分人做不到他的那种包容度。近几年，因为做陶瓷作品，他在景德镇待得时间很长。他一年待在景德镇至少三四个月吧。有时一个月飞几趟，六七趟都有。方力钧是一个有血有肉的男人，有一

方力钧画李超
2015 夏

43×37cm
纸本水墨
2015 年

种四川袍哥气。讲义气、讲情义、包容，对朋友细心地关照，对哥们儿弟兄们也很关照，也很提携，有各种展览机会啥的就推介我们都去参加。他不自私，从不避讳把他的全世界的朋友，包括各个美术馆的朋友、收藏家都带过来介绍给兄弟们认识；他是一个愿意把自己的快乐分享给别人、把自己的成绩给别人、愿意把自己的朋友分享给别人的人。

他是一个绝顶聪慧、有强大气场和迷人的人格魅力的人，要不然为什么愿意跟他交朋友，为什么愿意跟他做哥们儿兄弟。他这么勤奋，这么努力，这么有才气，他取得这个成绩都算小了。大家都说他情商高，你说情商不高的人能做艺术家吗？我觉得情商不高不能做艺术家。艺术家，首先是一个情感动物，你对生活、对艺术、对所有的一切，你不充满感情地去对待，就像我们在这儿谈话一样，我如果对你这个谈话一点兴趣都没有，那能谈得下去吗？

以前的艺术家，很多都是工匠，今天，很多匠人都把自己标榜成了艺术家；满大街大家都称呼老师，但是方力钧一定是一个牛逼的艺术家。

030 从老师到朋友

★ 人物采访：何净，收藏家，深圳市雏声初引艺术中心发起人，执行董事
★ 采访时间：2016年7月3日上午10点
★ 采访地点：北京万豪酒店咖啡厅

> "我非常喜欢方力钧的陶瓷作品，我觉得世界上只有方力钧一个人会这样去烧作品，独一无二，而且只有这种东西我觉得不管它是好还是不好，都是在做一种探索。所以当时我就认为他既是艺术家，又是哲学家，还是探险家。因为他这种方式是没有人去发明的，只有他这样去烧，所以我认为他是发明家。我不仅喜欢方力钧的作品，还欣赏他的为人，他随和中充满智慧，语言顽皮幽默，在他的身边总是围绕着快乐和笑声，这绝对是他吸引我的不可抵挡的魅力。可以这么说，方力钧是我非常尊敬和珍惜的艺术家朋友。"
>
> —— 何净

记得与方力钧的第一次见面是在2013年5月份，我去意大利看"第55届威尼斯双年展"。同行的还有四川美院的俞可老师，是他带我去看方力钧在威尼斯马赛洛宫殿举办的"处境——方力钧作品展"。我在展览开幕晚宴上，经俞可老师引荐认识了方力钧。虽然那是我和他的第一次见面，但他给我的第一印象就是随和。他亲切地称呼我为"何姐"，很友好地主动跟我敬酒。

那时，我刚创办深圳市雏声初引艺术中心，刚进入艺术圈，对艺术圈还不了解，但是方力钧的名字我早就知道。他太有名了啊，在我看来，方力钧是那么成功的大艺术家，却一点明星艺术家的架子都没有。当时我只是觉得这么有名的艺术家，待人接物居然这么随和，所以第一印象给我感觉特别好。虽然和方力钧是第一次见面，但完全没有那种生疏感，我们见面感觉就像老朋友一样，他敬我酒，我也敬他酒，那种感觉非常自然亲切，就像老朋友好久没见了，见到后寒暄一下，完全没有陌生感，这是我们在威尼斯第一次见面。

在威尼斯马赛洛宫殿"处境——方力钧作品展"上，有一幅作品我印象特别深，就是那种气泡的画面，比较符合我的眼缘。我太喜欢那幅作品了，想要买这幅作品，但是很遗憾，我在威尼斯与这幅作品失之交臂，因为已经被其他人抢先收藏。

我们第二次见面是在2013年10月10日由泉空间主办的"方力钧作品展"上。方力钧邀请我来北京参加他的展览，我们一见面就是很友好很礼貌地拥抱。我记得在VIP预览晚宴上，方力钧又很体贴周到地让他太太坐在我身边，他对太太说这是从深圳来的何姐，你陪着何姐坐，照顾好何姐。当时我就觉得方力钧对人真的非常尊重，所以我在心里认定他是一个可以成为朋友的人。

这是我和方力钧第二次见面。值得一提的是，在这次泉空间的展览上，我幸运地收藏了一幅方力钧的作品。在展览现场呈现的众多作品里面，我第一眼就看中那幅拜金的画面，作品名为《2011-2012》。我当时一下子就被画面所震撼，我好喜欢这幅油画作品，无论是色彩还是形式，或者是画面所表现的内容，一下子就让我莫名其妙地喜欢上了这幅作品。从北京回深圳后，我就跟我的艺术机构投资人商量，决定收藏这幅巨大的油画作品。

第一次与方力钧见面，我把他视为我的老师。第二次与方力钧见面，他就从老师变成了我的朋友，而且是那种进入心灵层面的朋友。我觉得是他的随和与亲切拉近了我们之间的距离。

我从北京回深圳后，方力钧一家也从北京搬到深圳来了。我听说他的孩子想上深圳最好的幼儿园，但是那家幼儿园名额已满，拒绝接收。我就通过朋友关系帮他的孩子报名入园。

方力钧在香港有一个工作室，大约八百平方左右。有一次，我在香港参加白立方的展览，我跟白立方的负责人一起去了方力钧在香港的工作室。我们去的时候，他正好在创作一些小水墨，地上摆满了他画的一批小水墨作品。我觉得我很幸运，能够第一时间在工作室看他正在创作那些小水墨，还有一些手稿，我们应该算是最早的观众。

这是2013年10月在北京参加他在泉空间的展览之后，我在香港与他的第三次见面。我对他说你什么时候从香港路过深圳，有时间就到我的艺术空间来看看，也给我一些指导。其实，我只是期待他来我的艺术空间坐坐，说完这种话也就是一个期待而已，并不曾想到有一天方力钧真的会来。他真的是一个有心人，他真的记住了我的话。

有一天，方力钧从香港回深圳，他打电话说何姐，我现在人在香港，你在深圳艺术空间有时间吗？我说有啊，随时欢迎你来深圳我的空间做客。他说好啊，然后第二天他果真就来了。那天，方力钧就背了一个双肩包，像一个小男孩一样，很朝气蓬勃的样子。他说何姐，我给你带了一个小礼物，然后他就打开他那个双肩包，原来是一幅水墨山水画，后来我将这幅画挂在我办公室里。当时我特别感动，心想这么大的艺术家到我空间来看我，还送我一幅画，应该也有感谢的意思吧！我不过帮他孩子上了一个好幼儿园，这对我来说可能是举手之劳的事。但通过这个细节，我在方力钧身上感受到了一种我们中国古语里所说的"滴水之恩当涌泉相报"。这是我们之间的第四次见面，在一起聊了一个下午，通过这一次交谈，我觉得可以跟方力钧成为无话不谈的好朋友。

你问我与方力钧的交往中，有什么事情让我最难忘，我觉得应该是我们之间的第五次见面，确切地说是同行。他开车从深圳带我去景德镇陶瓷学院参加他的校园文献展。他在电话里邀请我，问我有没有时间去景德镇参加他的文献展？我说好，他说我开车去景德镇，你怕不怕辛苦，如果怕辛苦，我给你买机票。我说方老师，你都开车过去，我就坐你的车过去呗。

那天，我们早晨9点出发，方力钧开车从深圳到景德镇，一路上开了十几个小时，所以其实他最辛苦，我坐副座也感觉很疲劳。我说方老师，你开车很辛苦，等到了加油站休息的时候换我来开，他说怎么能让你开车呢。路上一直是他开车，其实他挺犯困的，为了让自己保持清醒，他居然拿凉水往自己头上浇。我怕他困了，然后就不停地找话题跟他聊天。一路上，我真的是无话不谈，我把我的成长经历都讲述给他听，就这样，一路上敞开心扉地聊天，一直聊到景德镇，到达景德镇已经是晚上六七点钟。这种长途开车，一路上，只有我们俩，就像一种旅行，哪怕是陌生人也会变成朋友，更何况，我们已经见过四次面了，相约一起去景德镇是第五次见面。一路上，我们的聊天特别令人难忘，这是我与方力钧交往的这几年里印象最深的一件事。

在途中，他跟我海阔天空地聊，讲他以前像野狗一样生存的经历。他的聊天是有分寸的，完全都是在聊他的创作。我会跟他聊我的感情经历、我的家庭、我的成长、我的父母、我的很多委屈，或者说对一些东西的不理解等等。比如在做展览时碰到的一些难题，以及面对有的艺术家的傲慢，我的不理解等等。从深圳到景德镇路上的聊天，加深了我和方力钧的友谊，我很信任他，我们真的成为了无话不谈的朋友。一路上，我对他倾诉，前提是信任，没有距离感，也完全没有生疏感。

从那以后，只要是他的展览，我都一定要去现场参加。无论他在哪里举办展览，就算在国外做展览，我也会飞去参加他的展览。现在我认定了方力钧这个人，他的作品肯定是我喜欢的，以后会更加关注他的作品。

我已经在心里认定了方力钧，就这么一个艺术家朋友。我觉得能够成为朋友是一种缘分，相识是一种机缘，有这种机缘也是因为真的是遇到了很对味的人。我就喜欢这个人，我就喜欢闻这个味道，我就喜欢这个质感，就这么简单。

现在只要来北京，我一定会去拜访两个人，一个是方力钧，一个是苏新平。这两个人都被我视为朋友，但我觉得他们没有可比性，两个人不同点很多。我觉得方力钧是亲切随和型，他更像亲人般的朋友。方力钧给人的感觉是非常顽皮，但是他在顽皮当中又有智慧，一句话开玩笑也罢，正儿八经也罢，他的话听着让人觉得他又好玩又幽默，又有哲理。他不是随便乱说的，他讲的每一句话都是真的，不是假的，虽然看起来嘻嘻哈哈，给人感觉好像很顽皮，但这就是他吸引人的特质。苏新平也是非常值得交往的朋友，但会让人把他当成长辈。我也把他当做朋友，反正是多重角色。

我非常喜欢方力钧的陶瓷作品。我曾经问他陶瓷作品那么薄是怎么烧出来的？方力钧告诉我，他就拿那个泡沫剪成了方块，然后沾上陶泥，烧制好后像植物一样地一个一个堆起来，然后出窑的时候大家看了都很兴奋，站在旁边的他根本不知道经过高温气化以后有毒，大家都没有想到这一点。等窑一开，那个毒气，全部往外冒，当时他就一口气喘不上来了，整个脑袋顿时肿得很厉害。他说如果他早想到就带防毒面具了，并且让旁边的人也都带防毒面具，但大家都没有这种意识。其实那个泡沫是有毒的，他沾的那个陶泥是很薄的一层，所以看着像蝉翼一样，在烧制过程中也是不确定性的，随时都有坍塌的可能。

我觉得世界上只有方力钧一个人会这样去烧作品，独一无二，而且只有这种东西我觉得不管它是好还是不好，都是在做一种探索。所以当时我就认为他既是艺术家,又是哲学家,还是探险家。因为他这种方式是没有人去发明的,只有他这样去烧,所以我认为他是发明家。

可以这么说,方力钧是我非常尊敬和珍惜的艺术家朋友。我不仅喜欢他的作品,还欣赏方力钧的为人。他随和中充满智慧,语言顽皮幽默,在他的身边总是围绕着快乐和笑声,这绝对是他吸引我的不可抵挡的魅力。

2011-2012

360×250cm
布面油画
2012年
何净收藏

031

他的人生只有加法没有减法

★ 人物采访：王一涵，CIGE创办人，泉空间合伙人
★ 采访时间：2016年6月16日下午4点
★ 采访地点：798泉空间王一涵办公室

> "方力钧的人生基本上全都是在做加法，没有做什么减法。所以我们第一个展览开幕的时候，他的来宾里面有小学同学、中学同学、中专同学、大学同学。在我们一般人的人生里，你在增加一些的同时也会丢到一些东西，不管是你有意还是无意的，所以从这个角度来讲，方力钧的人生容量可能比一般人要大很多。"
>
> —— 王一涵

我是在做"CIGE"艺术博览会之前就认识方力钧。因为在做艺术博览会之前，我是在索卡画廊工作，我在展览上见过他，但是不熟。那时候彼此之间没有交集，后来在我做博览会的时候，他来我的现场参观，我记得好像是2006年。我们在工作上没有打过交道，经常会在一些拍卖会的预展现场或者什么展览开幕式现场看到对方，但我跟他没有建立个人之间的往来。

这些年我做艺术博览会，很多艺术家都会来参加开幕式。因为参展画廊会找艺术家来"CIGE"现场。比如说方力钧当时是和"空白空间"合作，"空白空间"是我的参展商，会展方力钧的作品，那他自然也会

来"CIGE"现场,这是很正常的交往。

我做"CIGE",首先只和画廊合作,画廊会跟艺术家合作,所以其实在那时候,我跟艺术家并没有直接的工作关系。我跟方力钧密集地接触是从我们2013年开始"泉空间"的合作之后,之前我跟他没有密集地接触。因为我本身不是一个会花很多时间在社交上的人。虽然我那时候跟这些艺术家都没有个人交往,但是因为我做这个博览会的原因,他们也知道我。

2013年的3月,我生完小孩以后,把"CIGE"调整到2014年的秋天举办。从我2013年生完小孩到2014年艺术博览会之前,我有一年的时间,所以我从2013年8月份开始着手筹备"泉空间",10月份就在"泉空间"做了方力钧的展览。

从2013年的8月到2014年8月,再到2015年8月,这两年之中,我们因为工作有过非常密切地合作。2013年10月12日,"泉空间"举办了由徐钢策划的方力钧个展。2015年10月10日,"泉空间"举办了由舒可文策划的方力钧个展。

在此之前,因为我没有做过画廊,也就不可能跟任何个体艺术家有合作。方力钧是我合作的第一个艺术家,给我的感觉是他挺好合作的。方力钧相对来讲是一个比较考虑宏观的人,所以他在做一个展览的时候,他的能力很强,他的承受力也很强。所以对他来讲,筹划这样大的一个展览并不会对他造成太大压力,他还是可以比较轻松地应对这个事情。

我们在展览合作中遇到意见不统一的时候,大家会互相妥协。比如说我们2013年10月12日举办的方力钧展览开幕式,按照张晓刚的说法,"泉空间"的开幕式给整个798的开幕式带来一种新的形式——开幕式举办了3天。我在展览正式开幕之前,其实已经连着做了3天的VIP活动。第一天,我在Yi House餐厅举办了一个小酒会,请了大概十几家媒体吃了一个晚饭。第一天晚上是媒体专场,与媒体沟通展览宣

2013年10月11日，方力钧在泉空间个展的VIP晚宴

传。第二天晚上，我请了丽思卡尔顿酒店送餐，在我们画廊与VOGUE杂志合作，举办了一个艺术鉴赏之夜。我们画廊请15个嘉宾，他们杂志请15个嘉宾，都是喜欢艺术的客人。比如王斌就是他们客人的名单，我们合作做了一个烛光晚宴。第三天晚上，我请了60个人在画廊做了一个收藏家VIP晚宴。这接连举办的几个晚宴，其实对于方力钧来讲，他是不喜欢这种形式的。

方力钧不喜欢太过于形式感的晚宴。首先摆台是很漂亮的西餐台，全部是长桌，大家面对面坐，全部是西式的摆台，鲜花呀什么的，大家穿的都是礼服。他其实不喜欢那些看起来所谓的很高雅的风格。他喜欢朴实、更接地气的东西。我们最后一天正式的开幕晚宴是在"那家小馆"包了几十桌，有几百个人来吃饭，大家串桌喝白酒，场面很热闹，来了很多人，这就是他喜欢的接地气的方式。

我忘了第一天晚上的媒体专场他有没有参加，第二天晚宴和第三天晚宴他都要参加的。反正他不喜欢形式感也要忍受一下，而且我们只喝红酒，因为那种情况没法喝白酒，西餐怎么配白酒呢？但是他喜欢喝白酒，所以从这件事情上来看，我们做事情的风格和调性其实不太一样。就像我要回答你的问题，怎么样协调呢？互相妥协。我按我的意愿来安排我的事情，你要全程高度配合，然后我按你的意愿安排你的事情，我也要全程参与。虽然我们都是强势的人，但是我们合作并不累，虽然他有诸多要求，但是我们就互相妥协就好了嘛。而且我们要通过第二天和第三天晚宴，把要销售的工作全部都做完，那最后一天大家就按他喜欢的方式喝酒、玩吧。

你让我谈方力钧，这么讲吧，我们的个性不同，处事方式也不同。方力钧是一个交友非常广泛的人。他从小学同学，中专同学，到大学同学，一路走来所有的朋友关系都不会丢。他的人生是做加法，很少有做减法，他也不会丢掉什么。但是我们大部分人是做不到的，我们的人生其实是一边加一边减，是同步进行的。我觉得对方力钧来讲，他的人生基本上全都是在做加法，没有做什么减法，所以我们第一个展览开幕时候，他的来宾里面有小学同学、中学同学、中专同学、大学同学。在我们一般人的人生里，你在增加一些的同时也会丢到一些东西，不管是你有意或者是无意的。所以从这个角度来讲，方力钧的人生容量可能比一般人要大很多。

因为他和别人不一样，他的工作室基本上是处理他创作上的事情，我们画廊要处理他和任何一个美术馆的合作，和任何一个画廊的合作，和任何一个策展人的合作，包括和大部分媒体的工作，全部都要通过我们画廊来协调。每年他至少有四五个大型展览，以及三个大学文献展，同时至少有双人展、至少一二十个联展要参加。比如说人家借一样作品，或者说要他五六件作品，十来件作品，全部要通过我们画廊，所以这个工作量是很大的。我们在画廊两年时间做了他两个展览，但是这两年当中，我们处理的跟他有关的各种展览至少有一百个。他把他所有工作上的任务交给了我们。很多艺术家是分着的,工作室来处理跟别的画廊和美术馆的合作,画廊只负责商业展览和销售。所以说我们的合作是非常彻底的。

一个成功的艺术家,天赋、才华、努力、机遇,方方面面都要具备。方力钧,第一他是有天赋有才华的,这不可否认。作为艺术家,他的能力很强,动手能力也很强,不管是水墨、油画、雕塑、陶瓷,他都可以,这是与身俱来的天赋。而且你去看他中专时候创作的那些作品,真的是天赋。他也足够努力勤奋,我听说他当时在圆明园的时候,每天与大家喝酒喝到夜里一两点,大部分人是喝完之后昏睡,第二天起来接着喝。但是方力钧是喝到夜里一两点睡觉,第二天早上六点就起来跑步锻炼身体,吃完早餐然后七八点就开始画画,然后等到他画了一天的画,那些人起来了,他再去跟他们玩。实际上他已经完成了一天的工作了,而大部分的人还没有开始工作,所以他不管夜里喝酒喝到几点,第二天早上还是早早起床,所以他是很勤奋很努力的。

我觉得方力钧以及其他几位艺术家,他们都是中国当代艺术历史上不可逾越的高峰,因为我们看艺术没有办法脱离时代背景。比如说蒙娜丽莎,如果你不放在那个年代看你是无法评论那是一个什么样的画。那个时代里也没有其他人显现出比他们更高的成就和意义。那么在这个前提之下,很多时候我们苛求艺术家一直保持这种创作力,我觉得这是一个不现实的要求。我觉得一个人不可能一直保持那个高度。不管怎么讲,方力钧他们都是会被载入艺术史册的人。他们的作品也会在不同的美术馆给后人去参观,对于一个艺术家来讲这个已经够了。

032

一颗孤独的灵魂

★ 人物采访：冀少峰，批评家、策展人，湖北美术馆馆长
★ 采访时间：2016年4月22日晚上8点
★ 采访地点：湖北美术馆咖啡厅

> "方力钧有一种隐秘的思想，有一颗孤独的灵魂，有一种平等的观念。他画了很多光头，有快乐的、古怪的，光头之间有高低的、有前后差序的，都是有格局的。方力钧的视觉语符既是自我分析的工具，图像中对人物审视、排列、差序，他不断通过他的图像世界去解剖这个社会，同时也是解剖他自己。他带来的是一种重新界定、认识艺术的勇气和策略方法，他在自我孤寂的探索中唤起了人们一种起码的自信心与自尊心，即对人的尊重。"
>
> —— 冀少峰

我和方力钧是老乡，我们都是邯郸人。他从事艺术实践，我从事艺术批评。如今，他已经是"偶像级"的艺术家，我还在从事美术馆服务行业：为艺术家服务。

我清楚地记得2010年8月22日，方力钧大型个展在今日美术馆开幕，当天来宾太多，我参加完展览开幕后就没有参加晚宴。一个重要原因是我答应湖北美术馆馆长傅中望22号先到湖北美术馆去看一看，了解一下情况。哪知这一看，就是将近六年，我去湖北美术馆工作了。

所以这一天对于我来说非常难忘,这一天也开启了我的艺术批评与策展的新的历程,而这一天又恰恰是老方个展的时间。事后他打电话问我为什么不参加晚宴,连饭都不吃就跑了。我说我要去湖北美术馆报到,我要到湖北美术馆工作啦,他一时无语……

真正和方力钧交往多起来是我来湖北美术馆工作以后,有很多的展览需要他的支持。每次到他北京的工作室,他都非常热情,当快到工作室门口时,总会有一个熟悉的身影站在工作室大门外。他的神情或焦虑或急切,就像盼望着远方的亲人回家似的。一下车,热情的拥抱,热情的接待,给来访者一种相融相亲的感觉。聊天中,他会不露声色地敏锐地觉察到你当前的点点滴滴的困难,然后开始慢慢给你支招,告诉你如何破解这些困难。一旦需要他支持,他会毫不犹豫地支持你的活动。比如人家所熟知的湖北美术馆举办的"再历史""再水墨""再肖像""再现代"等等,每一个展览他都精心准备,认真对待。因为有他的支持,大大提升了湖北美术馆的展览品质。在最需要他帮助的时候,他总会不露声色地悄悄为你助力、解困、解压。

方力钧有感于傅中望的公益心、奉献精神、艺术才情与艺术经历,他不辞辛苦带领"泉空间"工作人员亲自到武汉傅中望工作室,激励傅中望在北京举办一个个展。1994年傅中望曾在中央美院画廊举办过雕塑展览,他的个展名是"临近的新关系"。时隔20年,由我策划的"开物:傅中望"个展在798"泉空间"举办,策展人孙振华曾笑谈这个展是我的成名作。如果没有方力钧的多方斡旋、鼎力支持和激励,很难想象傅中望能有这么大的勇气和毅力举办这样一个个展,我也不会有这样一个策展机会。展览开幕后,大家又去了方力钧在宋庄的工作室,他拿出很多种自己珍藏的美酒让大家分享。大家在一起斗酒、斗智慧,玩得很开心。

我告诉你,方力钧有一个"缺点",就是爱抢着买单,不管大单小单,大饭局还是下午茶,总是不给别人买单的机会。有时在饭厅,看到似熟非熟的朋友,他都会轻声地对助手高松寅说"把那桌单埋了。"我亲历这种事就已经有好几桩了,久而久之,我也形成了他这种习惯。俗语讲:近朱者赤,近墨者黑。我觉得在人生的旅途上、艺术的历程上,经常有这么一个"长者风范,宅心仁厚"的得道高手相伴随行,实在是人生一大幸事。他时时提醒着我,激励着我默默前行。不仅仅因为他是"偶像级"艺术家,更因为他的大爱、大善、包容、宽容,常常激励着我,感染着我。因为我们是兄弟,所以内心也更焦虑。我想的是做任何事都不能给方力钧丢面子,所以我也愈发地增强服务意识,愈发学会宽容地对待人和事。

最让我感动的,是有一次方力钧从景德镇专程来武汉看我。同行的还有胡健。当时是胡健开车送他来武汉,胡健当晚就回去了,方力钧留下来住了一晚。他来武汉以后,我就把周围艺术圈的朋友约在一起陪他吃饭,大家都关心地问他来武汉有什么事情要办?他说没有别的事,少峰在这儿工作,我过来看看他。

方力钧只在武汉停留了一晚,第二天早上他就走了。所有人都不理解他怎么来一趟武汉第二天一早就走了。他们问我方力钧来湖北就没有什么事吗?我说真的没事,他就是来看看朋友。他只是看看我就走了。这就是他的品性,他不会打扰别人,总担心给别人增添麻烦。这就是方力钧。

面对你的采访,回忆方力钧,让我印象深刻的细节有很多。比如说2006年,我在河北美术出版社当编辑,负责给鲁虹出版一本书,书名叫《越界:中国先锋艺术》。这本书介绍的是1979年至2004年的中国先锋艺术。当时鲁虹不确定用哪张作品做书的封面,因为这个封面要有这个时代的特质,能反映今天艺术的一种状态和状貌。也因为可选的封面有很多,我指着方力钧那张光头呐喊的画说,就定这张画做封面,画面冲击力非常强，最能代表这个时代。我拿到出版社给大家讨论，最后大家也一致表示认同我的判断。

方力钧知道这件事以后就打电话给我，说要买100本样书，让我把书送到北京。我记得非常清楚，当时这本书定价很高，每本定价268元人民币。我是这本书的责编，从河北带着100本样书送到北京交给他。他带我到他在望京开的一家"岳麓湘菜"吃饭，同时还约了几位我们河北籍的艺术家一起吃饭。席间有一个不是很有名的河北艺术家，他主动跟方力钧说我经常来你这儿吃饭，你能不能我给办一个贵宾卡？当时大家喝得正尽兴，完全忽略了这个艺术家提出的要求，太多人一般喝多了酒就都忘了酒桌上说过的话。最后当我们都喝多了准备走的时候，方力钧把服务员叫过来说给他办一个贵宾卡。我当时一下子就目瞪口呆了，我以为这种事只是在酒桌上开玩笑说说而已。我心想方力钧这种大牌艺术家怎么能记住这种小事呢？别人随意说的一句话，他就能记在心上，并且还说到也做到。在临分别时亲手送给他一个贵宾卡，我觉得他真是个有心之人。

这个细节说明一个人的品性，虽然现在方力钧成功了，他有条件支持境况不如他的艺术家，但他也可以不支持，可他做到了力所能及地去帮助别人。这是内心的一种平等观念，一种无分别心。在此之前，我只是在艺术上觉得他很了不起。从那以后，我对他为人处事更佩服得五体投地了。

方力钧的细心还表现在不同场合，他会照顾到每一位来宾，主场如此，非主场也是如此。他不希望看到有朋友受冷落，总是从这一桌走到那一桌，从这一堆朋友走到那一堆朋友。记得在魏光庆《正负零》的展览上，他更是细节备至。当看到艺术界这么多老朋友相聚在武汉，他适时地提出希望能留下一张全家福。时至今日，那一晚的照相环节如果没有方力钧精心组织和安排，是不可能留下那么多的"精彩一刻"。

晚宴后大家移步到湖北美术馆咖啡厅，方力钧又对大家的宵夜进行了周密安排。当看到刘淳大哥喝得有些高了，别人故意嘲弄刘淳，方力钧总会站在刘淳的立场上为他的真诚与性情而感动，而不是嘲讽与戏弄。这种站在他者眼光为他人着想，也是方力钧的优良品行和大格局观吧！

还有一次，我在北京798"泉空间"策划了一个"1960"的展览，当天晚上大家吃完饭以后，来宾们纷纷都走了。方力钧的太太带着俩个孩子也要走，他去送孩子们，这时候正好有一对老爷爷、老奶奶走在前面。他的两个孩子年龄还很小，喜欢你追我赶的玩闹，两个孩子在餐厅里来回追跑。方力钧立即拉住两个孩子，说老爷爷老奶奶岁数大了，你们这样乱跑会把他们撞到，你要让他们先走。我亲眼目睹他是这样教育孩子，他在用自己的一言一行影响孩子的成长。

看人要从小事来看。我看方力钧的时候，看他人性深处内在的气质，就是因为他让自己的孩子在行进过程中要照顾周围的老人，对一个陌生的老人他都能做得如此的照顾，何况对朋友呢？我是因为他对待从小孩到老人的态度，看到他的内心深处有一种大爱，所以，他像一块磁铁。这个人是"不能"交朋友的，只要一交朋友他就永远把你吸住了，你想走都走不了了。

有一次，他为了迎接民生现代美术馆馆长周旭君馆长到他的工作室，把多年精心"淘"的不同时代的残破瓷片用心陈列出来，透过这些残破的瓷片，可以看出其用心之苦，准备之精，学养之积累，一部生动的中国艺术史就这样呈现在你面前。瓷和文化，和当下的关联，以及他时不时冒出来的创作灵感，都把你带进一个浓郁的艺术氛围，这种时刻把思考的精华拿出来和大家分享的精神，令人动容。

为了2016年11月在湖北美术馆举办的方力钧大型个展，我在沟通工作的过程中几次去往他的工作室，一般到宋庄我就住在他的工作室。

每晚临休息前他总会提醒你拿瓶矿泉水。第二天晚上,又提醒你拿瓶水,第三天我就主动开始拿水了,真不忍心再让他操心。小小的一瓶水,可以体现出他内心深处对朋友的真心、关心与关爱。

现在,方力钧给我这样的一种感觉,他会用他的作品激励你做事。所以他给我的压力也很大,因为你身边有这样的朋友,你就不能掉链子。为筹措这个个展,湖北美术馆李和清副馆长、程然、张茜、张骞,还有我一行五人来到他在宋庄的工作室。虽然关于展览他已经有了精心准备,但他还是问了又问,一次次追问我诸多环节。每次在他工作室开会,画册、咖啡、茶水、点心、小吃,一应俱全。聊展览期间,湖北美术馆李和清副馆长很想见识一下方力钧的真功夫,他提议让方力钧动手画几笔。艺术家大多不愿意当众人画画,方力钧却不然,他提笔就画。

其实,方力钧早已知晓李和清副馆长的心思,但他看破不说破。不一会儿功夫,批评家刘淳大哥的形象便跃然纸上,小小的一幅画,让李和清副馆长心生佩服。我已经多次亲临他当众画画的现场。

其实熟悉方力钧的朋友都知道他酷爱旅行,每到一个地方,他立即就可以进入工作状态。香港、景德镇、成都、大理、宋庄,都是如此。他在旅行中不断充实和完成自己的想法,把对当代艺术和对社会人生的思考也寄情于一次次旅行中,这是他的真人生、真性情、真思想最真切的流动。他已经习惯了这种生活,不管有没有朋友在场,他都会心静如水般潜心前行。

其实,他来自展览的焦虑,不亚于我。他不想愧对大家,希望为大家提供优质的作品,和令人值得研究的展览,所以一有时间便让我到他的工作室看作品。当13箱陶瓷作品从景德镇运到北京,就等着我开箱看作品。我看到了他对待作品的细致、专注和喜爱之心,打开了一箱又一箱,揭开了一层又一层。说真话,我是喜欢这些陶瓷作品,但我真心不愿它们在我们馆展出,因为这些作品的安保难度太高了,一种高难度和难以超越的感觉，顿时在我心中油然而生。他用陶瓷这种最传统、最带有民族根性的材质为我们设置了一个个艺术的高度、难度和广度。这不仅仅是对自我的颠覆，也是对自己的不断超越，更是其视觉表达的品格。

方力钧的陶瓷可以说就是一次"从零开始"。这些陶瓷游移在存在与虚无之间，给人们呈现出了一个看得见、摸得着的纯粹的存在。但这个存在又显得不堪一击，它易碎、易毁灭。瞬间是美好的，但瞬间又是可怕的。难以掩饰的是一种强烈的幻灭感，而且深藏其间，是需要细细体味的一种莫名的幻灭感，从中又隐约可以感受到一种试图"摆脱浮世的萦绕"的淋漓尽致的干净与痛快。

他近期的水墨多以自己身边的朋友为"内容"，但每个朋友的精到之处，可圈可点之神气都被他捕抓到了细致入微、入木三分之境界。特别是为同行所熟知的"广义像""李津像""杜坚像"等，从中不难发现他骨子里对朋友的深情厚谊。特别是有一时段，他把他画我的肖像作为他的微信图像，我看到后非常感动。难怪李津在一次活动中激动地对我说：从方力钧画你的劲儿，就知道你们之间的感情。

方力钧的新作品每次晒在"开悟"群里，总能赢得朋友们的欣赏与赞誉。一是的确为他的才情所折服，另一方面，他的勤奋、努力与笃实也为朋友们所称道。成功是需要付出的，他的成功就是这样在点滴间把自己的思想状况和盘托出。他在画朋友之余，也在尝试画狼、熊、狗等动物，这些作品是我在工作室和他闲聊时，他所思考的一种状态。过几天，当它呈现出来的时候，那种对当代社会的深度体验震颤着每一个走近它的人的心灵，直击得你不落泪都不行。是什么让它们张开了血盆大口，又是什么让它们如此狂怒，是激动、是愤怒亦或是控诉。虽然动物并不能言，但在图像表达的背后，可以真切地体会到一个视觉知识分子长期用视觉来说话的勇气和良知。

通过一个个展览，方力钧给自我设置了一个个艺术的高度、难度和广度，每一次展览又都是对自我的超越。而对自我的不断超越也构成了方力钧主要的视觉叙事特质。由此我们看到那个苦闷又无聊、痛苦又困扰、稚嫩青涩又迷茫的人终成艺术界耀眼的明星，继而走向世界多个博物馆。其间的艰辛与挣扎、智慧与付出，非亲历其间不能知晓。所以我和方力钧相处，我认为他的确是一个有着完美品质和大善大爱的人，时间久了就有着一种相濡以沫的温暖。他的视觉表达虽透露着不可言说的孤独与挣扎，但其对外部世界的热切关注也萦绕其间。他一次次借助光头、鲜花、渔网、男孩、朋友肖像……反复地追问"这个世界会好吗？"

方力钧的视觉语符既是自我分析的工具，图像中对人物审视、排列、差序，他不断通过他的图像世界去解剖这个社会，同时也是解剖他自己。他带来的是一种重新界定、认识艺术的勇气和策略方法，他在自我孤寂的探索中唤起了人们一种起码的自信心与自尊心，即对人的尊重。

方力钧有一种隐秘的思想，有一颗孤独的灵魂，有一种平等的观念。他画了很多光头，有快乐的、古怪的，光头之间有高低的、有前后差序的，都是有格局的。我们今天生活会美好吗？他通过绘画问你很多的问题，这是他的图像叙事，也是他的社会政治观，更是他的一种自我保护策略。他用光头跟这个社会对话，他探索的是人的平等、自尊和自由。我们的生活幸福吗？他画了很多光头的形象，其实是在快乐当中傻乐，傻乐当中又跟这个社会有一种疏离。这种疏离就是人内心深处的不快乐。他内心其实是非常的不快乐，但他又不是救世主，没有那个能量，不要自叙，所以在画面当中表现出来。我不是救世主，但是在画面中可以，我希望你生活幸福。这是他的过人之处，这叫智慧。

他独处的时候是很孤独的。因为社会发展到今天，他有很多质疑。他的影响力越大，使命感就越强。他希望你好，我也好，但是他又没有这个能力。他最大的优点是永远站在别人的角度为别人考虑。

孤独就是他的个人特点，但是孤独也是一种高的境界，高处不胜寒。所以他爱酒，喝完酒之后还不舍得散。这就是所有人喜欢他的原因，他不装，他求真，他有一斤的酒量绝对喝一斤二两，你说你能不喜欢他吗？假如我有一斤的酒量我只跟你喝二两，你能喜欢我吗？

我认为两个男人之间的情义也可以相濡以沫。我从河北调到湖北开展工作，他深知一个外地人到另一个陌生的地方工作的艰难。有一次我们聚在一起喝酒，他突然对中望和光庆两位大哥说，我太知道少峰在一个不熟悉的地方工作的艰辛，太难了，太难了！他说："我什么都不说了，就陪你们喝酒。"

我认为衡量一个艺术家重要与否的标准，不是他的作品卖出多么高的价格，而是要看他的作品有没有进入公共收藏。一个艺术家，即使他的作品被收藏家收藏，但永远放在画库里存放着，那它也不重要。一个好的艺术家是他的作品能否进入世界各大公立收藏机构，而不是进入私人藏家的画库里。方力钧进入的是公共收藏。公共收藏和私人收藏最大的区别是什么？公共收藏的作品永远面对公众，私人藏家的作品面对的永远是自己，不会轻易拿出来。

记得2007年，我去德国"第十二届卡塞尔文献展"参加中德文化论坛。我先去的法国，到了蓬皮杜国家艺术和文化中心，看见方力钧的巨幅版画与博伊斯的作品《毛毡与钢琴》都摆放那里，我觉得这代表着中国艺术走向世界。一个艺术家的作品进入了蓬皮杜艺术中心就说明了这一点，代表这个艺术家的作品已经进入西方主流系统。

再给你讲一个细节，方力钧所有的作品都在公共收藏里。台湾策展人胡永芬想在台湾给方力钧策划一个展览，有一些作品要向藏家和公立美术机构借来参展，这里面的玄机是一环套一环。当策展人胡永芬向全球的公共收藏机构发出借展邀请的时候，她得到的所有回复都是"对不起，我们也在展方力钧的作品，他的作品就在墙上。"胡永芬以前不

2003年，方力钧版画作品展在法国蓬皮杜艺术中心展出

知道方力钧有多么的重要，这一下子明白了这个艺术家太重要了。重要在哪？是因为别人没有把他的作品束之高阁藏起来了，而是展出来了。在全球重要的美术馆里，都能看到方力钧的作品，这就叫重要。

还有一个值得大家讨论的话题就是方力钧文献展进校园的事。他不厌其烦、不辞辛苦地把文献展推向了各个地方院校，尤其是文化相对欠发达的地区。山西、西安、新疆、安徽、沈阳、唐山，每到一地都在当地进行一次当代艺术的普及和推广。这是迄今为止有关当代艺术最为系统的一个全国巡展的方式。他以自我的成长经历、从艺经历、文化立场鲜明地表达出了自我的文化追求。文献展就是一个当代艺术的宣传器和播种机。他对青年一代的激励将从后辈们未来的成长中彰显出他的力量。今年的"方力钧文献展进校园"系列展览将走入武汉大学万林艺术博物馆，届时方力钧还要走入珞珈讲堂和武大师生进行当代艺术的对话。

方力钧不缺展览、不缺资金、不缺收藏，那么方力钧缺什么？他最"缺"的是朋友。他常和朋友相聚，不忍分别。记得他的手稿展在武汉合馆开幕时，当大家都期待他能说些豪言壮语，他只动情地说："我所有的话都在血管里，因为血管里流淌的是酒精。"他用自己的真心真情去拥抱和善待每一位朋友。作为这个时代最有影响力的艺术家，他选择在哪里办展览，其实就是对这个区域的文化艺术的支持。正是他接二连三地到武汉，也使武汉不仅仅成为这个时段当代艺术的热点，也成为时下热议的一种文化现象。方力钧的"热"不仅表现在人们喜爱他。当得知湖北美术馆要举办他的个展时，北京民生美术馆、上海昊美术馆、西安美术馆都有意要办他的个展。为什么这么多美术馆都要举办方力钧个展呢？他的作品只是一个方面，他最大的作品就是他的生活、他的人生、他的交游。他把自己的生活放大为艺术。他行云流水般的生活态度以及蓬勃的艺术激情，的确为这个平庸的时代树立起了一座不平凡的丰碑。他不仅颠覆了我们的生活方式、艺术方式，他所开创的这种艺术生活的新方式，带给人们的无疑是对生活的自由追寻和喜悦。他与众不同的孤寂、思索，将深深地影响着一代又一代人。

　　方力钧不期然间参与了一个时代的巨变，并且成为这个时代巨变的推动者之一，亦可说时代的巨变与巨变的时代的不期而遇，让方力钧成为我们这个时代的书写者和记录者。他的视觉表达和真诚思考也生动地体现出了这个时代的巨变。虽然他身上有很多光环和标签，但在光环和标签之外，那数不尽的真情与真诚、细腻与细致、周到与善良、笃实与安静、勤奋与才情构成了一个与众不同的方力钧。他构建了一套自我的知识系统，有着独立不羁的行为、生活和艺术方式。他的概念范畴、思维理路、艺术天赋及边缘化的文化关怀所透露出的，是他内心不易觉察的一种难得的孤独和寂寞、清醒和忧愤。他看透了世间的虚伪和势利。方力钧作品深处的批判力度，也使他完成了一个个预示着社会转型与思维变革的视觉图景，也给这个时代留下了一个有着无尽传说的方力钧。

032 - 一颗孤独的灵魂

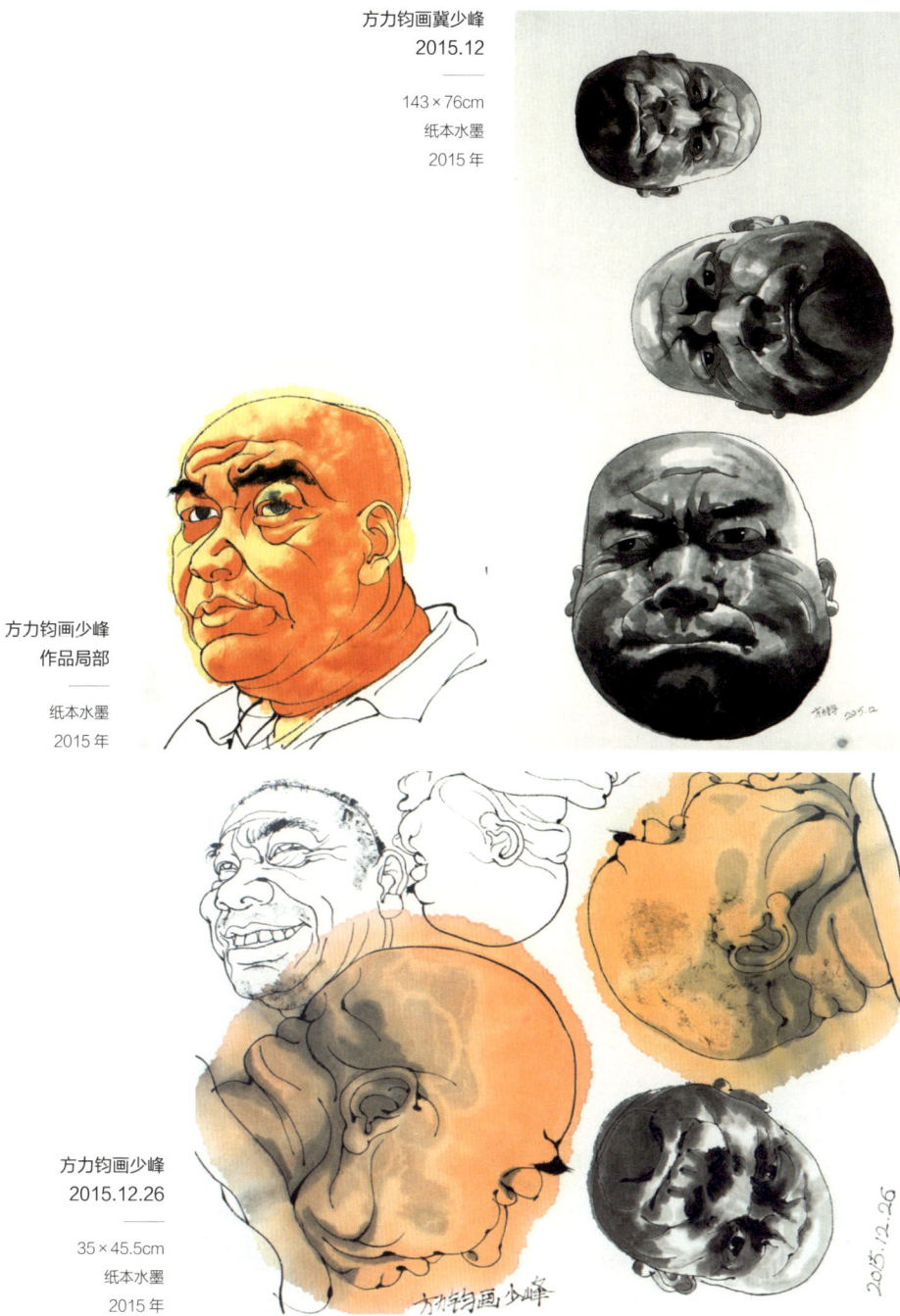

方力钧画冀少峰
2015.12

143×76cm
纸本水墨
2015年

方力钧画少峰
作品局部

纸本水墨
2015年

方力钧画少峰
2015.12.26

35×45.5cm
纸本水墨
2015年

033

圆明园是最快乐的时期

★ 人物采访：岳敏君，艺术家
★ 采访时间：2016年5月9日下午2点
★ 采访地点：宋庄小堡村岳敏君工作室

"方力钧现在画那么多朋友的肖像，我觉得这跟他从小生长的背景和社会的背景有关系，他愿意积极地参与到这个社会里面，而且他为人很热情。他经常在不经意的时候拍一些照片，这样的角度可能更符合他画画的需要。他经常会挑一些有特色的角度来画，是平常你自己看不到的感觉，有点诡异。但我觉得他画得很像，从画像的角度来说，目前我觉得他是画得最像的。他画身边的朋友，可能随着年龄的增加发现了友情赋予他的灵感，给了他很多画画的感觉。与他相比，我的积极程度没有他那么高，他比较热情，愿意呼朋唤友，我对朋友相对冷漠一点，不像他那么热情。我觉得在他身上有一种"利他主义"精神。他希望尽他的能力帮助别人，这个我觉得他做得就比较好。"

—— 岳敏君

1990年，我第一次去圆明园，记得是春节前后，去了之后发现有很多艺术家在那里画画。我1989年毕业，有一个教我的老师叫刘伟，是河北的刘伟。他妈妈当时得了癌症，住在圆明园村，因为离西苑医院很近，他和他父亲轮流照顾他妈妈。我是去北京看望我的老师的时候发现了圆明园画家村，当时可能已经有十几个、二十个人，后来人越来越多，可能大约有一两百人。我去看我的老师才知道有这么一个地方，我觉得挺符合我的要求，去了就有那种画画的感觉。

我有一个老师也在那儿画画，他和杨少斌住在一个院子里面，方力钧就住在旁边的一个胡同。第一次见他，觉得他比较矜持、爱干净。在我的印象里，当时的艺术家好像都是比较混乱的，半个月不洗澡，浑身都是一股味道，而他给我的印象是香喷喷的，没有怪味，我估计他每天都洗澡。一般的艺术家工作室都是脏乱差，只有他的工作室收拾得井井有条，这是他给我的第一感觉。

当时方力钧的作品给我印象特别深刻，因为特别单纯，我觉得比较重要的是摆脱了当时很多画家对油画的认识。因为大部分人对油画有了程式化的认知，比如说灰色调，那种丰富性，在方力钧的画面里这些东西都没有，所以我觉得他的画跟一般的油画是完全不一样的。过去我们看到的油画大部分是学院里出来的，甭管是苏派、法国派什么的，都有一种室内的感觉，一般都是描绘室内的阴影、室内的形象，有一种室内的气息。大部分的学生都是在室内画一些裸体模特、肖像模特，那种对光的感受都是一致的。这和在室外画一个人物是不同的，所以从油画的感觉上来说，方力钧给我感觉与众不同。

圆明园时期，我跟他的交往还是非常频繁的。我中午经常去方力钧那里蹭饭吃。那时候餐饮没有像现在这么发达，在圆明园附近吃饭很麻烦，饭馆很少，要不然就去北大食堂吃饭。方力钧很热情，中午经常会张罗一下大家去他工作室一起吃饭，我印象里大部分都是煮挂面，有白菜和鸡蛋。有时候，也会去其他的艺术家那里吃午饭，晚饭那时候都是回家吃。我没有住在圆明园，因为没地方睡。当时我和杨少斌还有刘炜在圆明园共用一个工作室。那个空间大约有几十平米，每个人有一面墙。方力钧的工作室相当于我们三个人的面积加起来那么大，一间房子就他一个人使用。我感觉他当时的状态很好,应该算是他生命中最年轻和最快乐的时期。

其实,我觉得人的回忆里最有意思的一般是在青年时期,因为青年时期的那种快乐源自身体的荷尔蒙,还有面对世界的那种懵懂的感觉,我觉得这是年龄段决定的。但是,现在回想起来,圆明园艺术家对于中国当代艺术来说走了一条比较有意思的路,也算是在历史上有一种新的变化,种种因素加起来就更觉得在那时候最快乐。

我是1993年正式辞职去圆明园的,在此之前,一年多都是靠请病假维持在北京的生活,因为那时候不像现在这么容易辞职,当年找一个工作或者临时的工作都很不容易。我那会儿固定的工作是在华北石油教育学院教书,那是非常稳定的铁饭碗,挺好的工作。那会儿,报纸上介绍圆明园画家村,都说在那画画的人是"盲流画家"。那时候,给那些离开农村到城市里为祖国建设服务的人都叫"盲流",因为他们没有正式的户口。

我记得1989年之前,如果从住的地方到别的地方去是要开介绍信的。你如果要去外面找工作,需要先在户口所在地开介绍信才可以住旅馆、打工。我们当时确实也应该叫"盲流",原因就是我们连暂住证也没有。那时候北京还没有开始实行暂住证,对一些流动人口的管理,还没进入正轨呢。那时候,还是"文革"时期遗留下来的管理方法,是那种空间的束缚,所以,当然可以叫"盲流"了。因此,在圆明园时期那种特定的环境下,你和整个社会都是背离的,你思考的内容和你的创作的方向可能都会受处境的影响,你肯定不会画一些抽象的、愉悦的、抒情的内容,这是不可能的。你觉得画那些东西没有意义,没有力量,表达不了你当时心里的感觉。

1993年至1994年,我在圆明园混了有一年多的时间,先是接了教小孩的活,教两个韩国小孩学画画,靠这样一个月一个月的混,混了大约有一年。当时的情形是圆明园这个地方成了热点，很多外地的艺术家都涌来北京，突然暴增了很多的艺术家，可能最多的时候多达几百个人。当地的政府，还有所谓的管理系统，他们也不知道该怎么处理和管理这些"盲流"，也都想推卸责任，希望把这些人遣送、打散，这样好处理一点。反正他们用的是一个简单、粗暴的方法，当时局面弄得挺紧张的。那时候，艺术家肯定希望自己能找到一个比较稳定的地方去搞创作，不希望有一天到晚流落街头的感觉。所以，有些人就主动去寻找相对稳定的地方，包括我和方力钧，就主动找到宋庄。在这之前也看过一些其它地方，比如说我们也去过密云，还去过比密云更远的地方延庆，但是那边实在是太远了。

  我在北京的第一个工作室是在宋庄，1995年，我在村子里面买了一个院子，大概有三四十平米，用院子做了工作室，那时候主要是靠卖画来维持生活。我那个院子花了两万块钱。那时候的现状挺可悲的，我记得我跟方力钧都没有电话，想安装一个电话需要大概四五千块钱，还要提前去申请。当时物资匮乏，花四五千块钱装一部电话不合适，后来我们俩商议一个人买一个大哥大，就是那种手提式的砖头形状的手机，也是最早的手机。当时这个砖头手机要花一万多块钱，我们俩决定去买，好像还需要北京的身份证。当时我记得我们俩一块去的电信局，一看前面排着几十个人要办理移动电话。因为那时候座机都不普及，很多人觉得这个肯定比那个靠谱。我们一看排着几十人，想了想还是算了，可能等一天都排不到我们，当时就没买手机。大概过了一年左右，有BB机了，好像也申请了固定电话，后来我们还是选择了固定电话。好在有意思的是，过了一年多就开始出现我们现在使用的这种手机了。

  从圆明园到宋庄，从物质上各个方面来说，在宋庄的生活状态比圆明园要丰富一点。我们刚搬到宋庄的时候，当时村里确实特别穷，大队书记说是不是能集资在宋庄安装一个路灯，好在也不是特别大的数字，我们俩人各自出了一些钱，在宋庄安了路灯。

我们比较频繁的交集是到宋庄之前的一段时间，刚开始来宋庄的时候也比较多。后来这个地方发展起来，情况变了以后，每个人面对社会的广阔性更大了，比如说方力钧经常去湖南、沈阳，全国各地到处跑了，他生存的空间和影响的空间也越来越大，我们互相之间也都很忙了，交往不像过去那么密集和频繁了。

你让我谈方力钧，我觉得从"文革"出来的人，受的教育都是革命式的教育。革命式的教育就是对你看不惯的东西要采取一些行动，这其实也是所谓的理想主义，但是在这种理想主义里面，它的背景在于不甘寂寞，你必须要跟你生存的环境有所抗争。这也算是一种"文革"的遗产。对看不惯的东西要有一种批判的态度，总是想介入到社会当中，参与到社会的改造、发展的过程。所以，我也可以从方力钧身上看到他在每个时期里面不断介入很多的事情，我觉得这都是受过去的文化影响。比如说开餐厅，他都是从比较主动和积极的角度来看这个社会的发展和变化。他直接参与到里面，体会这个社会带给他的感受，不同于以往的画家和所谓的学者。那些人可能容易掉入到自己的感觉里面，不愿意跟社会发生关系，怕麻烦，怕受累，其实做这些事情本身要付出很多的辛劳。

所以，回过头来说方力钧现在画那么多朋友的肖像，我觉得这跟他从小生长的背景和社会的背景有关系，他愿意积极参与到这个社会里面，而且他为人很热情。他经常在不经意的时候拍一些照片，这样的角度可能更符合他画画的需要。而且他会挑一些有特色的角度来画，是平常你自己看不到的感觉，有点诡异。他每次拍身边的朋友，都好像是把相机给藏起来那种拍法，或者是你正跟别人聊天不太注意的时候，他就直接过来拍一张。但我觉得他画得很像，从画像的角度来说，目前我觉得他是画得最像的。他画身边的朋友，可能随着年龄的增加发现了友情赋予他的灵感，给了他很多画画的感觉。

033 - 圆明园是最快乐的时期

方力钧画老岳

60×50cm
布面油画
2007 年

你问我们俩之间的异同有哪些？我比方力钧大一岁，我是 1962 年。与他相比，我的积极程度没有他那么高，他比较热情，愿意呼朋唤友，我对朋友相对冷漠一点，不像他那么热情。我觉得在他身上有一种"利他主义"精神。他希望尽他的能力帮助别人，这个我觉得他做得就比较好。

我们俩有一个共同点就是点到为止。通常，我们俩在谈一个问题的时候，只要是你说出某一种建议或者某一种感觉，彼此都会心领神会，不用过多的解释，从来没有分析这事要这么办或者那么办，一般说完以后你觉得这事靠谱就去做，不靠谱就算了。

从历史的角度来看，所有的艺术家，我觉得上帝或者是命运不会给你一次又一次的机会。其实成功的机会只有一次，你把握这一次机会，把想做的事情做好，就已经很不容易了。然后，你还希望一次次攀登，这是违背自然规律的。

034

方圆,没有规矩

——柔软是一种实力,也是一种软实力

★ 人物采访:陈喆:中国国家当代艺术档案库 / 秘书长
★ 采访时间:2016年4月11日下午2点
★ 采访地点:景德镇

> "什么是朋友?我个人理解,中国造字都有偏旁部首,有偏旁部首的原因就是有主有次。但"朋友"恰恰是两个月亮的月,两个月亮是一模一样的,没有谁是偏旁,没有谁是部首,没有谁主谁次。所以交朋友必须是相互的、平等的、公平的,我觉得这才是真正的朋友。方力钧是一个愿意替朋友承担、扛事儿的人。方力钧是一个多维度的人,就像他的作品里面表达的人物形象一样,多维而且丰富。所以他的内心深层也是很丰富,很多维度的。他也是一个爱管闲事的人,经常有些稀奇古怪的想法,愿意参与公益事业,有公益心态和艺术态度。其实,他也是很柔软的一个人。柔软是一种实力,也是一种软实力。"
>
> —— 陈喆

我跟方力钧认识有十几年了吧,好像是2002年还是2003年,当时是在一个朋友的饭局上,我们一起吃饭的时候认识的。我觉得我们能成为朋友,首先是一种趣味相投吧。虽然他是艺术家,但每个人都有他的人格,我觉得能成为朋友实际上并没有特别的原因,其实很多都是一些比较细小的事情,比如说他对朋友的真诚、大气和关怀。然后还有一个,我觉得方

力钧优点很多，也很细心，对朋友的好多事情记得很清楚，做人做事也很大气。总之他有很多吸引我的地方。

另外，因为我跟方力钧的爸爸关系也不错。我算小辈嘛，有时候去宋庄方力钧工作室跟老爷子凑凑热闹，喝喝酒。我觉得方力钧的爸爸在我的心目当中老是一个很智慧、很善良，也很真诚的人。老爷子虽然说生活在一个小的地方，但我感觉他是一个小地方的贵族，老爷子身上还有好多非农村人的气质在里头。我觉得这个方力钧身上也有，就像很多艺术家也经历过苦难、受过穷，但方力钧是一个有贵族精神和贵族气质的艺术家。我认为他父亲和他都是有东方贵族精神的男人。

在我和方力钧的交往中，最让我难忘的一件事，就是我父亲去世的时候。那是2012年。因为当时我父亲是在八宝山送走的，葬礼很早。这件事我没有直接跟方力钧说，是一个朋友跟他说的，说完之后，他为了参加我父亲的葬礼，提前一天晚上就住在八宝山附近的一个酒店里。因为方力钧住宋庄，离八宝山距离很远。葬礼要早上七点开始，可他七点之前就来了，我是后来才知道的。因为家属来得早，要把老爷子的灵柩送到八宝山，八宝山要有一个仪式。我记得方力钧当时是我的朋友当中第三个来的。看到他来了，我很惊讶。第一，他来了我很感动，第二，他来得这么早。后来我才知道，他是因为参加我父亲的葬礼，结果提前住在八宝山旁边的酒店。我觉得这个举动让我很感动。这是在我记忆里，我们俩交朋友的过程中印象最深刻最深刻的一件事，因为它承载了两代人的感情。所以我觉得方力钧这么做，第一体现了他对朋友的真诚，然后也体现了他对长辈的孝顺。方力钧见过我父亲，我也见过他父亲。大家能够相互对对方家庭有一个认可，不仅仅是两个人的交往，两个家庭之间也有交往。实际上来讲，我们圈里这帮朋友，对方的父亲在我们的心里也是父亲，所以我觉得能够在我父亲葬礼上这么早出现，这是我交这么多年朋友当中最感动我的事。

其实，我觉得人与人之间有些感情不是用语言能够表达清楚的。其实我们俩见面并不多，而且他的展览我正式参加的也不多。我更多的是喜欢在幕后，比如说默默地观望，默默地在心里支持。我喜欢不是我在聚光灯下，我是在可能离他很远的位置，看到他这种成功时的状态，我觉得这才是我作为朋友，我个人对他的一种表达情感的方式。所以你看我跟方力钧认识这么多年，应该说我是一个很自律的人，虽然我们俩有那么好的关系，但我也从来没有张嘴跟方力钧要过一张画。我们俩这么多年的交往，真的是君子之交淡如水。

方力钧画过我，画完我才知道。我非常喜欢方力钧画我的那张肖像。我觉得他在画画的时候，寄予了很多他的情感。还有，我觉得他不是画照片，也不是画写实，他融入了很多艺术家创作的灵感。所以，我觉得我在他心目中可能就是他画的那样。另外，他可能也觉得我应该是他画的这样。他画了几个我，实际上四个头像，有一个头像完全是我的父亲，一模一样的，我看了当时就惊呆了，不知道他是有意为之，还是说我当时音容笑貌就像我的父亲，所以这张作品在我心里是最棒的。最棒在哪里呢？我认为它除了是一件艺术作品之外，他画出了我和我父亲两代人的感情，虽然他可能画的是我，但他把我父亲那张也画了。

对于我来讲，我个人解读这个作品，它里面除了蕴含了我们朋友之间的这种情感之外，也有他艺术的语言和线索，让我和我父亲有一种心灵的沟通和对话，我觉得这是我在看到这个作品时最感动的地方。更重要地来讲，他能够把我，或许那个是我的父亲，也许可能是我老了的时候就是那样的，真正地用艺术语言和情感之间的互动进行交流，然后又有血脉的传承。这个画对我的意义，不仅仅是一个作品，我觉得重要的是，每当我看到这张作品的时候我就会想到两个人。首先想到我的父亲，为什么，因为那张太像我的父亲了，可能方力钧在创作的时候灵魂出窍，可能我老了的时候就是那样的。

我们俩在一起有的时候可能语言也并不是很多，但是大家彼此有那种心灵的感应。比如说我们俩也不经常见面，偶尔他发一个短信，也很短。我们俩很少通电话，经常通点微信，因为探讨的问题很多，比如说有政治上的、社会上的、艺术上的，也有家庭上的。其实方老师给我的感觉是，他还有父亲的一面。对我来讲，我们俩年龄相差大概十几岁吧，我觉得他在我的心里面还有一种小依赖的感觉。这种依赖不是那种单纯物质的依赖，是一种情感的小依赖。就是如兄如父嘛。我对他就有点这种感觉，所以我觉得有的时候比如说时间长不见面了，就老觉得缺点什么似的。有时候发个微信，可能就一个字，或者就一句话，我觉得这种存在给彼此带来一种安慰。

我觉得最重要的情感一定是一对一的，不是一个公共的。就是一个人他有一个社会公共的评价，除了公共的评价之外，他一定有一个个人的，尤其是两个人之间交往这种个人的看法，我觉得这个才是最重要的。因为他很成功，是一个成功的艺术家，掌声、鲜花、赞扬太多了，所以我可能从调侃当中还加了些批评，所以这也是我们俩交往的一种方式。

你问我批评什么？比如我老说你是艺术家，就要把艺术家做好，你开餐厅，又做这又做那的，我说你就不要做了。我觉得一个人一定要把自己的专业做到极致。其实我认识他的时候就这么说过，我认为我的话应该对他还有点小触动。在方力钧父亲走了之后，我觉得对他触动很大，他父亲是2013年去世。我觉得一个男人最成熟的时候，成为真正的男人的时候，一定是自己父亲离开的时候，而不是一个男人结婚的时候。中国有个传统说你这个男人结婚了，就成为一个真正的男人了，我觉得不是这样。所以我当时去参加他父亲葬礼的时候，我看他原来那种泼皮和桀骜不驯，突然间在他的身上没了。那天，我也很是早就去了灵堂，也陪着他，到后半夜我才走。所以在那段时间，我们再交流的时候，我突然间发现他把过去的很多影子去掉了，我觉得那个才是他。我觉得他父亲走了之后，他在创作作品时的用心程度，包括水墨、实验性的陶瓷作品，我觉得都是他亲力亲为地用生命在创作作品。所以我觉得他父亲的离开对他的人生和艺术创作，我个人理解是个转折点。

我跟他尽量回避用艺术语言去谈艺术，我是用生活语言去谈艺术。你问为什么？因为我跟艺术家交往更多的是情感的交流，而不是艺术语言的对话。为什么这么讲？我更尊重一个艺术家心灵创作的最本真的东西。尤其对方力钧，我觉得第一，我很尊重他，第二，他的艺术的创作对于我来讲，就像他新创作的陶瓷作品一样，很怕把它弄碎了。我觉得这种细微的，两个朋友之间心灵最真实的那种状态，就是彼此珍惜，怕相撞一下彼此撞坏了对方，所以这就是我对他的情感。

你采访我，让我评价他，其实我也不是在评价他。我觉得一个男人，第一他要有意思，第二他要有人格魅力，第三，他做的事要有意义，我觉得这样你才有人格的吸引力。我觉得方力钧是一个多维度的人，就像他的作品里面表达的人物形象一样，很丰富。所以他的内心深层也是很丰富，很多维度的。其实，他也是很柔软的一个人。柔软是一种力量，也是一种实力。最重要的是他心肠很软，我觉得心就是他的软肋。他的柔软体现在他对朋友、对人心很软。这一点我也自吹地讲，我跟他很像，所以我觉得我们虽然胸小，但是怀大，我们还算是一个有大胸怀的男人。

我跟方力钧能成为好朋友，还有一个缘分，我们俩经常会因为不同的时间、空间偶尔相遇。有时候可能是在同一个城市，有时候可能在同一个空间，有时候可能是擦肩而过，有时候可能是突然间遇见，所以我觉得这可能是作为朋友之间心灵的一种感应。就像今天能在景德镇遇到你并接受你的采访，也是因为方力钧的缘分。我跟方力钧竟然在不同的城市、不同的省相距十公里的时候，擦肩而过，一个向这边，一个向那边。所以我更珍惜这种缘分。我是向单位请了假，特意拐了一趟景德镇来看方力钧。这次来正好你也在，但我也不知道你在，在景德镇接受你的采访也是缘分。

我认为方力钧这人，需要具备解读心灵密码的人，去寻找和发现他最

034 - 方圆，没有规矩
—— 柔软是一种实力，也是一种软实力

方力钧画陈喆

59.5×44cm
纸本水墨
2015年

本真、最原始，然后最是他的那一面，我觉得这很重要。不仅方力钧是这样，每个人都一样，每个人都像一个电脑一样，他有一个防火墙。因为每个人都有自己的秘密，这个秘密有两种人知道，一种人是给你密码的人，一种是具备破译密码能力的人。我相信我是后者，我在解读和看一个人的时候，可能更多还得用一些心理学的观点去解读一个艺术家。

如果让我举出一个他的缺点，我认为是他什么都不专一。我觉得他清楚得很，不专一已经变成了他的一种特点。人无完人，所以一个人如果变成完美的人了，那这个人就不存在了。因此，我认为方力钧是一个干什么都不专一的人。我最希望的是他能把原来做什么都不专一，变成他艺术创作永远是专一的。我觉得就像他有两个老婆一样，一个是絮絮，一个就是他的作品。所以他把那种真正的艺术创作的专一、时间都要留给他未来为社会创造伟大的作品，这就是我希望他专一的原因。另外，我觉得他还有江湖的习气，这也算他的缺点。这种江湖的习气有点老大的情怀，怎么说呢，他愿意做老大。我觉得这也是缺点，这不是优点。

你问我什么叫朋友？朋友，我个人理解，中国造字都有偏旁部首，有偏旁部首的原因就是有主有次。但"朋友"恰恰是两个月亮的月，两个月亮是一模一样的，没有谁是偏旁，没有谁是部首，所以交朋友必须是相互的、平等的、公开的，我觉得这才是真正的朋友。方力钧是一个愿意替朋友承担、扛事儿的人。

035

我们一起干过的那些无厘头的事儿

★ 人物采访：于天宏，《艺术财经》杂志出版人
★ 采访时间：2016年5月30日晚上8点，电话采访

> "方力钧是个多面体，甚至也可以说是一个综合体，或者是一个矛盾体。他所有的优点和他所有的缺点混合在一起成就了现在的他。与方力钧交往20多年，我认为他能够从人性的本质上去理解他人。似乎洞悉一切，对人性的丑陋或者是善良阴暗或者光明的一面他都能看的很清楚并且能做到理解和宽容。这可能跟他做人、做事的行为模式和思考模式有关，我觉得他是非常有大局观的，所以他能够非常成功。"
>
> —— 于天宏

我记得那是1989年5月，第一次见到方力钧是在北大的宿舍，那时我已经从北大法律系毕业留校当老师。我住在学校集体宿舍里，因为我们共同认识一个朋友在北大读书，所以他经常来北大玩儿。方力钧给我的第一印象是说话很有趣，我们聊得很投缘，我觉得我和方力钧之所以一见面就能成为朋友主要因为他是一个有意思的人。

那个时候方力钧还在中央美院，我们那个年代是一个大学生活非常丰富的时代，那时候人的意识和思潮非常丰富多样，风起云涌，每天面对大量信息，面对全世界各种先进的、颓废的、迷茫的、前卫的思想

运动，这些对一个人的心灵成长产生巨大的撞击。

我比方力钧小3岁，从小到大我就喜欢跟比自己岁数大的人在一块儿玩。我们认识不久后，我从学校的集体宿舍搬了出去。住在颐和园附近的一亩园，方力钧的在那里租了套房子，只有两间屋子，他住在里屋画画，我住在外面的客厅[1]。这套房子的租金很便宜，因为房东是方力钧家的一个好朋友。那个房东把房子借给他，只是象征性地收点钱，据我所知当年方力钧大学毕业留在北京的户口也是挂在那个朋友这个房东的单位。

当房东得知我和方力钧合住在他的房子里，他不认同还有一个与他没有任何关系的人也在那里长期居住，他说偶尔来朋友小住几日可以，如果长期居住就必须都搬走。方力钧为了我，只好搬离了那套有暖气的楼房，我们根本不知生活甘苦，就为了方便在一起玩儿，一群人经常能够聚在一起喝酒聊天，搬到了北大附近没有暖气的平房。当时北京已是冬天，我是一个特别怕冷的人，方力钧还算扛冻一点，刚开始没有暖气就生点炉火，我在那里住了才几天，就冻得受不了回北大去住有暖气的集体宿舍了，而他就一直住在没有暖气的房子里，至少住过了那个冬天。这是我在心里一直过意不去的事。[2]

---

1 《方力钧：编年纪事》（吕澎、刘淳编，文化艺术出版社，2010年8月版，p202）
方力钧自述：不多日子，重回北京。通过清华大学陈红的关系，找到了颐和园至清华大学之间，一亩园的一所房子，房主两口儿均毕业于清华大学，在国家部委工作，但不幸生了先天不足的孩子，为了医病，偷着将单位分配的公房租给我，月租一百元。我毕业了，必须像个大人一样地承担自己的生活。我回到学校，到曲桂林老师主持的业余美术学习班（习惯称地下班）代课，每星期两次，每月有一百元的讲课费，正好抵了房租。虽然当时年青，而且在未毕业时就已出于虚荣买了辆赛车；但从一亩园骑到王府井，还是需要两个小时，现在想来真觉得奇怪，哪儿来的那么大精力，不知疲倦地奔波于两点之间。除了教课，最重要的收入来源于和平出版社，鲍露滋所预约的插图，是能够维持生活的救命补给。

2 《方力钧：编年纪事》（吕澎、刘淳编，文化艺术出版社，2010年8月版，p203）
方力钧自述：1988年，我认识了于天宏，他才从北大法律系毕业，在一家师兄创办、挂靠在北大的公司里搞法律方面的软件开发，兼着法律系教师的职务；从一开始我们互相就有一种很亲近、熟识的感觉，很快，我们交往多起来，在我这边，更多的是画画之余到他那里蹭吃蹭喝；在他那边，更多是能够找到一种与法律系决然不同的生活

方力钧 —— 100个人口述实录 方力钧的艺术历程　　　　Fang LiJun　　100 interviews about Fang Lijun's art history

　　我在大学时代一直属于一个挺另类的学生，那时候所有的潮流、时髦或者是所谓违禁的事情基本上都干过了。比如印禁书、卖考卷、卖托福磁带、印明信片、在北大办舞会、租胶片、放电影，和同学把印有"一无所有""一块红布"字样的文化衫拿去卖钱，也经常骑着单车穿过整个北京城去看崔健的演唱会。

　　我在学校里也不是个很用功的学生，那时候我最大的乐趣是靠自己的能力养活自己。大学四年勤工俭学，我的第一笔生意是把自己的一个红梅相机出租给刚来北京的新生，供他们出门逛街拍照用，这笔生意

样式。起初，我屡屡试着劝他在既定的轨道上继续自己的生活，这个人却一点不留恋他已经拥有和必须拥有的一切，比如学历、职业、律师证、托福考试等等。起初老于以今天不想回学校宿舍为借口，不时地借宿在一亩园，到后来，这人索性彻底搬过来，说是要考托福了，宿舍里太乱；我一个人正闷的慌，有个伴儿正和我意；无论晨练去颐和园跑步，或去国际关系学院打球，或者到北大吃饭喝酒，样样都好。等我画画的时候，他却并不热心复习功课；终于到了考试的头一天晚上，老于闹着喝了不少的酒。到了早晨，想着这厮要考试，就放弃了晨练；画了会儿画，已经七点半了，叫老于起床，他说再躺一会儿；一会儿再叫，他说感冒了，不舒服；屡叫不起，一直在被窝里混到快九点，眼看不可能参加考试了，这家伙却一个精神从被窝里爬出来，一副轻松无比的神情；我明白了，这么久的时间里，每当他捧着托福课本时，脑子里一定头疼着如何混过这该去但决不去考试的一个多小时。1990年元旦，一亩园的房子到期了；房东极其愤慨，因为我违反了协定；第一，我曾经答应他们只使用外屋一间房，只一个人居住；可现在，我不但使用了里屋、还弄来了个显然不令他们喜欢的人同住；并且，我还偷偷使用了他们闲置的电褥子，并且烧坏了它（也险些烧死自己，但我没敢这样告诉房东）；我无话可说；我根本不记得曾有过使用一个或两个屋子讨论；我偷偷地试探老于，是否可以先搬到北大，如果住房东觉得找回了些面子，也许还可以多混几天，甚至熬过这个冬季。这个房子里虽然没有暖气，虽然也并未生火，可借了两边邻居家的余温，还始终比外面温暖；更重要的是，我已经认为这是我的家了。在满世界冰天雪地的此时尤其如此。但于天宏并没有意识到问题的严重性；这家伙拒绝了我的胆怯的要求；当房东第二天再来而且再次看到老于时，他们平静但坚决地告诉我，明天，也就是1990年的元旦，我必须结清剩余的钱，并且搬出这所房子。我年青，好身体，火气旺，却如此不可思议的老实；我付清了余款，几乎是我身上所有的钱；一大早跑去周围的村子找房；天气如此寒冷，又是大节日，居然在一天之内，找到了一所农家院落。在北大西门的挂甲屯；那儿本来有两个村子，漏斗桥和挂甲屯，现在己混成一体了。一个挺大的院子，一个很大的屋子，角落里堆满了木头之类的杂物；大屋子的西头，有一间十几平米的小房子，房东告诉我，70元的月租，只是里面的那间小房，至于那间大房，只可以通过，不可以使用。顾不了许多，付了定金，急急忙忙跑到北大总务处租车房，租了一辆人力三轮车，记得来回跑了四趟，搬完了家里的一切。尽管天气奇寒，我的绵衣裤里面，都已湿透了。无论如何，我有了新家。不管多么不像家，毕竟不是露宿街头。但我的新家却把于天宏吓坏了，一个若大的房子，四处漏风，地上堆着农民房东的拉powered，租用的那间小房，地面凹凸不平，没有床、没有暖气，甚至没有一个蜂窝煤炉子。老于来这边看了看对我说："我要搬回学校了，宿舍里有暖气，这儿太冷了。"我没有回答他。他是对的，只是我实在顾不得说话，这个新家，距离可以睡人，还有太大的距离；我需要几块砖头，好把床板垫起；也许还需要找到块塑料布放在褥子与床板之间，好挡住外面的寒风。

一共给我赚了150多块钱,这在学生时代算是一笔很可观的数目。那时候是勤工俭学的好时代,很多学生干这种事,也不觉得丢人。

读书期间,我就在学校里找到了一份稳定的工作,参与法律研究和计算机数据库系统结合的研究工程。1986至1991年,作为发起人之一,我创建了中国第一个法律数据库检索系统"CHINALAW DATABASE",还创建了北大法律电脑信息服务中心。毕业之后留校,一切都在按照一条完美的轨迹前行。

90年代初期,那是一个非常美好的时代,我和方力钧在一起干过很多无厘头的事。1991至1994年,我们曾自筹资金,在宣武门附近租了一个小门面做生意卖衣服。这种生活过得很开心,每天数着左边的口袋装的钱是成本费,右边口袋装的钱是卖衣服赚来的利润,然后用卖服装挣来的钱尝试创建当代艺术数据库。我那时候还想过要一起开一个艺术中心,并且在亚运村一个楼盘的地下室租了很大一块面积作为场地,准备开始装修,租金很便宜,因为地下室渗水,找了工人抽水还是抽不干,花费了很长时间,最后还是时机不成熟不了了之。

回忆那个年代,我几乎所有的荒唐事应该都干过,喝酒、打架、泡妞、勤工俭学、做生意,好像什么都干过。也曾经一起泡妞,有时候还是竞争关系,个别时候我们俩个甚至会同时喜欢上一个女孩,他情商比我高,那时候文艺型的女孩还是喜欢特别有艺术家。泡妞失败,我也因为这个事会在心里拧巴一下,但是好像很快就会原谅了他。[3]

---

3 《方力钧:编年纪事》(吕澎、刘淳编,文化艺术出版社,2010年8月版,p203)

方力钧自述:1989年,我们设想做一个国际艺术网络。因为于天宏毕业留校就是专门做法律数据库。那时候我正儿八经地去找范迪安,帮我们做户口的马松江,他是计算机公司的老总。我们找了好多人,跟不同的人谈,我们的设想就是建一个数据库,这个数据库是全球可以共享的,可以推动中国当代艺术被全世界的了解,当时马哥说好啊,这个想法很棒,你们做就可以了,缺钱我来出,这个事情我也不懂,你们就组织人做吧。于是我跟于天宏开始给公司起名字,我起一两个字母的英文名字,于天宏不干,他说真正好的品牌公司没有叫两个字母的,至少有三个字母。最后觉得,还是自己解决经费来做最好。我们又傻又笨,跑去西单租了一个摊位,找了一个朋友的服装公司,代理

方力钧 —— 100个人口述实录 方力钧的艺术历程　　　　　　　　　　Fang LiJun　100 interviews about Fang Lijun's art history

1993年底，我决定辞职离开北大放弃当老师。那一年，方力钧已经参加第45届"威尼斯双年展"成名了。该届双年展的策展人博尼托·奥利瓦邀请了14位中国当代艺术家参展，这是真正意义上的中国当代艺术的出场。方力钧成名了我再见到他也没什么特别的感觉，成功对他而言是很自然的过程，他也没什么明显的变化。他不是那种从一贫如洗很怂的一个人，突然某一天变牛了，在他身上没有这种感觉。他一直还是那个状态，只不过慢慢地会发现他的状态和他相应的社会位置越来越匹配了。

在2006年之前，90年代初期，我的画廊没开成，当代艺术数据库没有做成，我有很多想法，他都会鼓励我，或者是希望我能做一些跟艺术有关的事。那时候太年轻了，我只是喜好艺术这种氛围，并不是以它作为终身奋斗的事业。方力钧一直在画画，投入地经营自己的专业，然后就慢慢地，他继续画他的画，我就去做别的事情。现在回想起来，因为我们年轻，没想那么多，有的就是开心，喝酒吃饭，彻夜聊天，或者是在一起玩耍，那真是一个非常美好的时代。

2006年，《艺术财经》是我与顾维洁和赵力联手创办的杂志。方力钧没有直接参与，但他帮了我很多的忙，也投入了很多资源，这些都是没有回报的，他不是股东，也没有收过一分钱。从业务本身上来说，我们没有太多的合作，但是一直是很好的朋友，因为他也是当代艺术圈

的产品，开始卖服装。那时我住在颐和园那边，每天早晨5点钟就得爬起来，洗脸刷牙穿衣服挤公共汽车，然后到西单吃完点早点后就准备开张。开张之后一天都不会有人来买东西，最多卖一两件也很不错了。很好的衣服，每天平均只有70块钱左右的利润，可是要吃、要住、要坐车，过一段时间生意宣告失败。因为卖服装的关系，服装公司老板送我一条红围脖——很宽很长的红围脖。那时候每天系着围脖，穿的是呢子衣服。有一次一个星期没出门了，跑到北大女同学宿舍里去混饭，围着大红围脖，穿上呢子大衣，挺时髦的。女朋友去教工食堂买小炒，就是1块，1块5，2块的样子，然后端回宿舍里吃，一般很好的朋友才会这样。那女孩出去的时候，我一看宿舍里的镜子——好长时间没有照镜子了。结果一照，不刷牙、不洗脸的邋遢样子全出来了，仅仅是靠一条大红围脖撑着，再看自己的脸色，感觉非常恶心，这对我是一个很大的刺激。

非常重要的艺术家，我们肯定有很多的交集，但是不局限在这个层面。当然，他也是在我们艺术财经权力榜上绕不过的人。

方力钧是个多面体，甚至也可以说是一个综合体，或者是一个矛盾体。他所有的优点和他所有的缺点混合在一起成就了现在的他。他其实是一个看过大量书籍的人，几乎什么书都看，看得最多的应该历史传记，反正我觉得他的阅读都是跟人的智慧或者经验、历史息息相关。

与方力钧交往二十多年，我认为他能够从人性的本质上去理解他人。似乎洞悉一切，对人性的丑陋或者是善良、阴暗或者光明的一面他都能看得很清楚，并且能做到理解和宽容。这可能跟他做人、做事的行为模式和思考模式有关，我觉得他是非常有大局观的，所以他能够非常成功。

方力钧是一个经历太丰富的人，从年轻的时候起，他就是这样既胆大又细心的一个人。他的掌控力很好，年轻的时候我们也打架，也会遇到突发状况，他既可以判断和思考得很充分、很细致，也不会因此就会没有冲动或者是害怕。他是基于很多阅历作出判断的。我们俩是好朋友，但我觉得我跟他完全不是一类人，我很多忽略的事情他却能细致地观察到。

老实讲这几年我很少见到他，因为我已经有好几年不参加任何活动和展览了，他以前的展览我基本都去参加，而且是从头到尾。但是这二三年没有，我们见面已经不太多，因为那些活动我都不去了，这几年我也不怎么在北京，我们已经有一二年没有见面了。但尽管如此，我依然觉得这并不会让我们彼此疏远，与他的友谊已经成为我生命记忆中非常重要的一部分，不会因为见面的频率而改变。

真正的朋友，无论见或不见，在心里永远都是最亲近的人。我觉得朋友不一定是在于频频地交往，重要的是你跟他的每一次交谈都是很有质量的，会感受到彼此的智慧，对人性或者对事情的判断有意思的视角。他在各方面做得比大部分人都会有意思得多。方力钧作为艺术家的身份或者他的艺术成就对我来说并不那么重要,但他对我来说是一个特别有意思的、永远的朋友。

二十年后又画老于

50×60cm
布面油画
2007 年

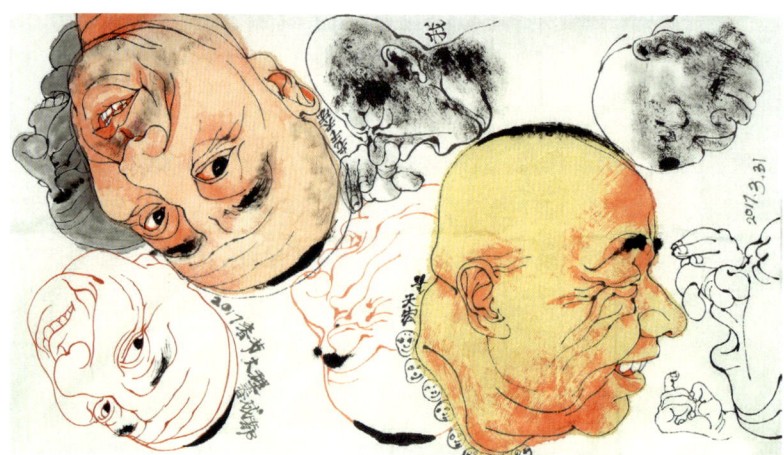

方力钧画于天宏

39.8×69cm
纸本水墨
2017 年